世纪波
Century Wave

培训师资源库系列丛书

THE BOOK OF
ROAD-TESTED ACTIVITIES

用精彩、实用的活动来填充你的工具箱，
而本书中的活动正是从经验证过的且日臻完善的100多种活动中精选出来的

107种经典培训活动

（修订本）

[美] 伊莱恩·碧柯（Elaine Biech） 编
李静 孟静 祁宇 译

显著提升学员参与度与积极性

電子工業出版社
Publishing House of Electronics Industry
北京·BEIJING

Elaine Biech:The Book of Road-Tested Activities
ISBN:978-0470905449

版权贸易合同登记号　图字：01-2014-6671

图书在版编目（CIP）数据

107 种经典培训活动/（美）伊莱恩·碧柯（Elaine Biech）编；李静，孟静，祁宇译. —修订本. —北京：电子工业出版社，2019.6
（培训师资源库系列丛书）
书名原文：The Book of Road-Tested Activities
ISBN 978-7-121-36404-4

Ⅰ. ①1…　Ⅱ. ①伊…　②李…　③孟…　④祁…　Ⅲ. ①职业培训－案例　Ⅳ. ①C975

中国版本图书馆 CIP 数据核字(2019)第 079706 号

策划编辑：晋　晶
责任编辑：杨洪军
印　　刷：涿州市京南印刷厂
装　　订：涿州市京南印刷厂
出版发行：电子工业出版社
　　　　　北京市海淀区万寿路 173 信箱　邮编 100036
开　　本：720×1000　1/16　印张：27.5　字数：440 千字
版　　次：2016 年 1 月第 1 版
　　　　　2019 年 6 月第 2 版
印　　次：2019 年 6 月第 1 次印刷
定　　价：108.00 元

凡所购买电子工业出版社图书有缺损问题，请向购买书店调换。若书店售缺，请与本社发行部联系，联系及邮购电话：（010）88254888，88258888。

质量投诉请发邮件至 zlts@phei.com.cn，盗版侵权举报请发邮件至 dbqq@phei.com.cn。
本书咨询联系方式：（010）88254199，sjb@phei.com.cn。

译者序

书终于翻译完成，有许多的感悟和体会，个中滋味只有真正做过商业翻译的人才能够知晓。我的切身感受是：翻译是一项艰难和孤独的工作，如果不具备这两点——对翻译这件事情的喜爱甚至热爱，以及对功利名利的看淡，你就坚持不下来。尽管翻译工作辛苦，但收获很丰厚：首先结识了一群志同道合的小伙伴，感谢他们的坚持及对品质的要求；其次娱情了自己、贡献了社会。

这是一本对培训师、咨询顾问和教练引导者都非常有借鉴意义且不可多得的“培训案例”的专业工具书，它分为“培训主题”和“培训工具及技巧”两部分、共16章，包括100多个培训活动。这些活动经由人才发展协会的培训和组织发展专家通过实践验证为有效。

翻译本书是一个很偶然的机会。2013年11月初“比较读书坊”（北京的一个以读经管图书为主的公益组织）几个志同道合的小伙伴成立了一个兴趣小组——比较读书坊“译言堂”。翻译小组在试译书籍和网上英文文章之际，比较读书坊创始人王泽一先生引荐我与电子工业出版社刘露明女士、吴亚芬女士相识，有了一面之缘，了解了外文书翻译出版的流程及译者收获。2014年7月，电子工业出版社王明彦女士找到我，说有培训方面的外文书需要翻译，吴亚芬大力推荐了我来翻译。我工作异常繁忙，不敢接，遂与王泽一商量，在其鼓励下，我们迅速沟通并组织了几个小伙伴接下了此任务。

显而易见，本书由多位外国专家编写而成，相应地，我们的翻译也是由 6 位译者通力合作完成的。具体分工为：第 1～3 章李静，第 4～6 章姜丽丽，第 7 章洪姝惠，第 8～10 章祁宇，第 11～13 章孟静，第 14 章姜丽丽，第 15～16 章王楠。校对工作也由以上译者两两结对，相互校对。在翻译过程中，遇到常用词或疑难词的中文翻译时都会请教王泽一先生。王先生专注培训 12 年，每次他都会以培训专家的视角给出让我们定心的答案。

译者大多都是有培训经验的在职人员，一方面工作异常繁忙，一方面要挤出业余时间来完成翻译任务。在翻译的过程中，也出现了一些状况，有译者因换工作等原因无法按期完成任务，作为发起人之一的王泽一先生心急如焚地找来接替人员以便能按期完成任务。此时，姜丽丽和祁宇是在翻译中途加入进来的。

进入 2016 年，书终于要面世了，要感谢的人很多：比较读书坊创始人王泽一，电子工业出版社的刘露明、吴亚芬、王明彦、杨振英，还有我们的后盾——译者的家人们。尤其还要特意感谢译者姜丽丽，她不仅主动承接了大量翻译任务，而且在整个过程中都非常认真严谨，包括对英文名字翻译的推敲，帮助其他译者如期完成任务，互校时的一丝不苟，统稿后的初审再修订，等等，都给我们留下了深刻的印象。这本书能顺利在要求时间内交出译稿，姜丽丽功不可没。

尽管在翻译过程中，我们常常渴望多一份圆满、少几许缺憾，然而由于时间仓促、水平有限，疏漏之处在所难免，恳请读者和同行批评指正！如有建议或意见，欢迎来信与我们联系。

李　静

邮箱：5903164@qq.com

前言

带你通向成功的高速公路

ATD 经实践检验的活动介绍

作为职场的学习和绩效专家，我们总在寻找最佳解决方案。我们想要屡试不爽的活动，它们每次都能行之有效，总能引导学员学到需要掌握的知识。我们一直在寻找经过实践检验的活动。

所以当马克·莫罗带着他和法伊弗出版社发起的这个项目来找我时，我毫不犹豫地答应了，我敢肯定这个项目非常有趣而且实用。那么，现在怎样能让这个项目更好呢？答案是邀请人才发展协会（Association for Talent Development，ATD）的会员参加。因此，ATD 与法伊弗出版社合作，为 ATD 的会员创造了一个令人兴奋的出版机会。

协会分会

ATD 各地分会都接到了这个出版项目的“号令”——寻找每次都行之有效的活动。ATD 举行了一场分会竞赛，按照大、中、小分会标准，送了三本书给提案最多的分会，他们分别是：

- 大规模分会——华盛顿特区分会；
- 中等规模分会——休斯敦分会；

- 小规模分会——太空海岸分会。

我们收到了大量的反馈，其中包括来自国际分会和海外分会会员的提案，我们从中选取了优秀的提案。这本书变得比我们预计的厚实，但我们认为那是值得的，因为其中包含 100 多个经过 ATD 同事验证的效果很好的活动。

强大的设计

这本书的设计很独特。它就像一台被调试得非常良好的高效发动机一样，可以为读者一遍又一遍地呈现书中的活动，带你走上培训的成功之路。

那么，什么是一个高效的活动呢？培训师要做什么呢？

- **参与度**。活动应该给学员在身体（活动）和心理（视觉或精神上的思维）上都创造一种很高的参与度，学员应该感受到一些东西。事实上，这就是活动的意义所在——学员应当很活跃。
- **结果**。活动应该保证学员在各种情况下、各个时间段都在学习。活动当然应该有趣，但这并不是活动的全部。学员需要学到东西，他们需要获得知识、技巧或态度的改善。活动应该使学员关注、思考、有所反应并且能比在参与这项活动之前做得更好。
- **适应性**。活动应该适用于很多环境，并且保持其原有的特点。培训师可以改变活动以适应很多需求，包括学员的公司、事业、在组织中的层级及培训主题的需求。
- **应用性**。活动应该有一种“然后如何”的因素。学员应该把活动和他们在活动中学到的内容联系到自身和实际生活中，并能够根据他们在活动中获得的经验来判断他们应该怎样做。
- **可验证性**。活动应该每次都是有效的。活动应该已经完成了一轮试验、检验，并且被验证了真的能够传达它们确保传达的东西。在实施活动的时候，培训师的风险应该很小。培训师要相信活动是有效的。

当你提出经过深思熟虑的、大胆的问题时，开展活动的真正意义才显现出来。不要害怕去问很难的问题。你要让学员去面对他们的问题，并且做出所需的改变。每个活动的询问对于你期望得到的结果和学员将获得的知识都是很重要的。因为你的同行已经验证过这些活动，你完全可以相信只要拥有出色的咨询讨论环节，你就可以在“最后一次试验”和第一次课堂教学中获得成功。

本书讲了什么

本书分为两部分。第 1 部分介绍了培训师把特定的内容和主题传递给客户的活动。第 2 部分提供了培训师用来传递这些内容的培训工具和技巧。这些活动会避免你在培训过程中步入陷阱和错误的方向。

第 1 部分　培训主题

第 1 部分介绍的是针对特定的培训主题的活动。在这一部分，根据不同的培训主题把活动分配到了不同的章节。我们并没有事先决定主题，所以我们只呈现培训师最常用的 10 个主题的活动。

我必须指明的一点是许多活动会穿插其他章节里的不同主题。例如，在“团队协作”这一章里，许多活动也会聚焦“沟通”或轻微调整到“开场”“破冰”的主题。

选择活动

首先阅读活动“目标”。然后阅读整个活动的执行情况来决定这个活动能否完成你预期的目标。你也会发现你可以扩大、改变甚至增加新的问题来促进活动的总结讨论。

本部分包含第 1~10 章：

第 1 章　沟通：最重要的技能

第 2 章　倾听：沟通的下半场

第 3 章　客户服务和销售：组织的需要

第 4 章　创造力和创新：复杂世界里成功的基石

第 5 章　多元化和包容性：尊重差异

第 6 章　团队协作：了解你的团队

第 7 章　团队协作：一起工作

第 8 章 领导力：什么造就了领导者

第 9 章 解决问题：找到实用的解决方法

第 10 章 专业发展：职场技能

第 2 部分 培训工具及技巧

第 2 部分介绍了一系列的培训工具及技巧，如破冰和回顾活动。我们为能够提出在线学习的 6 个活动而感到欣喜。作为编者的好处之一是，在本书出版之前就有机会自己去试用这些工具。我已经试过好几个了，并且对它们的效果很满意。

第 2 部分的前 5 章呈现了特定的培训技巧：

第 11 章 破冰：认识你的伙伴

第 12 章 开场：有冲击力的震撼开场

第 13 章 回顾：要有趣

第 14 章 新工具：在技巧上换个思路

第 15 章 在线学习：可以尝试的工具

最后一章，第 16 章"为你的 ATD 分会做贡献"，为你的分会在会议期间的活动提供了参考。

每次你从书架上拿起这本书就像置身在一次伟大的旅行中。你会发现很多可以用于培训课程中的激动人心又不失实用的活动。我希望你们享受本书，就像我很享受为你们编写它一样。

伊莱恩·碧柯

ebb 联合公司

目录

第 1 部分　培训主题

第 2 部分 培训工具及技巧

第 1 部分

培训主题

第 1 章

沟通：最重要的技能

作为一名顾问，我经常告诉我的客户，如果他们可以进行完美的沟通，那我将没有生意可做了。他们轻声笑，但是他们知道我说的是事实。每个人都需要提升与他人沟通的能力，不论是与团队、小组还是个人一起工作，沟通技巧总是需要的。

如我开场对完美沟通的描述，我认为这就是事实。已故的彼得·德鲁克经常提到，60%以上的管理问题均是错误沟通的结果。我想，如果他还活着，他一定会深深地卷入现在组织所面临的沟通挑战中去，他还会在大量数据的基础上提高他的预估比例。

关于描述沟通的书籍多到可以塞满整个图书馆，但是我们大多数人仍然会说，我们在沟通方面做不到我们可以做到、应该做到或期望做到的水平。沟通有很多方面，作为培训师，在控制台上要有可靠的规划图，在行李箱里要有尽可能多的工具以便满足学员的需求和渴望。

沟通这一章拉开了本书的序幕。比起用每个员工需要的最重要的学习技巧，还有什么更好的方法可以点燃学员的引擎呢？第一个活动——“故事、歌曲、诗和谚语”可以帮助学员明白最基本、但很少有人明白的沟通技巧和行为风格。不论是称其为沟通风格、个性特征还是行为风格，芭芭拉·卡恩斯用心介绍了这项活动来帮助学员明白我们做每件事都要展示自己的风格。

莎伦·德拉和罗杰·阿代尔分享了帮助学员了解认知在视听沟通过程中的重要性的方法。保罗·西尼奥雷利提供给我们一个活动——他于盛夏的夜晚在意大利的小山村里看到的，这个活动验证了包容性谈话的价值。本章最后一个活动短而有力——柯蒂斯·D. 柯里描述了证明双赢立场的简单方法。

比起练习其他技能而言，我们号召培训师要更多地帮助学员提高沟通技巧。试试这些经验证的活动吧，你不会失望的。

故事、歌曲、诗和谚语

芭芭拉·卡恩斯

概述

学员用 DISC 性格测试［D：Dominance（支配性）、I：Influence（影响性）、S：Steadiness（稳定性）、C：Compliance（服从性）］或 MBTI 职业性格测试识别其个性特征后，在培训室为此种风格或特征留出指定区域。聚集在每个指定区域的学员一起来塑造、分享或演示一个故事、一首歌、一首诗或一句谚语，用以清晰描述这个团体的风格或人格特质。

目标

- 展示如 MBTI、DISC 或其他性格测试工具定义的行为风格特征。
- 通过在培训室里走动来激发学员。

学员

这个活动适合 10~100 人规模的团体。对于更大的团体会有些挑战，但仍然有效。

用时

15~30 分钟。

材料及设施

- 无须准备讲义、设施或材料。也可以提供你正在使用的描述个性特征的工具的讲义，鼓励学员参考讲义或其他材料以便更精准地判断他们的个性特质及风格。

场地

培训室四周需有充足的空间以便人们可以小团体形式聚集。

准备

无论你用的是哪种性格测试工具，都应提供相关材料或将其简单介绍给学员，使得学员在活动开始前知道他们的性格特征或对于特征模型有基本的了解。

流程

1. 在向学员介绍个性特征后，请学员举手以确定他们的风格。例如，你选择使用 DISC 性格测试工具，你可以问："D 风格的有多少人？"（针对 MBTI 工具，可以用 E/I 或 P/J 风格。）
2. 指出培训室的具体区域，请学员根据他们各自的风格暂时聚集在指定区域。例如，如果使用 DISC 性格测试工具，你需要指定四个区域并说："请 D 风格的学员移至教室的左前方。"依次安排每个团体至指定区域。
3. 一旦学员移动至各自区域，请他们以团体为单位开发最能体现团体风格的一个故事、一首歌、一首诗或（强调"或"）一句谚语。培训师说明每个团体用 10 分钟完成该活动并告诉他们需要分享和演示。
4. 当小团体在进行活动时，观察每个团体是如何达成任务的，以及达成任务的方式是如何展示这个团体的风格的。
5. 10 分钟后，请每个团体展示他们的成果。展示结束后给予热烈的掌声。
6. 在所有的展示结束后请各个团体回忆他们的规划和设计流程，并提问，他们的流程是如何塑造他们的风格的。例如，性格外向者典型地会从交谈开始，然而性格内向者则会以回顾材料和记笔记开始。培训师需要提供一些各团体在完成他们任务时观察到的例子，并鼓励学员分享。

会员提示

- 将人数最多的团体安排在培训室空间最大的区域。
- 各团体在较短时间内完成这个活动效果最好。在 4 分钟后，通过提醒他们“只剩下 1 分钟了”给学员一些压力以促使他们尽快完成。培训师请每个团体做简短分享前不要超过 10 分钟。
- 尽管起初学员可能会退缩，即使最严肃的学员参加这个活动，一旦开始就要让他们乐在其中。

芭芭拉·卡恩斯 哲学博士，密苏里州圣路易斯的咨询师、培训师、演讲者和作家。她是《持续学习》（*Making Learning Stick*）的作者，也是《持续培训》（*Making Training Stick*）和《持续培训：培训转换领域指南》（*Making Training Stick：A Training Transfer Field Guide*）的共同作者。芭芭拉之前是斯普林特公司的培训师，有学习和发展方面的咨询实践经历。她开发和传播了课堂学习和电子学习课程。她拥有菲尔丁研究生院人力和组织体系的哲学博士学位，她还是韦伯斯特大学和凤凰城大学的兼职教授。

芭芭拉·卡恩斯，哲学博士

7251 Princeton Avenue

St. Louis，MO 63130

（314）862.7733

邮箱：bcarnes@maketrainingstick.com

网站：www.maketrainingstick.com

ATD 分会：圣路易斯

个性类型测评

个性类型指的是人们呈现的个体差异和行为的心理学分类。个性类型区分了个体可能展示出来的性格并为性格贴上了标签。例如，按照一个类型理论，个体可能是内向者或外向者。内向和外向是连续统一体的一部分，每个个体从内向一端到外向一端展现出不同的层次。所有的个体都是由独特的动机构成的，这个独特的动机会在不同的情境下影响他们的行为。心理学类型的概念起源于 20 世纪初卡尔·荣格和威廉·马斯顿的理论研究。

有两个著名的工具——基于马斯顿研究的 DISC 和基于荣格研究的 MBTI，用来测评个体，这两种测评工具能帮助个体更好地了解他们的优劣势。这个知识可以帮助个体明白并接受别人的行为，更好地沟通和适应彼此的需要。

DISC 性格测试工具可以辨识个体在不同环境下展现的自然行为倾向，测评结果报告揭示了个体的优势、劣势、动机、行为趋势，同时还附上可提升个人和工作场景下的日常效力的策略。测评结果展示在按行为模式分类的四个象限里：

- 支配性（D）——关于控制、力量和独断
- 影响性（I）——关于社会情境与沟通
- 稳定性（S）——关于耐心、坚持和体贴
- 服从性（C）——关于架构和组织

这四个象限可以分别放在由纵横坐标构成的矩阵里，垂直维度代表“自信”（顶部）对“被动”（底部），水平维度代表“谨慎”（左边）对“开放”（右边）。“D”和“I”位于顶行，代表个性中的外向方面；而“C”和“S”在底行，代表个性中的内向方面。“D”和“C”在左列，代表任务聚焦方面；而“I”和“S”在右列，代表社会性方面。

MBTI 性格测试工具则采用调查问卷的方式，测量人们如何感知世

界并做出决定的行为偏好。这些偏好由卡尔·荣格设计的个性类型理论推断得出。初始个性目录的开发者是凯瑟琳·库克·布里格和她的女儿伊莎贝尔·迈尔斯。她们是在“二战”期间开始创造这个指标的，她们相信这个个性偏好的知识可以帮助第一次进入工业领域工作的女人们。从最初的管理问卷成长为 MBTI 测量表，于 1962 年首次发行。自我测量结果体现为四个维度：

- 能量的流动——外向（E）或内向（I）
- 信息的接收——敏感（S）或直觉（N）
- 做决定的偏好——思考（T）或感觉（F）
- 处理外部世界的偏好——判断（J）或感知（P）

自我测评体现了这四种维度里每种维度的偏好，用四个字母来表示，如 ENTJ。共有 16 种个性组合出现在个性类型的表格里。

你看见了我看见的吗

莎伦・德拉

概述

学员通过对屏幕上放映的一组图片的印象和反应来探索感知的力量。

目标

- 定义感知及讨论其重要性。
- 理解别人可能对事物有不同的看法。

学员

20~50 人。

用时

20~35 分钟。

材料及设施

- 将不同的错觉图片或在 www.123opticalillusions.com 上找到的大海报复制到 PPT 上。
- 可以播放 PPT 幻灯片的投影仪。
- 挂纸白板和马克笔。

场地

所有人可以看到投影屏幕上的图片的房间。

流程

1. 请学员对感知下定义。接受几个意见并记录下来作为之后的参考。
2. 放映一张错觉图片（你倾向于搜寻其他的例子也可以），问学员在图片里看到了什么，记录下意见并且提供一两个来自团体的意见给大家，问“你们有多少人看到了 X”或“你们有多少人看到了 Y”，鼓励每个团体成员帮助其他成员了解他们所看到的图片是什么样子的。

3. 放映另一张图片并引导另一个团体讨论每个人都看到了什么。像之前一样，讨论看到的不同点并鼓励每个团体成员帮助他们团体中的其他成员看他们所看到的。
4. 再次请学员对感知下定义。这次在白板纸上写下一些单词和词组。
5. 总结如下问题：
- 在这次练习里发生了什么？
- 为什么同样的图片一些人看是一个事物，而其他人看却是另一个事物？
- 这个现象跟现实生活是如何关联的？
- 你做了什么来帮助其他成员看见你所看见的？
- 在真实生活情形下，感知有多重要？
- 作为本次练习的结果，你做事会有何不同？
6. 通过分享汤姆·彼得斯的引言来圆满结束讨论：“感知是一切，只有某人感知到才是真实的，这是我们每个人选择的方式，来感知沟通、服务的价值、特定产品特征的价值及产品的品质。”
7. 陈述每个个体的感知是唯一要紧的现实，并且在我们沟通、解决问题及试图达成协议时，我们头脑里首先需要保持这种观点。

⚠ 会员提示

- 这个活动有利于帮助学员明白不同的人对于同一个问题、同一个难题、同一种情形或同一个解决方案会有不同的看法。这个活动也强化了针对传输信息的清晰沟通、提问、意译及达成一致的重要性。
- 这个活动所用的图片可以在 www.123opticalillusions.com 网站上找到。这个活动在培训行业里至少已经存在 35 年了，但活动仍然可以为第一次体验的学员带来顿悟的感觉，也是对感知及其在沟通中的重要性的优秀示范。

莎伦·德拉 学习和绩效认证专家（Certified Professional in Learning and Performance，CPLP），在需求评估、人力绩效、流程提升和组织发展领域有超过 17 年的工作经验，她的广泛的经验是通过在零售业、金融业、医疗保健、政府、制造业、酒店业和旅游行业的运营、商务管理、客户服务、销售、沟通、市场、接班人计划、领导力、教练和培训工作中获得的。莎伦是前进集团股份有限公司（Proficience Group Inc.）的所有者和首席执行官，该公司与其他组织合作，致力于辨识不良绩效的根本原因并且确定最好的解决或干预方案以消除绩效差距，用一双犀利的眼睛来揭示可能的盲点。莎伦目前服务于国家 ATD 分会认证委员会。她拥有达拉斯大学的工商管理学硕士学位。

莎伦·德拉，学习和绩效认证专家

8948 Random Road

Fort Worth，TX 76179

（817）236.7594

邮箱：sdera@charter.net

网站：www.proficiencegroup.com

ATD 分会：沃思堡

认知反映

罗杰·阿代尔

概述

通过这个活动，让学员发现，当听到对话的一面时，他们的认知是如何受到影响的，以及他们得出的结论是如何没能必要地反映现实的。

目标

- 更好地理解我们如何认知沟通。

学员

人数不限。

用时

10~20 分钟。

材料及设施

- 为引导者准备认知反映对话表。

场地

不限。

流程

1. 询问学员有多少人经历过由于对事实的错觉而进行了错误的沟通。可以向学员征求案例。
2. 说明演示实例，你读电话交谈一方的内容，学员根据他们听到的一方的内容想象交谈内容是什么。
3. 使用认知反映对话表并只读 A 部分，结束时停顿一下，再请听众讨论。
4. 请几个学员根据他们听到的内容说明他们认为在对话中会发生什么。

5．请一位志愿者到培训教室前方加入你的行列。再次演示认知反映对话，不过当你再次读 A 部分时请志愿者读对话的 B 部分，为了效果在你结束朗读时稍做停顿。

6．用以下的问题来检测活动：

- 你对这段对话的认知是如何发生改变的？为什么？
- 你的认知与事实有何不同？
- 你曾经进入过错误认知的情境吗？都发生了什么？
- 认知是如何蒙蔽清晰的沟通的？通常结果是什么？
- 我们如何阻止这些情况发生？你能用什么样的工具来阻止因错误认知产生的错误沟通（提问、倾听、观察肢体语言）？
- 你能承诺在将来做些什么从而减少错误认知吗？

会员提示

- 大多数人会因如此错误判断真实故事而感到非常吃惊。
- 在继续进行前考虑认知反映和学习。

罗杰·阿代尔　在过去 20 年里专注于组织发展、工业心理学和企业培训，其中有 12 年都在美国亚利桑那州市场。他拥有南伊利诺伊大学的成人/劳动力教育学学士学位、凤凰城大学组织管理硕士学位和工商管理硕士学位。他在位于亚利桑那州普雷斯科特峡谷的中北大学攻读工业组织心理学的哲学博士课程，并任凤凰城大学的持续质量提升主管。他是当地 ATD 太阳谷分会董事会前成员，也是国际领导力协会（International Leadership Association，ILA）前学者学术成员兴趣小组主席。罗杰最近为《追随的艺术——伟大的追随者创造了伟大的领导者和组织》贡献了一章内容。他还在 ILA 和太阳谷分会的亚利桑那州年度大会上发表了讲话。他同时为几家非营利机构提供咨询服务。

罗杰·阿代尔

4605 E. Elwood Street
Phoenix，AZ 85040
（602）557.7035
邮箱：rodger.adair@apollogrp.edu
ATD 分会：太阳谷

认知反映

A	B
1. 你好，迈克！	1. 你好，小伙伴！我发现空调有问题，我得去阁楼上修修。
2. 阁楼那边情况如何？	2. 很热，但是我把空调修好了。
3. 凉快吗？	3. 仅需要换过滤器，现在好了。
4. 很好。等一阵子天就很热了。说到那儿，卡特彼勒拖拉机怎么样了？	4. 拖拉机全毁了。
5. 很抱歉。当火蔓延整个屋子的时候我就知道情况会很糟。	5. 嘿，情况并没有那么糟，我们投了保险的。至少你和爷爷很安全，这才是最重要的。而且如果奶奶得知发生了这件事，她会结束探望琼姑妈马上赶回来自己修好每样东西。
6. 是的，我很想奶奶。当火焰吞噬工具时，我知道我们必须逃出去。	6. 是的，该做的你都做了。我们会租一台新的卡特彼勒拖拉机来犁田。有了新的拖拉机，我们就可以在一天内掩埋种子而不用再人工劳作了。奶奶也不用在这儿帮忙了。
7. 掩埋？是担心它们散落而被鸟啄食吗？	7. 真有趣！今年不会发生了。我们很快会得到一台新的拖拉机，盼了好些年了。
8. 嗯，我得挂了。代我向爷爷问好。	8. 没问题。你知道爷爷对那台旧的卡特彼勒拖拉机可是情有独钟啊！

托斯卡纳人夏日之夜

保罗·西尼奥雷利

概述

在这个活动里，学员形成分享圈从而达成一致意见，澄清决定或强化学习作为培训课程的一部分。

目标

- 引导所有学员公开讨论并达成一致。
- 培育强烈的团队意识或社区意识。

学员

10~15 人。

用时

建议 10~20 分钟，但可以随互动和参与的情形与水平不同而不同。

材料及设施

- 挂纸白板和马克笔（可选项）。

场地

能容纳所有学员围成一个圆圈的房间。

流程

1. 向学员简要介绍分享圈及其目的。概述讨论的主题和期望的成果，目的旨在让学员能够达成共识，或者鼓励他们讨论在研讨会中学到的某个具体课程或任意可在指定的时间里定义和讨论的主题。
2. 请学员围坐成一圈，陈述讨论的主题和时间。
3. 从示范在分享圈中如何参与讨论开始。跨出一步到分享圈的中间，说出不超过 6 句话以表达你的观点，然后退回一步到分享圈中。邀请下一个学员做出反应或向前一步到圈中加入讨论。

4．建议学员分享一直持续到规定的时间或没有人再有兴趣进入圈中时结束——哪一种情况先发生都可以。

5．在分享活动结束时，请学员回到座位继续下一个确定的环节，可以是投票、做决策或简要总结在活动中完成或讨论了什么。

6．如果你希望，可以张贴决定或突出讨论。

会员提示

- 保持对话继续进行，如果有人讲话超过了 6 句，提醒学员有这个限制。
- 不要阻止学员不止一次地跨入分享圈讨论，但需留意确保尽可能多的学员参与到对话中来。
- 这个活动是从几年前一个夏夜我在意大利的小村庄看到的情境变化而来的。在村庄咖啡屋外面的小镇广场上每个人都站在半圆里，每个想加入对话的人向前一步跨入圈中，发表几句评价，然后退回到圈中。在你喜爱的搜索引擎里简单地输入“分享圈”这一关键词，你就会找到更多关于这个强大技巧的信息。

保罗·西尼奥雷利　集作家、培训师和咨询顾问于一身，曾参与 ATD 迪亚布罗山分会会长选举并任分会会长。他从 2011 年 1 月开始了其作为 ATD 全国分会顾问团三年顾问的生涯。他探索使用、书写及帮助别人熟悉新技术从而促进组织内的有创造性的积极变化。他也开发并管理工作场合学习和绩效课程，帮助客户提升面对面的和在线的演讲技巧，编写了不同的印刷和在线出版物，开发并传递了创新性的在线学习机会。

保罗·西尼奥雷利

1558 16th Avenue

San francisco，CA 94122

（415）681.5224

邮箱：paul@paulsignorelli.com

网站：http://paulsignorelli.com

博客：http://buildingcreativebridges.wordpress.com

ATD 分会：迪亚布罗山

走向胜利

柯蒂斯 · D. 柯里

概述

在这个充满趣味的活动里，学员参加“拇指格斗”的游戏以便引导者带领团队学习“双赢”方案。

目标

- 激励团队。
- 介绍如冲突或谈判的主题。

学员

不限。

用时

10 分钟。

材料及设施

- 无。

场地

允许学员配对工作的房间。

流程

1. 请一位志愿者上前帮你演示活动。
2. 告诉志愿者活动包含格斗，第一课是如何做出一个适当的格斗姿势，像你说的那样演示：“双脚间隔 2 英尺（1 英尺=0.304 8 米）宽，膝盖微微弯曲，胸部与膝盖平行对齐。”你可以开玩笑地说：“我提过我在高中时代格斗的事情吗？”
3. 邀请志愿者模仿你的格斗姿势，直到你们两个人都做好格斗姿势时，告诉志愿者你们要进行拇指格斗。

4. 请志愿者伸出他的右手，只留下大拇指参加格斗，你们的其他手指紧扣。向其他学员演示正确的拇指格斗姿势。
5. 告诉学员你和志愿者演示的这个活动的目的："拇指格斗的目标是压住对方的拇指。"
6. 你们的手指继续保持紧扣的状态，大声数"1、2、3，开始"，然后演示。当数数时伸出你的拇指与志愿者的拇指交叉，当说"开始"时，尽可能快地"压住"对方的拇指。如果志愿者的拇指压住了你的拇指，也是可以的。
7. 谢谢志愿者，请所有学员起立并寻找伙伴。志愿者可以回到学员中寻找伙伴，如果学员人数为奇数，你可以继续与志愿者配对活动。
8. 告知学员活动有时间限制，活动的目标是"尽可能多赢"。请学员小心不要弯曲伙伴的手腕，提醒他们目标是赢，而不是伤害他们的伙伴。
9. 起头说"1、2、3，开始"开始活动。培训教室里的活力程度数秒内就会飙升，学员会大笑并度过美好的时光。
10. 20 秒后，指导学员停下来，询问学员谁在这个游戏里获得了最多的"压住"。通常，最佳拇指格斗者会获得 4~5 个"压住"。告知学员还有最后一轮格斗，你认为他们会做得更好，提醒学员目标是"尽可能多赢"。大声数"1、2、3，开始"开始第二轮格斗。
11. 如果你仍在与志愿者配对合作，悄悄提示活动目标是你们组尽可能多赢并且建议他在剩下的时间里压住你拇指的次数尽可能多，然后询问志愿者你是否可以尽可能多地压住他。无论是否与志愿者合作，20 秒后叫停。
12. 询问这次有多少个"压住"，如果某对学员"压住"的次数很多，请这个小组在其他学员面前表演他们的技巧（他们可能会或不会表现出双赢的态度）。如果没有小组超过 5 次"压住"，请志愿者再次上台（如果你没有继续和志愿者配对）以便你们可以演示最有效的拇指格斗技巧从而赢得尽可能多的"压住"。指导志愿者在有限的时间里尽可能多地"压住"你，并询问志愿者你是否可以在有限的时间里尽可能多地“压住”他。

13. 告诉学员事实上这个活动的目标是尽可能多赢，不是个体而是小组。解释双赢策略引导每个人“尽可能多赢”。询问学员他们最初能接受的人类互动的范例（赢—输）并追问为什么。

14. 过渡到你对冲突或双赢谈判的描述中。

会员提示

- 如果团队成员已经在一起合作过一次，活动效果会更好。
- 这是一个适合很多课程的很好的引导活动，包括谈判培训展示双赢技巧或冲突管理阐明合作风格。

柯蒂斯 · D. 柯里　在 HPI 全球组织里有超过 20 年的领导力工作经验，他是质量学习国际（Quality Learning International）的总裁。他在北美洲、欧洲、拉丁美洲和亚洲培训了超过 20 000 名领导者和普通员工。柯蒂斯专门从事全球领导力开发、跨文化管理冲突、培训领导者等工作并致力于帮助组织诊断需求及设计有效领导力开发课程。柯蒂斯在迈阿密达德学院、世界贸易中心迈阿密、恩特雷纳、洪都拉斯/尼加拉瓜任领导职务。他拥有国际研究文学硕士学位、工商管理硕士学位，且正在完成贝瑞大学领导力哲学博士学位论文。

柯蒂斯 · D. 柯里

1050 Hollow Brook Lane

Malabar，FL 32950

（321）7241917

邮箱：curtis@leadershipqli.com

网站：leadershipqli.com

ATD 分会：佛罗里达州太空海岸

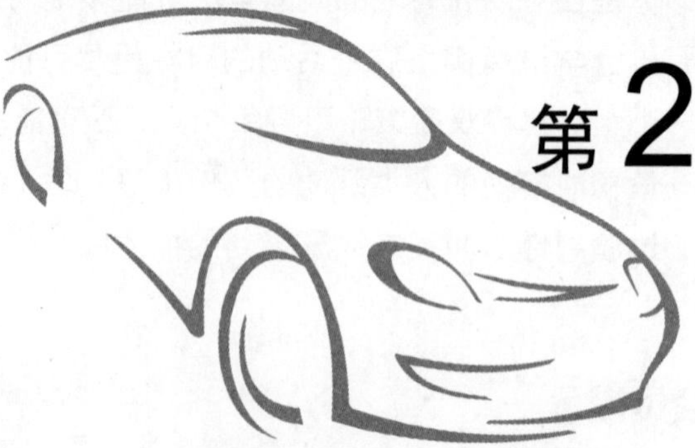

第 2 章

倾听：沟通的下半场

良好的沟通是一条双向通道。最有效的信息交换总是发生在同时有好的传递者和好的接收者的时候。一名好的接收者（或倾听者）会产生更深入的理解，会表示尊重并帮助确保进行准确的认知。此外，真正的倾听者是非常谦逊的。然而做一名积极的倾听者通常比做一名讲话者更难。

为什么出色的倾听如此困难呢？首要原因是我们的认知。通常，讲话者认为他所传达的信息比倾听者认为的更有用、更紧急、更有趣。其次是因为有效的倾听简直就是一项艰难的工作，尽管我们认为倾听与行走及任何其他人类基本活动一样自然。但遗憾的是，努力倾听仍然是很有必要的。

倾听如此困难的原因还在于人类的大脑吸收信息的速度非常快。大脑吸收信息比任何讲话者都要快很多，因此我们的大脑得绕道而行。一位倾听者的想法可能会游离并关注到其他更紧急的事务上，他会在讲话者说的某件事务上开小差。专业术语式的概念及环境的干扰是使倾听者分神的常见方式。

但是如果你愿意投入必要的努力，倾听会给你带来回报。除了可以听到准确的关键信息和愉悦讲话者以外，倾听还会给你带来其他好处。

当我们倾听——真正地倾听时，我们会心跳加速，瞳孔扩大，并且血压也会上升一点儿。实际上，你认真倾听的时候正在燃烧更多的卡路里。

本章包含了许多实用且有创造性的活动。在“请勿建议”一节里，沟通和演讲专家辛迪·马克西提供了一个允许学员体验良好倾听技巧的活动。珍妮特·格蕾丝分享了一个帮助学员明白在倾听时做什么好及做什么不好的活动，这个活动已经经历了千锤百炼。卢西亚娜·罗德里格斯提出并回答了这样一个问题：“你知道如何倾听吗？”雷切尔·斯特龙伯格·韦克介绍了一个可以用在即兴表演剧场练习聚焦与倾听的活动。

顺便说一下，如果你不熟悉即兴表演剧场，那么去观看一场表演，你可以学到很多方法用来活跃你的培训。芭芭拉·默里用我迫不及待想要用的活动——“你在微笑吗”结束了这一章。这个活动证实了当人们在微笑的时候看起来更友善。这个15分钟的活动是结束倾听、客户服务、销售或电话技巧培训课程的很好的方式。作为培训师，你会非常高兴在你的脑海里有这些关于倾听的活动。

请勿建议

辛迪·马克西

概述

在这个活动中，学员轮流遵照严格的没有建议或任何形式反馈的指导方针，练习倾听的艺术。

目标

- 没有建议和评价的积极倾听。
- 有效练习语言和非语言倾听行为。

学员

至少 2 个学员，没有上限。

用时

10~15 分钟。

材料及设施

- 白板、黑板或挂纸白板和画架。
- 马克笔。

场地

不限。

流程

1. 运用下面的例子，回顾并练习积极倾听者的非语言和语言行为。

- 非语言行为：点头、目光接触、非语言评论（“嗯”“哦”）、微笑、眼神表达、前倾、打开双臂、不交叉双臂和双腿。
- 语言行为：探寻式问题（“你是怎么到那儿的”“你的老板为什么会允许这样”），支持和鼓励的简单评价（“哦”“多告诉我一些”

"我明白""哇，不是开玩笑吧""很有趣""确实是"）。

2．在黑板、白板或挂纸白板上画一个大大的"请勿建议"的标志，用全球都明白的通用格式，像"请勿吸烟"标志那样，红色的圆圈里有一条横线穿过。记住只写"建议"一词，然后画上圆圈和圈内中间的线，如下：

3．允许学员选择合作伙伴并决定谁是讲话者，谁是倾听者。

4．告诉扮演倾听者角色的人，只问扮演讲话者角色的人一个问题："你今天在想什么呢？"忠告倾听者，他的任务是用活动开篇介绍的简单的技巧积极地倾听。举个例子，像说"是的，我也发生过这种事情"这种方式也是不允许的。

5．对话 3~5 分钟后叫停，请双方迅速用同样的问题交换倾听者和讲话者的角色。

6．在开始总结前，允许第二次 3~5 分钟的交谈。

7．以提问的方式来总结，请学员以倾听者和讲话者的视角来描述他们的体验。你很可能会发现每个学员对讲话和倾听的不同反应。一些学员会说他们很享受被关注和被理解的体验。另一些学员会说这样的角色让他们感到不舒服。强调只有通过时间和练习才能学习、发展和完善倾听技巧。最后，发起一场讨论，讨论这种类型的倾听不适合的场合，并征求建议在合适的时间再次练习倾听技巧。

会员提示

- 这是我带领过的最简单的活动之一，无须材料及场地布置。
- 既然所有学员每天都会想一些事情，那么每个人都可以从专注、积极倾听的练习中受益。

- 不同工作类型和不同组织层级的人都可以通过这个活动享受美好时光。我在消防员、医生和客服代表中都开展过这个活动。

辛迪·马克西 是具有28年会龄的ATD会员，也时常是ATD国际大会的发言人。她是以下书籍的联合作者：和凯文·E. O. 康纳合著《通向成功时间管理的十个步骤》，与巴里·莱尔利合著《用心培训：开发你天生的能力以鼓舞听众并激发在工作中的绩效》，与凯文·E. O. 康纳合著《大声说：像专家一样演讲的女士入门指南》——《像专家一样演讲：掌握商业、专业和公共演讲艺术的行业指南》的续集。她还拥有西北大学硕士学位。

辛迪·马克西

Maxey Creative Inc.

5407 North Lakewood Avenue

Chicago，IL 60640

（773）551.9599

邮箱：cmaxey@cyndimaxey.com

网站：www.cyndimaxey.com

我看你听

珍妮特·格蕾丝

概述

在这个活动中，学员用描述的和绘画的技巧来探索和练习有效倾听的技巧。

目标

- 按下列说明练习倾听技巧。
- 在艰难的系列沟通中经历传递者和接收者的角色。
- 展示当人们未能完全投入沟通过程中会发生什么。

学员

10~20 人。

用时

30 分钟。

材料及设施

- 分发给每个学员一个带夹子的写字板。
- 10 张不同的剪贴画，每张都在独立的纸上。
- 分发给每个学员一张空白纸。
- 分发给每个学员一支铅笔或钢笔。

场地

适合每对学员可以背靠背地舒服地坐在椅子上的足够空间的房间。

准备

在活动进行前，花时间从无版权限制的渠道挑选 10 张不同的剪贴画（如微软办公软件网站），线条简单的图画最好。每幅图按照原尺寸分别打印在单张纸上。

流程

1. 请学员选择合作伙伴和事先准备好的一组背对背的靠椅。分发给每个学员一个写字板和一支笔。
2. 安排活动的角色。每个小组中，一人是负责提供指导的美术老师，另一人是负责按照老师描述进行绘画的美工。向学员说明活动的角色是按照字母顺序排列的："学员名字的首字母在字母表里的排序决定了谁担任老师的角色。"如果有必要可以举例说明，例如，如果学员的名字是艾伦和约翰，那么艾伦将是老师。
3. 告诉每组成员，美工不能问问题，并且美术老师和美工在活动中不可以相互看对方和对方的纸。
4. 给每个美术老师一张不同的图片并告诉他们用 5 分钟来描述这张图片，美工必须按照美术老师的描述来作画。
5. 给美工 5 分钟时间来作画，5 分钟后请美术老师查看美工依据他们的描述所作的画。
6. 请每组成员交换角色，美术老师扮演美工，美工扮演美术老师。
7. 然后，从学员处收集所有的剪贴画并且打乱顺序，重新分配剪贴画到每组，确保每组使用的图片不同。
8. 再次开始活动，新的美术老师给新的美工描述图片。
9. 5 分钟后停止作画。请新的老师查看新的美工按照他们的描述所作的画。
10. 给予每组成员几分钟时间检查结果。用以下问题来总结活动。

- 发生了什么？为什么？
- 这个活动告诉了我们哪些关于沟通的问题？
- 怎样做更有效？
- 什么阻止了你更好地沟通？
- 你做了什么不一样的事情？
- 在工作场所，什么时候会发生这样的事情？

- 作为这个活动的结果，你以后会怎样去做事情？
- 补充总结：
  — 在沟通中，当人们不是完全投入时，列个明细是有必要的。
  — 如果你通过电话或电子邮件沟通，沟通中列明细是非常有必要的，因为“看着对方在说什么”的因素正在消失。
  — 声明好的沟通需要双方的努力。

会员提示

- 画或选择没有版权限制的剪贴画。
- 这个活动强调了在与别人一起工作时包容的重要性以及开放、真诚的沟通和沟通的清晰渠道的重要性。
- 活动进行过程中，在房间里走动，以便提醒学员他们所扮演的角色。学员经常会忘记他们之间是不应该有对话的。
- 当你分发白纸和图片时，尽可能以一张横向、另一张纵向的方式分发。学员经常会忘记确认他们要在“同一张纸上”开始这一环节，即图片和白纸要在同一个方向。
- 美术老师给予指导和美工接受信息的过程中会产生挫折和困难（陷阱）。通常的抱怨和评价包括：
  — 不能问问题和给予反馈或不明白美术老师的描述。
  — 噪声大，听起来困难。
  — 解释绘图的能力不足。
  — 难以理解美术老师的解释。
- 这个活动是培训师用了 30 年的经典活动的一个演变。我在 15 年前就参加过这种活动，我根据自己的情况进行了修改和延伸。

珍妮特·格蕾丝　总是具有帮助别人的热情，帮助他们走向个人成长的旅途，帮助他们增加自信、庆贺成长以及学习新的技能。她现在是

综合人力资源解决方案公司的顾问和合伙人及改变世界——一项幸福运动的联合创始人。她活着有两大热情：① 帮助公司和个人使用他们的才能；② 帮助个人通过由外及内的工作而变得更开心。她拥有州立大都会大学专业沟通文学学士学位和贝塞尔大学沟通文学硕士学位。

珍妮特·格蕾丝

4344 Madison Street NE
Columbia Heights，MN 55421
（763）670.7465
邮箱：jnntt_grace@yahoo.com
网站：www.integratedhrsolutions.com
ATD 分会：双子城

你知道如何倾听吗

卢西亚娜·罗德里格斯

概述

在这个活动中，学员两人一组探讨差的倾听技能的负面影响。其中一人在另一人试图陈述他读到的、听到的或经历的故事时模拟不妥当的倾听行为。

目标

- 提升意识并提高倾听技巧。
- 提供练习沟通技巧的机会。

学员

人数不限。

用时

30 分钟。

材料及设施

- 定义差的倾听行为的倾听卡片，每组学员一张（学员数量的一半）。
- 列有积极倾听应该做的和不该做的事的材料。

场地

安排房间以便学员可以散开并两人一组活动。

准备

在进行活动前，制作倾听卡片。在卡片上写下一条如下的差的倾听行为。尽管在卡片上添加你认为不好的倾听行为。

- 不看你的伙伴，你的目光在房间里游离。
- 不断地打断对方问更多的细节。

- 一句话不说及不做任何面部表情，仅仅是盯住对方。
- 不停地打断对方。
- 批评对方讲故事的方式，说他表达不清或你听不明白。
- 讽刺地笑并表示你不相信他的故事。
- 告诉对方，他说的故事很愚蠢和乏味，并且你不感兴趣。
- 不停地打断对方而陈述你经历过或听过的类似的故事，不让对方述说完整的故事。
- 佯装你没有全心关注并且每隔 15 秒钟左右让对方重复他刚才所说的内容。
- 打断并催促对方跳过细节讲结果。
- 用非语言方式暗示你没有在倾听。

流程

1. 询问学员，有谁认为自己是出色的倾听者。向少数举手的学员致谢。请所有的学员找到伙伴组成一组。
2. 如果学员人数是奇数，请额外的一人当观察者。
3. 待安排好之后，解释每组的两名成员必须选择 1 号或 2 号作为标志。请每组决定谁是 1 号、谁是 2 号。
4. 在房间里安排合适的空间请编号为 1 号的学员聚集在一起，确保编号为 2 号的学员听不到你对 1 号学员说的话。
5. 向聚集在一起的 1 号学员解释，他们在活动中的任务是给 2 号学员讲故事，讲他们读过的、听过的或经历过的故事。强调他们讲故事时要听起来很自信并很有说服力，尽管当你给 2 号学员做解释的时候，他们没有太多时间思考他们的故事。备注：如果有观察员，请他在你给 2 号学员做解释时负责观察。
6. 解散 1 号学员，让他们去思考将要讲的故事。召集所有 2 号学员在一起，确保 1 号学员听不到你对 2 号学员讲的话。
7. 向 2 号学员解释，活动的一部分是 1 号学员给他们讲故事。发给 2 号学员每人一张倾听卡片，每张卡片上面列有一项差的倾听行为，请 2 号学员模拟卡片上的行为来展示差的倾听技能。

8. 解散 2 号学员并指导两队找到他们的搭档开始活动。待每组重新接洽上，告诉学员他们有 10 分钟时间按照得到的指示来完成他们的活动。开始活动。
9. 当 1 号学员讲故事时，在房间里四处走动，观察他们的反应，如果有必要可以进行个别强化指导。
10. 10 分钟后，请学员回到他们最初的座位进行团体大讨论。总结活动，注意在学员工作中你所观察到的情形。用以下问题来回顾学习。

- 1 号学员：你讲故事时经历了什么？你感受如何？
- 2 号学员：你扮演的是什么角色？在活动中你感受如何？描述你的搭档对你的行为的反应。
- 你们当中有多少人经历过这样的场景：你想沟通且你知道对方没有在倾听？描述这种感受如何。
- 来参加培训前，你们当中有多少人因为没有注意倾听而被谴责？谁愿意来分享一个例子？
- 你如何陈述在现实生活中或工作中类似的场景？
- 未来你将如何使用这些信息？

11. 在讨论积极倾听的重要性中结束活动，用分发的该做的和不该做的材料作为讨论的基础。

会员提示

- 要想获得期望的结果，与学员达成协议是非常重要的，这能确保他们有意愿参加培训并且明确他们应该做什么。
- 总结非常重要，它能使得这个活动有意义并提供可靠的学习经历，因此要确保你的提问能帮助学员将活动和现实工作场景联系起来。
- 要使活动更加有意义，你可以探索你观察到的具体、有趣的行为，做出评价并请相关人员给团体解释他们做了什么以及他们感受如何。

- 这个活动的结束也很关键。在结束的时候，确保学员清楚积极倾听的益处并且明白刚刚经历的活动是怎么回事。
- 你可以用积极倾听该做和不该做什么来指导你的讨论或以此作为分发给学员的材料。
- 我是从一个巴西的同事多年前发给我的一系列学习活动中得知这个活动的，经过这些年的运用，这个活动被我个性化了。我用过多次，并且我还知道其他人力资源部的同事也成功应用了这个活动。

卢西亚娜·罗德里格斯 毕业于巴西圣保罗麦肯齐大学，获得工商管理学士学位，她还在这所大学获得了人力资源管理学硕士学位，现在在宾夕法尼亚州哈里斯堡报名参加了教育学硕士课程。她有10年人力资源管理的经验，其中大部分是关于组织发展和学习的。她为泰科电子公司工作，在宾夕法尼亚州哈里斯堡任组织发展和学习经理，负责诸如绩效管理、员工敬业度、领导力开发和培训课程等项目。

卢西亚娜·罗德里格斯

6633 Terrace Way，Apt. B

Harrisburg，PA17111

（717）805. 1231

邮箱：iprodrigues@tycoelectronics.com

ATD 分会：宾夕法尼亚州中部

积极倾听的做与不做

积极倾听意味着你同时在用耳朵和头脑一起倾听。你会通过你说的及你做的来展示你正在倾听。讲话者想确保你明白他们的意思。练习这些积极倾听的行为可以让你成为一名好的倾听者并表明你听明白了。

该做的

- 关注，表现出有兴趣和好奇心。
- 倾听语调及音调变化。
- 通过你的姿势及点头来表明你正在倾听。
- 提供支持的反馈。
- 推迟判断。
- 做出适当的反应。
- 给予讲话者时间去找到合适的用词。
- 做总结以确保你听明白了。
- 问问题以帮助你能正确理解讲话者。
- 释义以确保你正确理解。
- 集中注意力并从信息中找到关联。
- 通过良好的目光接触与讲话者建立联系。
- 用积极的口头语言，如“是的”“我懂”“我明白”来回应。
- 认可讲话者的感受。

不该做的

- 打断。
- 说“是的，但是……”。
- 完成讲话者的句子。
- 表现出你知道讲话者将要说什么。
- 表现出不耐烦。
- 妄下结论。

- 对演讲方式挑剔。
- 提供评价的反馈。

以上哪种行为对你来说最简单?

以上哪种行为对你来说最困难?

想要获得更多信息，可以访问：http://www.mindtools.com/CommSkll/ActiveListening.htm。

黄球

雷切尔·斯特龙伯格·韦克

概述

这个植根于剧场的活动需要学员围成一个圆圈，相互投掷想象中的“球”和其他物品，目的是练习在混乱及多信息的环境里聚焦和倾听。

目标

- 通过练习积极倾听、聚焦、呈现、集中精力和给予反馈来提高沟通技巧。
- 培养学员的大局意识而不是仅仅局限于一些细节。

学员

6 ~ 20 人。

用时

20~35 分钟。

材料及设施

- 无。

场地

需要中至大型开放的空间。学员有足够的空间站着围成一圈，相互之间间隔一手臂长以便可以自由活动。在某些场所，学员可能需要帮你挪动桌椅以满足场地需要。

流程

1. 邀请学员围成一个圆圈。你也是圆圈中的一员并在你的位置带领引导这个活动。
2. 举起一个想象中的球并用你的拇指和食指模拟它的大小（相当于

一个网球的大小）。向学员介绍这个想象中的球为“黄球”。

3. 解释：作为活动的一部分，你会将“黄球”投掷给圆圈中另外一个人，你选中接住“黄球”的人必须说“黄球，谢谢”。进一步解释：接住“黄球”的人必须将球扔给圆圈中的另一人并且在他扔给下一个人球的时候大声喊“黄球”。
4. 演示扔“黄球”给圈中另一人，在你模仿投掷时大声喊“黄球”。
5. 告诉学员没有投球的固定模式并给团体几分钟时间练习在圈中投球。
6. 在想象中的“黄球”投递了一会儿后，大声喊“停”，请接住“黄球”的人保持不动。
7. 介绍另一个想象中的“红球”，并且解释它的型号比“黄球”稍大。投掷“红球”给圈中的某个人并且大声喊“红球”，接住“红球”的人要回应“红球，谢谢”。在扔球给下一个人之前参照“黄球”的投掷模式。
8. 向最后拿着“黄球”的人示意将球投掷给圈中的另一个人。现在有两个球在运转过程中了，两个球在投掷给圈中其他学员时均要识别清楚。
9. 在活动开始 2 分钟后叫停。请最后接住“黄球”和“红球”的人都保持不动。
10. 介绍另一种想象的物品以同样的方式在圈中投掷。选不同大小、不同形状和不同重量的物品，可以是任何东西——打字机、水杯、武士刀、铁砧，甚至章鱼。关键是要有趣并且给学员一个视觉上的线索来聚焦。注意：确保无论你选的什么物品，型号要至少大到能被团体看见。
11. 周期性地暂停并介绍一个新的物品加入到游戏中来。可以依据学员的规模确定物品数量，保证在活动中总共有 5~7 种想象的物品在空中飞。
12. 当团体该谁接或该谁投掷想象物品遇到困难时，就暂停并发问：“什么能使活动更容易？”可能的答案如下：

- 目光接触（对积极倾听很重要）。
- 投掷球前喊人名（你的听众对你的信息做好准备了吗）。
- 寻找开放的人（这是传递信息的好机会吗）。
- 通过说你接到的物品和"谢谢"来表示收到和反馈（重复或改述信息；检查是否明白）。

13. 一旦你说了团体关心的事后再次开始活动直到再次喊停。

14. 用以下问题来检视这个活动：

- 什么使得活动更容易？
- 你们是如何完成任务的？
- 什么使得这个活动具有挑战性？
- 在同一沟通时间怎样掌握不止一项事务（多任务阻碍积极倾听）？
- 如何寻找沟通开放的人（听见你说的话并且给予你时间说话）？
- 混乱如何影响沟通（不着眼于大局）？
- 如何在工作场所沟通时介绍更多的项目（太多干扰会影响积极倾听）？

15. 以提问来总结：你觉得这个活动映射了你的工作（或生活）吗？必须尽量兼顾如此多的信息和活动吗？你在日常工作中是如何处理这样的情况以致你能保持高效的？可能的回答如下：

- 在传递重要信息时确保时间安排合适。
- 保持目光接触。
- 聚焦信息。
- 给予反馈，表明我在听。
- 在一段时间处理一件事情。
- 确定优先顺序。

会员提示

- 学员通常会发现投掷的物品和某个信息的关联，还会发现在繁忙的日常工作处理信息和事务时容易漏掉重要的事情。
- 学员在提问总结环节及在活动的学习过程中变得很有创意。

- 通常，学员在提问总结环节即辨识了以下概念。如果没有，你可以额外提出以下问题以帮助学员自己探索关键点：
  - 你必须做什么以确保你能聚焦同时发生的所有活动？（引导关于聚焦、呈现、积极倾听、关注大局胜过一些细节的意识的讨论。）
  - 你采取了什么步骤以确保你在团体里积极倾听别人说话？（引导关于呈现、给予反馈以表明你听懂了信息的讨论。）
  - 什么对你更有效：关注同时发生的所有事情或个别事情？（引导仅仅关注细节而不是大局的局限性的讨论。）
- 这个活动也可以作为团队建设活动，因为学员要在同一空间里一起工作来接住物品。
- 这个活动是典型的用于即兴剧场的活动，教表演者聚焦于他们的场景伙伴而不是周围场景发生的事。像很多植根于剧场的活动一样，这个活动已经用了很多年了，但我不确定它在公司范围内的广泛使用程度。

雷切尔·斯特龙伯格·韦克　是一家专注于娱乐和公司培训的公司——疯狂考尔弗德即兴剧演公司的培训和开发副会长。在其职业生涯里，雷切尔为一线经理、总监和副总裁开办了一所企业大学，还为非营利组织和商业组织管理和培训了许多工作场所学习专家、雇员和志愿者。雷切尔自 2002 年起即为 ATD 佛罗里达东北分会董事会服务，曾任分会会长。

雷切尔·斯特龙伯格·韦克

2421 Provost Road E

Jacksonville，FL 32216

（904）608.1148

邮箱：rachel@madcowford.com

网站：www.madcowford.com

ATD 分会：佛罗里达州东北部

你在微笑吗

芭芭拉·默里

概述

让学员学习到即使没有明显的视觉线索，要隐藏情绪和态度也是几乎不可能的。

目标

- 提高倾听技巧。
- 证实人们说话时脸上带有笑容听起来会更友好。
- 证明人们说话时脸上皱眉会听起来不开心。

学员

2 人或 2 人以上。

用时

10~15 分钟。

材料及设施

- 每个学员一张纸，纸上打印一句话："如果你开心并且你知道，你的声音一定会展示出来。"

场地

学员各组之间最好有些空间，这样不会太吵，以便其他学员可以听得更清楚。

流程

1. 问学员有多少人可以通过对方打电话而得知对方的情绪。问他们有多快能做出这个判断。在一些人回应之后，陈述这个活动可以让他们进行自己的微笑实验。请他们站起来去找活动伙伴。

2. 解释每组中的一个成员是 A，另一个是 B。姓氏首字母最接近字母 Z 的那个人为 A，另一个人为 B。
3. 为每个学员分发准备好的纸。
4. 请每组学员背对背站立。
5. 告诉 A，他有 3 次机会面带微笑或皱眉读纸上的句子，他的任务就是诱使 B 不能正确猜出他读句子时的表情。提醒 B 仔细倾听并记录猜正确的次数。
6. 一旦学员背对背地站好位置，即开始实验。
7. 几分钟后，停止实验并请 A 和 B 互换角色。再次开始实验，提醒 A 仔细倾听并记录猜正确的次数。
8. 当每个人都完成了活动，可以用以下几个问题进行总结：

- 你猜正确了几次？你为什么可以猜正确？
- 这个活动告诉了我们关于沟通的什么？
- 倾听在你猜测对方是在微笑还是皱眉的能力中扮演了什么角色？
- 这个活动为什么在你的工作中很重要？

会员提示

- 学员很可能会发现讲话皱眉时让人听起来自己很开心是非常困难的。
- 尽管没有任何面部视觉线索，你仍然可以非常清晰地“听到”对方是否在微笑，非常奇妙。
- 大多数学员都会明白协调相反的表情多么困难以及诱使听众多么不容易。

芭芭拉·默里　目前是 ATD 大平原分会会长。她成为 ATD 的双重会员已有 9 年时间，为大平原 ATD 董事会主动服务也已有 6 年之久。芭芭拉在培训和发展领域工作已超过 11 年。她负责普雷米耶（PREMIER）

银行卡的管理开发，为 300 多名经理和关键人物服务。芭芭拉为自己是公务员首领而感到自豪。她开发和传递了大量管理开发课程以便满足普雷米耶团队的需求，并为经理人提供必要的工具和培训，协助他们成为伟大的普雷米耶领导者。

芭芭拉·默里

4902 South Oxbow Avenue

Sioux Falls，SD 57106

（605）357.3401

邮箱：bmurray@premierbankcard.com

ATD 分会：大平原

第3章

客户服务和销售：组织的需要

IBM 2010 年的一份报告，其依据来自 IBM 全球首席执行官的名为《复杂性资本化》的调研的深刻见解，在关注客户忠诚度和提供良好客户服务的重要性方面给组织敲响了一记警钟。

这份报告重申了每个培训师（和每个懂行的首席执行官）已经了解到的客户服务的重要性，但是客户信息细致度还需要上升到新的高度，这是很有必要的。IBM 的报告在描述亲近客户的重要性时用“隐私”这个词来强调。而且，这份报告显示在本次调研中 88%的首席执行官选择将“进一步亲近客户”作为下一个五年组织战略最重要的维度。

为什么如此强调呢？关键的动机是客户忠诚度比以往任何时候都更出乎意料。见多识广且聪明的客户对产品和服务有无限的选择，所以组织必须反复不断地博得他们的忠诚，否则就会面临最忠诚的客户投向竞争对手的风险。这个现实要求所有的组织用任何一种可能的工具，包括社交网络平台，去了解甚至预测客户的需求。你的业务的生命线取决于你忠实的客户在短信、推特、博客及脸书上如何书写，你的业务的每件事情都跟这些有关。在当今世界，你的客户对你的组织和产品的满意度、认同感、满足感和拥护程度可以在一分钟之内起起落落。

基于以上事实，关于客户服务和销售的一章对这本书来说就再合适不过了。

安德鲁·库克以一个经验性的活动来开始这一章，鼓励学员创造对极好客户服务的自我定义。这个活动中的学员将学到，对于定义客户服务的大部分因素，他们有 100%的掌握权。

施特菲·帕斯科用报纸、期刊文章和其他相关的有新闻价值的渠道来帮助从事销售的学员承认时事对于他们成功的意义。销售最大的障碍之一是克服拒绝。罗莉·斯潘格勒提供了一个容易完成的活动从而帮助销售人员处理客户的拒绝。

选择其中的一个活动来确保组织中出色的客户服务和成功销售。

定义美好的客户体验

安德鲁·库克

概述

通过对美好客户服务名录的创造性使用和生动讨论，使学员意识到，他们在创造积极的客户互动方面，远比想象的更有掌控性。

目标

- 创建一份关于美好客户服务体验的清单，清单由切实观察得到的体验组成。
- 将美好客户服务的定义与现实世界联系起来。

学员

5~100 人。

用时

15~30 分钟。

材料及设施

- 在活动前准备好 3 张大白纸，分别在顶部书写 3 个不同的标题：**看、感觉、听。**
- 马克笔。
- 为每个学员准备纸、笔。

场地

可以写字的桌子。

流程

1. 告诉学员他们将创造“出色客户服务”的定义，注意并不需要前提条件和专门知识，因为每个人都有积极的和消极的客户服务体验。说明为了使其更容易，你把概念分成 3 类：

- 出色客户服务**看起来**是什么样的?
- 出色客户服务**感觉起来**是什么样的?
- 出色客户服务**听起来**是怎样的?

2. 为这 3 种分类提供额外的定义，你可以如下不同方式来描述：

- **看**需要可观察到的因素，如客户服务人员可能做的非语言行为。
- **感觉**指的是因客服人员的行为而引起的情感。
- **听**是指听到客服人员所说的，可能会被认为的出色服务。

3. 请学员思考最近的服务体验并决定其是好的体验还是不好的体验。
4. 请每个学员起立。告诉所有的学员：回想起积极体验的学员移至房间的一边，而回想起消极客服体验的学员移至房间的另一边。
5. 一旦学员各就各位，给他们 3 分钟时间进行讨论：是什么使得体验积极或消极。备注：如果团体很大，请他们分成 3~4 人的小组来进行活动。
6. 3 分钟后，请所有学员大声、快速地陈述，首先，说出通过他们的体验所看到的（出色客户服务的**看**）；其次，说出通过他们的体验所感觉到的（出色客户服务的**感觉**）；最后，说出通过他们的体验所听到的（出色客户服务的**听**）。
7. 请学员回到他们的桌子前并且指派每桌一个任务，类别分别为**看**、**感觉**和**听**。
8. 告诉学员他们有 2 分钟时间来创造清单，定义他们分派的任务——出色的客户服务的关键词和特征。
9. 看着你的表说：“现在开始！”
10. 1 分钟后，告诉学员：“还剩 1 分钟！”
11. 当最后 1 分钟时间过去，宣布时间到。
12. 移动至挂纸白板前，宣布你（或指定记录员）将把他们的答案记录在不同类别的大白纸上。备注：如果你希望，你也可以根据讨论来创造整合后的定义。

13. 一次参加一个种类（**看**、**感觉**和**听**），当你在房间里四处走动时请每组学员针对每个类别给你一个答案。每组提供了反馈后，开始讨论整个团体的其他的想法。询问挂纸白板上的列表是否有遗漏。

14. 通过问以下问题来总结：

- 列表上有不需要的内容吗？为什么？
- 你同意所列条目的百分比是多少？当你说不同百分比时请大家举手表示：50%、60%、75%、90%、100%。
- 我们每个人对列表上的内容有多大比例的掌控程度？当你说不同百分比时请大家举手表示：50%、60%、75%、90%、100%。（备注：正确的答案实际上是100%；我们要对列表上的所有事项完全掌控。）
- 作为所列项的一个成果，你将会有何改变？

15. 作为这个活动的成果，请每个人写下他回到工作场所后将会做得不一样的或要提升的一件事情。

⚠ 会员提示

- 人们针对不同的种类通常都会想出以下反馈。

  看：微笑、目光接触、肢体语言、专业、打扮。

  感觉：宝贵的、重要的、舒服的、尊重的。

  听：友好的、礼貌的、敬业的、聚焦的、体贴的。
- 有趣的现象：每个人并不是很快承认他对所有因素能100%掌控。
- 既然定义由学员创建，今后就不得后退。
- 我继续定义（挂纸白板）研讨会的余项并提示大家：当所有因素都存在时，你做得很好；当有一些或任一因素缺少时表明你仍然有工作要做。
- 对于大型团体，安排3个挂纸白板架子和3个记录员以便活动快速进行。

- 我敢肯定，创建定义的一般想法以前使用过。这个活动是我特意为研讨会创建的，面向聚焦于提升病人体验的从事医疗实践的客户。你可以很容易拓宽这个活动，从而适用于任何客户服务领域。

安德鲁·库克　为宾夕法尼亚州艾伦镇里海谷健康网络工作。作为里海谷医生组的运营支持经理，他通过网络针对90多个医疗实践支持和传递组织开发与服务文化的举措。他还领导一组服务文化大使来协助努力实现。安德鲁拥有宾夕法尼亚州州立大学两个学士学位和圣约瑟夫大学组织发展和领导力的硕士学位。他还是ATD宾夕法尼亚州东部分会的副会长，并于2005年加入董事会。

安德鲁·库克

1793 Center Street

Bethlehem，PA 18017

（484）221.6042

邮箱：asc63@yahoo.com

网站：easternpa.astd.org

ATD分会：宾夕法尼亚州东部

新闻里有什么

施特菲·帕斯科

概述

学员阅读并讨论由引导者提供的有关近期商务、市场或经济方面新闻和趋势的材料，发现与影响他们特定行业的发展和整个世界任何重要新闻并驾齐驱的重要性。

目标

- 讨论时事新闻与其如何影响商务、客户和销售的相关性。
- 识别可以影响销售人员成功地站在时事事件高处的方法。

学员

来自销售行业的多达 30 个学员。

用时

约 45 分钟。

材料及设施

- 报纸、杂志文章、时事通讯和其他有新闻价值的信息，包括国内和国际新闻、关于学员所处行业的新闻、股市时事、当地商报信息、学员的竞争面的最新消息及与学员商务相关的任何消息。
- 为每组准备纸笔。
- 挂纸白板。
- 马克笔。

场地

配备桌子供 3 人一组使用。

流程

1. 通过陈述最好的销售人员都是消息灵通的人来介绍这个活动。陈述这个活动将提供给学员机会，可与影响他们所处行业、公司及销售能力的近期的信息或事件打交道。请学员分成 3 人一组并选出组长代表本组发言。
2. 分发你在活动前收集的报纸、最近的期刊或其他新闻材料。
3. 让每组学员读新闻并辨析他们获悉的消息如何影响到他们的公司和客户及他们的前程。给每组 15 分钟时间来完成阅读和分析。
4. 在活动过程中，观察每组并在需要时协助他们。
5. 到了指定时间时，请每组分享信息、事件或在活动中他们收集到的情报，并解释他们认为所获悉的信息可能是如何影响到他们的公司、客户及他们的销售能力的。
6. 在每组汇报完成后，花几分钟时间与整个团体讨论所有的信息。用以下问题来总结这个活动：

- 谁通过每天读新闻来掌握现状？都读什么？
- 阅读新闻的关联性是什么？
- 如何才能跟得上影响你销售的最新的消息？
- 你有什么主意能使得整个团体与世界上发生的会影响到你的公司、客户和销售能力的信息保持在同一水平？
- 作为讨论的成果，你会如何去使用？

会员提示

- 在讨论过程中，将团体分享的资源进行列表。为了让学员掌握现状，向大家征求还应该阅读哪些其他资源的额外意见。
- 方便学员订阅你在课堂中使用的资源。例如，当学员离开时可以带走事先准备好的订阅卡片或网址。
- 询问学员是如何与他们的整个销售团队分享战略或市场信息的。建议使用内部博客和/或“新闻文件夹”内联网。

施特菲·帕斯科 是具有超过 12 年教练和培训各层级销售人员经历的销售绩效顾问。她为世界 500 强公司工作，包括施乐和 ADP 公司，具备销售管理才能并在每个岗位上获得了第一的赞誉。施特菲能传递前沿的销售战略并能快速获得成绩。

施特菲·帕斯科

P. O. Box 8103

Gaithersburg，MD 20898

（240）329.4446

邮箱：spaskow@smartperformance.biz

网站：www.smartperformance.biz

ATD 分会：马里兰

应对拒绝的解决方案

罗莉·斯潘格勒

概述

在这个简单但高效的活动里讨论遭遇销售排斥及其如何克服。

目标

- 探索销售专员经历的销售排斥。
- 装备学员以克服销售排斥。

学员

4 人或更多。

用时

15~30 分钟。

材料及设施

- 索引卡片。
- 钢笔或铅笔。

场地

可供学员书写的桌子或平面。

流程

1. 询问有多少学员在电话销售中遭受过拒绝。确认每个人都遭受过拒绝，此活动将帮助他们针对拒绝确定有效的回复。
2. 给每个学员一张卡片和一支笔并请他们写下一条他们在卖具体产品时通常遭遇的拒绝内容。比如，拒绝内容可能是“价格太高”。
3. 给学员一分钟左右时间写下一条拒绝内容，然后收走卡片。
4. 打乱这一堆卡片的顺序并分发给每个学员一张。

5. 请学员读他们收到的卡片上写的拒绝内容并在卡片的反面写下克服拒绝的解决方案或方法。
6. 在学员写下他们的解决方案后（给团体几分钟时间写），请学员分享他们收到的销售拒绝内容和他们写下的克服拒绝的回复。
7. 引导讨论针对卡片上拒绝内容可否有其他克服拒绝的方法。
8. 一旦学员讨论拒绝的内容，即结束活动。如果你愿意，可以请他们将卡片还给原始作者。

会员提示

- 这个活动易于解释和完成，学员喜欢从他人处学习。
- 学员喜欢真实的拒绝内容和真实的解决方案。
- 你可以在督导技能培训、沟通培训或其他类型培训中使用该流程。例如，在督导技能培训中，你可以请学员确认一个主管面临的困境或处境。
- 选项：针对参与人数较多安排坐成 U 形或围圈坐时，可以请学员传递卡片，6 人向右，然后 2 人向左，再然后 4 人向右（或任何其他基于传递卡片的洗牌方法）来代替收集卡片。这为活动增加了运转性和互动性。

罗莉·斯潘格勒 是德勒克斯（Deluxe）公司的首席绩效顾问，她进行远程销售力量支持、咨询、评估和实施销售培训战略。不论是面授式培训，还是在线学习，罗莉热衷于使培训更便利，通过调整自己“繁忙的日程”来满足学员的需要。除了已认证 SPIN 销售、战略销售和 IMPAX 战略客户销售外，她还拥有成人教育和沟通硕士学位。

罗莉·斯潘格勒

205 Primrose Court
Vadnais Heights，MN 55127
（651）483.1172
邮箱：lori.spangler@deluxe.com
ATD 分会：双子城

第 4 章

创造力和创新：复杂世界里成功的基石

当你让人给创造力下个一般性的定义时，他们很可能会说创造力就是创造新事物或以新角度看待事物的能力。如果你接着问创造力在商业中的重要性，他们会告诉你创造力对于组织的长期发展和竞争力是至关重要的。

无独有偶，据 IBM 公司 2010 年全球首席执行官的研究（参考本书第 3 章的介绍）显示，被采访的 1 500 位首席执行官同样认为创造力是最重要的领导才能和获得市场竞争成功的预测因子。该研究中采访过的首席执行官指出，创造力是所谓“破坏性创新和持续再创造”的基础，是所有组织都需要的。此外，这些首席执行官们还表示管理层和整个组织都需要这样的突破性思维。

总之，该研究支持了在组织重塑形象和重新定位自己时，有创造力的领袖需要有创造力的员工，以推进必要的变革和问题的解决这一理念。

遗憾的是，大多数人认为自己没有创造力。所以，培训师的工作是帮助人改变这种认知。正如亨利·福特曾说过的：“无论你认为自己行，还是不行，你都是正确的。”培训师的角色是影响学员的态度，以便他们对创造力有“正确的”认识，这样组织才能够超越现状。

本章的活动旨在让学员自身创造的泉源开始流动，调动右脑去思考那些从未想象过的创新理念。所有的学员都可以变得更有创造力，而他们首先要做的是相信自己能够做到。本章的四个活动会帮助学员相信自己有创造力，同时获得一些技巧将学到的内容应用到工作中。

来自罗杰·阿代尔的第一个活动会帮助学员树立必要的信心从而拓展对主题的理解。

克伦·S. 塞兹卡的第二个活动是受马尔科姆·格莱德威尔所著《异数》(*Outliers*)的启发。活动鼓励学员思考常见物品的新用途。我只想说学员不再会以同样的方式看待一块砖！

桑迪·鲁特结合了头脑风暴、思维导图和团队合作等多个技巧，帮助学员理解一种鼓励互动和创造力的技巧。我保证你会喜欢这个活动，并发现它是一种适用于很多情况的培训工具。

保罗·西尼奥雷利用从写作老师那里学到的一个技巧丰富了本章。该活动可以帮助学员写出几乎适于任何用途的短小精练的语句。

本章中的所有活动都能增强组织的创造力，并激励新创方法和战略。

小硬币的故事

罗杰·阿代尔

概述

活动中，学员要想象一枚小硬币的生平故事，而他们写出的故事将成为个人创造潜能的依据。

目标

- 激发工作中的创造力，在工作上能够突破我们所见，完成我们所想。

学员

没有人数限制，可以是一人，也可以是房间能容纳的最多人数。

用时

至少 30 分钟（可按实际情况适当延长）。

材料及设施

- 为每个学员准备一张空白纸。
- 为每个学员准备钢笔或铅笔。
- 为每个学员准备一枚硬币。

场地

所有学员都有书写的空间。

流程

1. 按照以下描述向学员介绍活动："活动中每人会得到一枚硬币。仔细观察这枚硬币，在手心里翻转硬币，注意它有多少年，有多旧、多新，或者在哪里被铸造。利用观察到的信息，写出一个关于你手里这枚硬币的故事。尽可能发挥你的创造力。5 分钟后我们进入下一环节。"

2. 把硬币和纸、笔分发给学员。

3. 5 分钟创造性写作时间。

4. 5 分钟后宣布时间到，邀请几人读一下他们的故事。

5. 进行关于创造力的讨论。讨论中可使用类似下面的问题：

- 写这个故事的感受如何?
- 什么因素使这项任务变得困难?
- 什么因素使这项任务变得容易?
- 当听到“尽可能发挥你的想象力”时，你的感受如何?
- 为什么说创造力在工作中很重要?
- 你认为你有创造力吗？为什么有或为什么没有?
- 是哪些因素妨碍了你的创造力?

6. 以“每个人可以变得更有创造力”来总结讨论。指出要变得更有创造力的第一步是相信创造力尽在自己掌握之中。

⚠ 会员提示

- 活动后，选择一些学员分享他们的故事。如果活动是分小组进行的，所有学员可以在小组内分享故事。如果组员过多，从时间限制和听众注意力方面考虑，很难做到大范围的故事分享。
- 一些学员开始创作故事时会遇到困难，可以给他们一些提示。我常问：“你发现第一枚这样的硬币时多大年纪？假设手中这枚硬币恰好是那个硬币，你觉得在你第一次发现它以后，它都经历了什么？”
- 这个活动不仅能够激发创造力，还能透露很多讲故事人的信息。小硬币的故事通常是故事讲述者自己的人生经历。

罗杰·阿代尔　在过去 20 年里专注于组织发展、工业心理学和企业培训，其中有 12 年都在美国亚利桑那州市场。他拥有南伊利诺伊大学的

成人/劳动力教育学学士学位、凤凰城大学组织管理硕士学位和工商管理硕士学位。他在位于亚利桑那州普雷斯科特峡谷的中北大学攻读工业组织心理学的哲学博士课程，并任凤凰城大学的持续质量提升主管。他是当地 ATD 太阳谷分会董事会前成员，也是国际领导力协会（International Leadership Association，ILA）前学者学术成员兴趣小组主席。罗杰最近为《追随的艺术——伟大的追随者创造了伟大的领导者和组织》贡献了一章内容。他还在 ILA 和太阳谷分会的亚利桑那州年度大会上发表了讲话。他同时为几家非营利机构提供咨询服务。

罗杰·阿代尔

4605 E. Elwood Street
Phoenix，AZ 85040
（602）557.7035
邮箱：rodger.adair@apollogrp.edu
ATD 分会：太阳谷

不是你想的那样

克伦·S. 塞兹卡

概述

探索常见物品的多种用途是本活动的试金石，用以激励学员跳出思维定式，思考和探索创造性的方法和解决方案。

目标

- 探索常见物品的新用途。
- 学习一种可以引发意想不到的联想的创造技巧。
- 创造力、创新、头脑风暴阶段的热身。

学员

每组 8~100 人。

用时

15~30 分钟（取决于学员人数和选用物品数量）。

材料及设施

- 为每个小组准备“不是你想的那样”讲义一份。
- 笔。
- 计时器。
- 白板或挂纸白板。

场地

桌子间留出间隔，方便学员以小组形式活动。

准备

确定活动中用到的日常生活用品。范例中使用的是一块砖和一支笔，你也可以使用其他常见物品完成几轮活动。例如，你可以准备一个空罐子、一个刮勺、一份报纸、一个咖啡杯、一个订书机、一块石头、一个回形针或其他任何你认为有趣的东西。按照你自己心意，找些所选物品的剪贴画或插图。这样可以通过替换讲义中列举的物品，做出新的讲义。

流程

1. 询问学员："你有多希望自己更有创造力？"然后告诉学员，虽然活动很简单，但是可以帮助他们让创造的泉源流动起来。分给每个小组（按桌划分）一份讲义。
2. 请每组出一人，自愿做记录员和发言人。
3. 通过范例简单解释讲义的用途。说明各组的目标是在短时间内列出物品尽可能多的用途。
4. 告诉学员有 3 分钟时间完成这项任务。注意：时间在 2~5 分钟有效，列出用途的数量相同时，用时较短的小组获胜。这会让活动更活泼有趣。
5. 开始计时。
6. 3 分钟后，让发言人代表各组分享对选定物品其他用途的想法。第一轮限制每组分享用途的个数，以确保每个人都有机会分享自己的想法。你可以说："在第一轮，说出 3 个你们想出的用途。"第一轮结束后，如果时间允许，问大家是否还有其他的想法。第二轮是让各组在第一轮提出他们认为最有创造力、最特别或最切实可行的用途，同样可以节省时间。
7. 使用更多的日常用品，也可以用学员（或你）所在机构现有的产品、流程或服务，重复上面的环节。
8. 以下面问题总结活动：

- 自由地想象那些疯狂的想法，感觉如何？
- 工作中我们为什么不能这样有创造力？
- 工作中是否有机会发挥创造力？什么时候？
- 通过今天的经历，你希望有哪些改变？

会员提示

- 没有答案是错误的，也没有答案是“不着边际”的。事实上，答案越不着边际越好。
- 讨论可以扩展到组织的产品、服务、流程、挑战和机会。
- 鼓励学员自由地想象如何将两个常见物品结合起来以创造出新的用途。这可以有效地帮助学员跳出思维定式。
- 本活动是受马尔科姆·格莱德威尔所著《异数》的启发。书中描述了如何用发散检测法衡量创造力，并要求读者写下一块砖和一个毯子尽可能多的用途。

克伦·S. 塞兹卡　集人才培训师、教员、Creativity@Work 专家、作家和 Growing Great Ideas.com 网站的创建人于一身。她为超过 3 000 人提供了 250 余场培训，涉及的各类课程包括创新、技能、监管技巧等方面以及定制课程。2008 年克伦编写了《越来越多的好主意——在工作中释放创造力》第一版。书中阐明了工作中的创意过程。她还开设了 Creativity@Work 培训课程帮助学员了解创意过程。在 ATD 的亚特兰大分会，克伦既是一名活跃的会员，也是社区活动组的公关经理。《越来越多的好主意——在工作中释放创造力》的第二版将收录本活动。

克伦·S. 塞兹卡

4020 Ridgeland Drive
Douglasville，GA 30135

（404）219.8246

邮箱：growinggreatideas@gmail.com

网站：www.growinggreatideas.com

ATD 分会：亚特兰大

参考文献

Gladwell，M.（2008）. *Outlier: The story of success*. New York. Little，Brown.

Sieczka，K.（2008）. *Growing great ideas: Unleashing creativity at work*. Raleigh，NC: Lulu.

不是你想的那样：除了是砖，它还是什么？

我们都知道盖房子时会用到砖，那么除了盖房子砖还能用来做什么呢？你会为这个简单建筑材料如此多的用途而感到惊讶的！重点是常规思维向非常规思维的转变。

砖有哪些不同寻常的用途？把你能想到的都列在范例后面。

1 门挡

2__________

3__________

4__________

5__________

6__________

7__________

8__________

9__________

10__________

11__________

12__________

13__________

14__________

15__________

不是你想的那样：除了是笔，它还是什么？

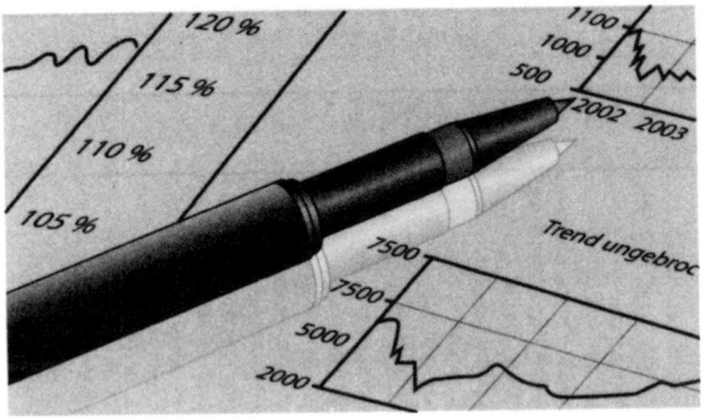

我们都知道写作时会用到笔，那么除了写作，笔还能用来做什么呢？你会为这个简单物品的广泛用途而大吃一惊的！重点是常规思维向非常规思维的转变。

笔有哪些不同寻常的用途？把你能想到的都列在范例后面。

1 打孔器

2______________________________

3______________________________

4______________________________

5______________________________

6______________________________

7______________________________

8______________________________

9______________________________

10______________________________

11______________________________

12______________________________

13______________________________

14______________________________

15______________________________

创造力风暴

桑迪·鲁特

概述

结合头脑风暴的概念和思维导图的技巧，使这个提升创造力的训练更独特。

目标

- 介绍一个促进互动和创造力的技巧。
- 保证每个人都有机会表达自己的想法。

学员

20~40 人，每组 3~5 人。

用时

15~30 分钟（取决于创造力风暴话题的设定）。

材料及设施

- 挂纸白板（每组需要 1~2 张）。
- 为每人准备一支马克笔（各种颜色）。
- 小奖品（可选）。

场地

室内墙面可供所有小组张贴挂纸白板。

准备

根据学员人数和小组人数，每个小组（3~5 人）沿墙面张贴两张大白纸。张贴好大白纸后，在挂纸白板前集合各小组开展思维导图活动。参见补充材料 4.1 思维导图技巧的概述，同时/或者通过网络搜索更多关于思维导图的信息和相关技巧。

流程

1. 解释并举例说明如何使用思维导图。阐释一个关键词语或概念就可以引发“创造力风暴”，将这个词语写在页面正中间，然后圈起来。围绕这个关键词语，在四周写出相关的话题和类别并圈起来，再用直线将这些话题和类别与中间的关键词连起来。每个相关的话题或类别又成为创建其子类别的焦点。
2. 请学员分成 3~5 人的小组，站在已经张贴在墙面上的大白纸旁。注意保证每个学员都有一支马克笔。
3. 提出一个问题或一个概念，让每组选出一人，将这个问题或概念写在大白纸的页面中间。
4. 可以根据需要进一步解释“创造力风暴”，但要指出这是一种十分类似“头脑风暴”的方法。
5. 给学员 5 分钟时间，使其尽可能多地列出与你提出的关键词或概念相关的词语和概念。注意思维导图的活动规则允许同时多次录入词条，也就是说，两三个学员可以同时将他们想到的词语或概念写入思维导图。
6. 活动开始，并在 5 分钟后结束。你可以把小奖品颁给想出最多词语和概念的小组。如果你将有奖品这件事在活动前告诉学员，有利于激励各组更直接地提出想法，避免过多的顾虑。活动的关键是让每个人都参与进来，让各组都在挂纸白板上填满相关的词语和概念。
7. 接下来让学员在第二张白纸上把他们想出的词语和概念分类，可以通过在原始白纸上将可划分为一类的相关词语或概念用一个颜色的笔圈出的方式。
8. 最后一个环节是让各组选出 3~5 个他们认为最有创意的想法。

⚠ 会员提示

- 如果你不熟悉思维导图，可以访问如维基百科等在线资源，或者用你喜欢的搜索引擎查阅更多的信息和实例。

- 如果不用马克笔，也可以让学员将词语或概念写在便利贴上，然后贴在大白纸上。
- 鼓励学员写出尽可能多的词语和概念。
- 活动中可播放欢快的古典音乐（每分钟 100~120 节拍那种），推进这一创造性进程。
- 活动是基于头脑风暴演化而来的，在培训界很有代表性。我不确定分组活动和把想法通过挂纸白板展示出来的点子是谁首先想出的。我的思路是让团队将从挂纸白板中得出的思维导图和创造力结合起来。

桑迪·鲁特 是普洛戈尔德咨询有限责任公司（ProGold Consulting, LLC）的创始人和负责人。普洛戈尔德是一家成功的文案、培训和咨询公司，旨在帮助企业通过人员、流程和制度的调整来提高员工士气，提高运作效率，改进商业营利模式、业务流程和业务系统。普洛戈尔德有18 年业务流程优化、内部审计、技术写作以及商业技能培训、学习和咨询方面的经验，致力于帮助客户清除组织发展的障碍，实施低成本、高收益的解决方案。桑迪还是个沟通专家，以“娴熟不等于完美！成功的新定义”为主题的充满活力和说服力的演讲和培训为代表。

桑迪·鲁特

P.O. Box 632156

Highlands Ranch, CO 80163-2156

（303）593. 0025

邮箱：sandiruther@comcast.net

网站：www.progoldconsulting.com

ATD 分会：落基山

补充材料 4.1 思维导图

思维导图是一种用于展示中心关键词和相关概念、任务或其他条目的一种图表。思维导图常用来创建和整理想法，并已成功用于辅助学习、组织信息、解决问题和做出决策。

思维导图的要素如大纲一样按次序排列，以分组和分支代替罗马数字和字母。想法以放射性和非线性的方式呈现出来。经过“自我认同”概念的创建者托尼·博赞的发展，思维导图能够激励更有创造性的想法。这个过程鼓励使用者直接识别和连接概念，而不要预先设定架构。多数人同意创建思维导图是没有严格的正确或错误方式的。拥护者认为思维导图比散文的大纲和段落更为简洁，更方便我们寻找信息和记忆，从而获得更有创造力的成果。

思维导图从页面中心位置的一个词语开始。列在中心关键词周围的词语、符号和图像象征着关键词的类别。分支（连线）是从关键词到关键词类别的；从关键词类别向外另有分支，形成树状结构。例如，我们的关键词是“思维导图”，那么它的分支类别的话题可以延展到如何发展、用途、优势、类型等。

有创造力的“抛词”

保罗·西尼奥雷利

概述

学员通过有时间限制的窗口获取创造性的想法和概念（有时这些想法和概念已被他人设为“只读”），然后提炼这些想法和概念形成完整的陈述和看法。

目标

- 激发获得有效的任务说明、电梯演说、市场营销口号或其他能够吸引人注意的简洁、凝练语句的想法。

学员

适合一对一辅导或为有共同兴趣或共同目标的团队培训。

用时

20~40 分钟（开始练习要在 2 分钟内完成；如有需要，重复这个活动。以提炼出符合要求的文字结束）。

材料及设施

- 如果是一对一辅导，需要准备纸笔。
- 如果是团队培训，需要准备白板或挂纸白板。
- 马克笔。

场地

如果活动是以一对一的形式进行的，培训师和学员相对而坐；如果是以团队形式进行的，学员最好能够互相看到，方便互动。除此，每个人都可以清楚地看到白板或挂纸白板。

流程

1. 用 2 分钟时间清晰地阐明活动主题。鼓励学员在活动中直截了当地表达自己的想法。指出要找到尽可能多的与主题相关的词语，思考过多会扼杀词语的不断涌现。这个环节的两种形式如下：

- 对于团队形式，让学员大声说出（抛出）尽可能多的能够积极描述组织或吸引人关注组织的词语或词组。你要记录团队在 2 分钟时限内说出的词语和词组。
- 对于一对一形式，安静地坐 2 分钟，等学员在纸上写出与主题相关的词语和词组。

2. 2 分钟结束时，让学员尝试用一个简洁的句子将所有词语串起来。告诉学员要探求词语间的联系，确定以最有力的方式表达出来。在活动的这个部分，学员可以对一些词语或概念做出微调。注意：如果是团队形式，这个部分需要团队合作来完成。
3. 如果前期有很多好的词语和词组，就为后面提供了更多的探寻机会；你可以以这些关键词语或词组为起点，用 2 分钟重复这个活动。提炼过程既适用于团队形式，也适用于个人形式。
4. 继续提炼过程，直到团队（或个人）给出简短的、朗朗上口的词组或语句或其他符合原定目标和目的的陈述。

⚠ 会员提示

- 在 2 分钟的“抛词”中，尽量地鼓励学员，而不要说让他们气馁的话。
- 鼓励团队学员互相借鉴想法，共同创造合乎要求的语句。
- 在团队形式的活动中，成功创造出合乎要求的语句可以帮助学员发现彼此间的共同之处，探索克服彼此间差异的方法。
- 马戈·佩林是旧金山的一位作家、写作老师和编辑。我在她的一堂写作训练课中学到了这个技巧。

保罗·西尼奥雷利 集作家、培训师和咨询顾问于一身，曾参与 ATD 迪亚布罗山分会会长选举并任分会会长，他从 2011 年 1 月开始了其作为 ATD 全国分会顾问团的 3 年顾问身份。他探索使用、书写及帮助别人熟悉新技术从而促进组织内的有创造性的积极的变化。他也开发并管理工作场合学习和绩效课程，帮助客户提升面对面和在线演讲技巧，编写了不同的印刷和在线出版物，开发并传递了创新性的在线学习机会。

保罗·西尼奥雷利

1558 16th Avenue

San francisco，CA 94122

（415）681.5224

邮箱：paul@paulsignorelli.com

网站：http://paulsignorelli.com

博客：http://buildingcreativebridges.wordpress.com

ATD 分会：迪亚布罗山

第5章

多元化和包容性：尊重差异

培训师和其他人一起在组织中工作。事实上，你或许会认为培训师在当今多元化的员工队伍中处于核心位置，担负着个人发展和组织文化构建的责任。

在过去的20年里，多元化和话题的探讨在不知不觉中越来越有包容性，离开了以符合法律要求为基础的原则。成功的组织都认可并欢迎员工队伍的多元化，积极寻求这些人群带来的新视角和独特见解。同时，这种认可和随之而来的责任感让员工个人和员工群体感到受欢迎和被接受。你所在的组织如何面对这个挑战呢？

组织要谨慎地对待这个挑战，识别出在政策、文化、工作分配、发展以及其他实践中阻碍组织包容性的因素。同时，组织还要积极变革，以消除障碍、确保所有员工的公平与利益。

培训师需要考虑组织现状，并以各种方式推进组织包容性文化的建设。本章的活动会帮助你意识到多元化的意义，并将“包容”这一理念贯彻到全体员工队伍中。

凯西·舒尔特贡献的“我们都是不同的”是一个有趣的活动，用30分钟将学员的态度从“我”转变为“我们”中的一员。务必按照你个人的需求改进讲义。罗布·登顿向我们介绍了“多样的拼图”和一些神奇的、有震撼力的讨论建议。玛里琳·马尔莱斯教我们利用行为和动作解决疑难问题。她提供了活动的几种变形，因此你可以全天将这个活动用于破冰或激励。

肯尼·斯特金和兰德尔·拉布兰切的“文化网络”历时30分钟，是一个聚焦学习成果、有强冲击力的活动。活动本身非常有趣，但轻松气氛下的真正意义在于该活动可以转接广泛的话题和问答环节的学习。最后，珍妮·贝尔提供了10个微场景，展现工作中的“代际”问题。

作为组织发展多元化的员工队伍的核心，你会喜欢这些经过实践检验的各类活动。

我们都是不同的

凯茜·舒尔特

概述

学员选定可以用来描述自己的词语后，探讨彼此的相同点和不同点；借此获得新的领悟，了解自己与他人的联系。

目标

- 通过学员选择的词语，了解什么对他们来讲是重要的。
- 抛开文化和种族特征，为多元化下定义。

学员

人数不限。

用时

20~30 分钟。

材料及设施

- 为每个学员准备“我们都是不同的”讲义一份。
- 为每个学员准备一支钢笔或铅笔。

场地

方便所有学员自由走动的空间即可。

流程

1. 介绍活动。以各种方式说明我们每个人都是不同的。分发“我们都是不同的”讲义及钢笔或铅笔给每个学员。
2. 要求学员把讲义上可以用来描述自己的词语都圈起来。（强调学员选择的词语需要能够反映他们当前的状态，而不是他们期望的状态。）告诉他们需要 2~3 分钟时间完成此任务。

3．学员完成时，请他们起立（带上他们的讲义）。告诉他们，接下来的任务是找到屋子里和他们圈了完全相同词语的人。给学员 4 分钟时间完成此任务。

4．4 分钟后，宣布时间到。问学员："你们中有多少人找到了和自己圈了相同词语的人？是完全相同，既没多圈也没少圈。"能找到的情况十分罕见，所以不要期待有人匹配上。然后问全组人：

- 为什么会发生这种情况？
- 这种情况告诉了我们什么？

5．活动的下一环节是让学员找到和他们圈了完全不同词语的人。给学员 4 分钟时间完成此任务。

6．4 分钟后，宣布时间到。问学员："你们中有多少人找到了和自己圈了完全不同词语的人？"然后问全组人：

- 为什么会发生这种情况？
- 这种情况告诉了我们什么？

7．请学员坐下，以类似下面的问题总结在活动中学到了什么：

- 谁圈了最多的词语？圈了多少个？
- 谁圈了最少的词语？圈了多少个？

8．要求圈了最多词语和最少词语的两个人起立，并让全组人找出他们有哪些方面是相同的。问："我们能从这个比较知道什么？"

9．请两个学员坐下，并以下面问题继续活动：

- 你原来对自己和他人了解多少？
- 每个人选择的词语如何反映了什么对他们来讲是重要的？
- 你怎样定义多元化？多元化只是一种文化或民族特点吗？它还与什么相关？
- 给出多元化广义定义的重要意义？
- 如何将今天学到的应用到工作中？
- 如何将今天学到的应用到生活中？

会员提示

- 如果是开放性活动，可以让学员通过读圈出的词语来介绍自己。
- 在时间管理阶段，可以用坐标方格详述我们在生活中的角色，如父母、合唱队成员、学生、导师、老板、教练等。让学员将他们的这些角色按重要性进行排序。向大家提问："你认为哪个角色最重要？为什么？"
- 我们准备讲义时，画一个表格，5~6 列、7~15 行。选择对学员有意义的词语。例如，在关于公平就业机会问题的课堂上，可以采用受保护阶层词语，如种族、肤色、信仰、性别、国际、年龄、政治立场、婚姻状况、性取向和能力等。不需要所有单元格都放满词语，也可以开玩笑地加入一些离题的词语，如左撇子、金发的、高个子。有时候我用插图表示不同人群，如小孩、音乐家、穿民族服装的人和戴眼镜的人。打印讲义时，我通常选择不显示表格边框。

凯茜·舒尔特　学习和绩效认证专家，在生活中的角色包括凯文的妻子、牛仔歌手和七年级语言艺术学科的老师、美国佛罗里达州运输部的经理和内部顾问、ATD 劳德代尔堡分会董事会成员、利用假期包装礼物为佛罗里达州乳腺癌资源网筹款的精灵女王、读书爱好者和书友会会员以及阿尔卑斯村波尔卡舞后。

凯茜·舒尔特，学习和绩效认证专家

P. O. Box 24782

Fort Lauderdale，FL 3307

（954）777.4444

邮箱：rubyslippers@atlantic.net 或 kathy.shurte@dot.state.fl.us

ATD 分会：劳德代尔堡

我们都是不同的

把下面适合描述自己的词语都圈起来。

计算所圈词语的数量，写在此处：＿＿＿＿＿＿

怀孕	胆怯	毛发重	退伍	秃顶	肌肉发达
公平	离异	有皱纹	慷慨	乐于助人	有听力障碍
素食	超重	年轻	墨西哥人	旅行经历丰富	单身
男性	瑞典人	五音不全	美国人	犹太人	健壮
女同性恋	有悟性	单亲	善舞	说话声大	有进取心
害羞	快乐	有耐心	加拿大人	天主教徒	学生
富有	已婚	有创造力	欧洲人	残疾人	非洲裔美国人
父亲（或母亲）	大学毕业	女性	年长	瘦	亚洲人
友好	本土美国人	男同性恋	身体不便	南方人	母语为西班牙语的人
有视力障碍	个子高	穆斯林	共和主义者	癌症患者	自我保护意识强
会两种语言	实习生	色盲	和平主义者	民主主义者	金发
移民	独立	受尊敬的	糟糕的司机	诚实	高个子
白种人	哥伦比亚人	注重精神生活	开放	隐士	聚会的核心人物

多样的拼图

罗布·登顿

概述

学员先用纸分别完成自己的拼块，再将这些不同的拼块组成一个有意义的拼图。拼图只有在包含所有拼块的情况下才有意义。

目标

- 探索团队中学员的多样化。
- 了解个人如何影响团队的多样化。
- 体验个人的加入或离开对团队多样化的影响。

学员

来自一个组织的 16~60 人。

用时

60 分钟。

材料及设施

- 为每个学员准备一张彩纸（8.5 英寸 × 11 英寸，1 英寸约为 2.54 厘米）。
- 白色纸若干张。
- 为所有学员准备彩笔。
- 胶带。
- 挂纸白板（可选）。

场地

保证所有学员都有书写和画图的地方。

流程

1. 介绍活动。说明拼图由各种各样的拼块组成，拼块的图案可以相似，也可以完全不同。要求每个学员都独立完成自己的拼块。告诉他们拼块可以是用彩笔画的一幅画或一些形状，同时也可以写一些字来充分地展示心目中的自己。

2. 通过问一些问题来鼓励学员探索一切的可能性，例如，什么对你来讲是重要的？你有哪些特别之处？你的个人品牌是什么？发起关于学员价值观、信仰、文化、传承和传统的简短讨论。建议他们创作的图案最好能够反映个人学识、爱好和特殊兴趣。（活动开始前，先和大家分享一下你自己的作品。）
3. 将彩纸和彩笔分发给学员。请大家先将纸横向放置，以保持一致，然后再开始创作。
4. 给学员 10~15 分钟时间完成创作。每 4 分钟提示一次剩余时间。
5. 宣布时间到。请学员将他们的拼块用胶带张贴到墙上，并用这些拼块拼出一个有意义的图案。给他们 15 分钟时间完成这个任务。
6. 让学员随意走动，仔细观察所完成的拼图。问学员组成拼图的拼块有哪些明显的相似之处和不同之处。
7. 问学员："如果我们换掉其中一些拼块会怎样？就像有新人进入公司，也有人离开公司。"用白纸替换其中的一些拼块，象征着新员工给公司带来的未知数。带领一场小讨论，让学员明白事实上这些白纸是很扎眼并令人感觉不舒服的。
8. 用更多的白纸替换原来的拼块，说明变动的影响。询问学员，他们会做什么来了解新人和接受多样性。
9. 通过下列问题，巩固活动效果：

- 为什么说拼图就像一个公司？
- 活动中你有哪些领悟？
- 组织变动和组织多样化的关系？他们如何互相影响？
- 通过这次活动，你以后会多做什么？
- 通过这次活动，你以后会少做什么？

10. 通过补充以下之前讨论中尚未涉及的观察结果来总结活动：

- 通过支持企业价值观、重视诚信和尊重，我们让每个人都觉得自己是有价值的。这是实现多元文化的基础。

- 只有构思好的图案，且每个拼块都在自己的位置时，拼图的效果才是最好的。（你可以指出虽然尊重差异很重要，但是为实现“拼图”这一共同目标或文化而相互连接是同样重要的。）说明这不过是“多彩的生命拼图或生命织锦”的一部分。
- 从颜色和内容上看，没有任何两个拼块是一样的，但是各部分的有机组合要好于随意拼凑的整体。你可能认为一些拼块图案要好于另一些，但是任何拼块的缺失都会导致拼图的不完整。我们拿掉或增加任何一个拼块，拼图都会改变。
- 图案相似的拼块可以放在拼图的边界；其他不同的拼块可以用来构建拼图的主体图案。
- 指出拼图上总能找到地方来放新的拼块。

⚠ 会员提示

- 如果天气允许，这项活动很适合户外进行。
- 如果墙面空间有限，也可以在地面完成拼图。

罗布·登顿　是森帕能源（CenterPoint Energy）的学习与发展专家。他在组织发展和企业培训方面有超过 15 年的丰富经验，涉及各个领域。罗布拥有西雅图大学成人教育和培训的硕士学位。

罗布·登顿

森帕能源

1111 Louisiana Street

Houston，TX 77251

（832）494.7670

邮箱：rob.denton@centerpointenergy.com

网站：www.centerpointenergy.com

ATD 分会：休斯敦

哪个才是你

玛里琳·马尔莱斯

概述

这个快节奏的活动将带领学员探索共性和差异问题，让学员用双脚为他们喜欢或不喜欢、同意或不同意的事物投票。

目标

- 展示团队成员间的共性和差异。
- 让大家离开座位，通过参与快节奏运动增加活力。
- 在价值观、道德或其他差异中做出选择的过程，以持续增加紧张度为讨论基础。

学员

8~16 人最佳。如果空间允许，可以适当增加人数。

用时

30~45 分钟，包括活动效果评估，以及 15 分钟的破冰或 3~5 分钟的激励。

材料及设施

- 为参加活动的组织或团队量身准备一系列能体现不同的甚至对立的价值观、选择和经验的成对词语或词组，并标以选项 A 和选项 B。例如，你是喜欢巧克力味的还是香草味的?
- 用大的标志指明“A”区域和“B”区域（可选）。

场地

A 区域和 B 区域之间有开放的空间，方便学员安全舒展地运动。A 区域和 B 区域之间距离为 20~30 英尺。

流程

1. 告诉学员你会读一系列成对词语或词组。第一个词（词组）是选项 A，而第二个词（词组）是选项 B。让学员必须从 A 和 B 中选择一个最适合他们的选项。
2. 请学员起立。
3. 向学员说明在读完第一对选项时，每个人都要根据他们对选项的判断迅速移动到相应区域（A 或 B）。
4. 正式活动前，读第一对选项作为示范。用这两个例子：

- “如果你曾出国旅行过，请到 A 区域；如果你从未离开过本国，请到 B 区域。”
- “如果你喜欢巧克力味，请到 A 区域；如果你喜欢香草味，请到 B 区域。”

5. 提出一些中性的词组以加快活动节奏，例如：

- “如果你愿意在山里度假，请到 A 区域；如果你喜欢大海，请到 B 区域。”
- “如果你愿意读小说，请到 A 区域；如果你喜欢非小说类文学作品，请到 B 区域。”

6. 让学员留意哪些人和自己站在了同一组，而哪些人和自己做了不同的选择。
7. 问一些时事、伦理道德或其他可能引起学员兴趣的问题，让活动更有张力。开始将选项内容和活动的初衷联系起来。你是否缴过超速罚单？你主张近期的立法通过与否？你支持团队给出的是决策 A，还是决策 B？提醒学员注意观察哪些人和自己做了相同的选择，哪些人和自己做了不同的选择。
8. 鼓励学员记录下自己在活动中的想法和感觉。
9. 继续活动并根据需要重复词语或词组。
10. 围绕特定目标，询问仍留在最后一次选择区域里的学员：

- 你在活动中观察到了什么？
- 你了解到团队和团队成员的哪些信息？

- 随着不断的自我披露，当选项越来越涉及私人问题时，你的感觉如何？
- 如果有人左右为难，让他解释为什么不能完全地选择 A 或 B；如果有人拒绝选择，问他原因。
- 我们只是在两个选项间做抉择，是什么增加了活动的张力？
- 哪个选项让我们有强烈的感受和想法？
- 想要了解别人的选择时你会考虑什么？
- 活动透露了我们所有人的哪些信息？
- 通过今天的活动，你希望自己有哪些改变？

会员提示

- 如果活动用来做简单的破冰或激励，选项设置要友好、有趣甚至没头脑：食物的好恶、旅行或爱好、低风险工作的相关问题（A 是工作年限少于 5 年，B 是工作年限多于 5 年）。
- 活动可以贯穿所有环节用来激励学员，休息前进行一两个，缺少活力时进行一两个。
- 活动是从“四角活动”变化而来。“四角活动”更侧重用于价值观，并需要用纸笔作答。

玛里琳·马尔莱斯 是马尔莱斯集团（Marles Group）的创始人之一。作为一个组织咨询公司，马尔莱斯集团专注于通过发挥组织和个人优势，提高绩效和生产力。玛里琳拥有美国大学国家训练实验室硕士学位，在团体动力、团体过程、组织行为、MBTI 和结果导向绩效评估方面有强大的理论背景和实践经验。她的工作覆盖美国 30 多个州及其他世界各地。玛里琳最近的一个成功案例是为一个联邦机构全体员工提供了结果导向评估和团队发展培训，达成了部门生产率提高四倍的效果。

玛里琳·马尔莱斯

1935 Mill Greek Road
Macungie，PA 18062

（610）398.0125

邮箱：marilyn@marlesgroup.com

网站：www.marlesgroup.com

ATD 分会：宾夕法尼亚州东部

文化网络

肯尼·斯特金和兰德尔·拉布兰切

概述

在这个活动中，学员需要面对不同的甚至令人烦恼的文化规范。该活动旨在利用这个经历使学员重新认识关于接受文化差异的新见解。

目标

- 直接感受文化差异。
- 为探讨工作环境中的文化包容做准备。

学员

至少 16 人，平均分配到 6~8 个小组中。

用时

30 分钟。

材料及设施

- 无。

场地

方便学员自由走动和交流的场地。

流程

1. 请学员起立，并平均分为 8 组。要求他们离开其他小组，回到各自小组中。
2. 向学员解释："接下来，你会和同事一起进行社交活动。当我说'开始'的时候，你们在房间里围成圈，然后和你所有愿意接触的人打交道。记住要严格按照各自小组的文化规范和别人交流。我现在就到各小组告诉你们组的文化规范。"

3．悄悄地给每个组分配一种文化特点。可以采用的有趣范例如下：

- 无目光交流。
- 露骨地表达情感或拥抱。
- 每次说话前先等 7 秒钟。
- 和别人见面时不能完全正面站立（只能侧身站立）。
- 重复自己或对方的名字 5~6 次。
- 非常轻（慢、大声）地说话。
- 见到人时先蹲一下。
- 先重复对方说过的话，再说其他的话。

4．所有组都清楚自己的文化规范后，开始社交活动。让学员自由走动交流，直到活动失去活力。

5．停止社交活动。

6．让所有人挨近自己小组成员站成一个大圈。

7．告诉学员，活动目的不是猜测其他小组的行为习惯是什么，而是用“感觉”词汇描述他们对于见到的人的感受。评论进行一段时间后（开始的评论可能有所保留），问任何他们遗漏的问题。注意：强调说明每个组都要遵守分配到的文化规范。

8．让围成圈的学员继续评论，你很可能会听到很多负面词汇，如“怪异的”“变态的”“太慢了”“像哑巴”“鬼鬼祟祟的”等。

9．一旦这些词浮出水面，让各小组说出自己的文化行为特点是什么。问学员是否曾遇到符合这些文化规范的人。（有些人会承认遇到过。）问学员每种行为规范可能有的积极方面是什么。例如，有些人不断重复名字是在使用一种技巧让人记住名字。

10．用这场讨论接入主题。

会员提示

- 活动从非常缓和的开幕到棘手敏感的对话，展示了工作中的性骚扰、冲突解除、文化多元性等问题。活动中的“有趣因子”是经过思考和加工的实质问题。

- 活动还可以用于团队组建，也可以联系部门、性别及区域差异。例如，你可以说“我们先花几分钟说下对纽约人和加利福尼亚人的印象”或“从事人事工作的人的特点”。
- 如果学员少于 16 人，你可能要剔除几个文化特点。这个活动通过各种资源（口头描述、网络资源、书本和多年的反复试验）被不断使用、改编和演化。如果细节和其他活动相似，都是无意和巧合的。

肯尼·斯特金和兰德尔·拉布兰切 是无限团队培训（Team Training Unlimited）的共同创造者。无限团队培训是一家学习与发展公司，致力于和客户共同创造并传播有价值的、互动的、可立即适用的培训、团队建设和辅导经验。他们在过去 7 年中环世界旅行，通过设计运用活动、游戏、模拟、训练和体验来增强学习。他们都引导着特殊的领域，包括将领导力课程翻译成日语和创建实验性社交媒体研讨会等。肯尼和兰德尔有丰富的团队和个人经验，涉及公司、公共机构和学校等领域。

肯尼·斯特金和兰德尔·拉布兰切

无限团队培训

5036 Dr. Phillips Boulevard，Suite 195

Orlando，FL 32819

邮箱：ksturgeon@teamtrainingunlimited.com，rlabranche@teamtrainingunlimited.com

网站：www.teamtrainingunlimited.com/blog.teamtrainingunlimited.com

ATD 分会：佛罗里达州中部

咨询专栏作家

珍妮·贝尔

概述

学员通过和其他小组的比较，来检测自己对不同年代人差异的了解。

目标

- 提高对工作环境中不同年代人的差异了解。
- 提供 30 种方法处理工作中可能出现的困难。

学员

10~35 人，每组 4~7 人，3~5 组最佳。

用时

30~50 分钟。

材料及设施

- 为每个学员准备“咨询专栏作家”讲义一份。
- 为每组准备一套 4 张的投票卡（分别印有 A、B、C、D 四个字母）；卡片分不同颜色。
- 白板或挂纸白板。
- 马克笔。

场地

方便学员分小组讨论，各小组之间互不打扰。

准备

用彩色卡纸为每个小组做一套投票卡。为每个小组准备 4 张同一颜色卡片；卡片上分别印有特大的字母 A、B、C、D。

流程

1. 说明该活动为学员提供一次成为咨询专栏作家的机会。
2. 把学员分成 3~5 个小组，并将“咨询专栏作家”讲义分发到每个学员手中。然后将印有 A、B、C、D 字母的卡片分给各小组，注意每个小组分到的卡片颜色都与其他组不同。为增强集体荣誉感，留出 4~5 分钟让学员根据卡片颜色为本组起名。可以提供一些参考名字，如青蜂侠、红色突击队、宝蓝等。
3. 将各小组组名写在挂纸白板上，注意留出足够的空间，方便为后续环节各小组的表现记录分数。
4. 以类似下面的问题继续活动：“你是否曾经想成为一名优秀的咨询专栏作家？你是否认为自己有能力成为一名优秀的咨询专栏作家？现在就是你一展才华的机会。”向学员解释，你每读一题，小组有 2 分钟时间讨论材料上的 4 个答案，并给出他们认为不正确的选项。
5. 每读材料上的一个问题，留出 2 分钟时间讨论，然后宣布时间到。
6. 说明所有小组都要使用投票卡来回答问题。可以这样说：“当我数到 3 的时候，根据你们的选择举起字母 A、B、C 或 D。”
7. 如果所有小组都同意某个答案，为所有小组各加一分，继续下一个问题。如果各小组答案出现不一致，请给出不同选择的小组分别分享他们的想法。注意控制讨论节奏，自然地引导每个人选出正确答案。讨论结束后，为给出正确选择的小组加一分。有些讨论可能引出接连不断的现实生活问题，你这时可能需要引开话题推进活动继续进行。
8. 下面是参考答案。提醒学员要选择他们认为不正确的选项。

- 1. d
- 2. a
- 3. c
- 4. d
- 5. c

- 6. a
- 7. d
- 8. c
- 9. d
- 10. a

9．完成 10 个问题的回答和讨论后，计算分数并颁奖给“最努力”的小组（一个或多个）或所有人。

10．活动结束前，解释每个问题中学员认为不正确的答案，也就是不应该采取的行动。说明好消息就是：将来如果遇到讨论过的情况，他们会知道有 3 个正确的行动可以采取。

会员提示

- 起一些真正能激励团队士气的队名并时而呐喊助威，如“加油，莱蒙斯，你还能赶上”“青蜂侠，加把劲”。
- 为了让活动看起来更接近令人兴奋的博弈，而非多项选择测试，可以引入机会元素。游戏期间随机暂停 3 次左右，每次让各组派出一个代表从纸牌中抽取一张。如果抽出的是带人像的牌，为所代表的小组加一分；如果不是带人像的牌，不加分也不扣分。
- 这是个有趣的活动，因为每个人都会参与到讨论和决策中。活动设计可以很大程度上改变活动节奏，提供了一种不需要参加讲座就能得到知识的方式。学员对选项的解释会点出你要表达的要点。
- 如果学员少于 4 个，可以将 10 种情况作为小案例来研究。团队讨论并做出决定后，你再揭晓答案并做进一步讨论。

珍妮·贝尔　是创意培训解决方案（Creative Training Solutions）的总裁，创意培训解决方案是一家行业前沿公司，旨在帮助团队和个人提高关键人际交往能力、领导才能、售后服务、行销演讲和团队建设等。

珍妮是一位知名作家，她的咨询和培训设计被麦格劳希尔、哈佛商学院、ATD、菲弗等出版社出版的 18 本书引用。她的故事曾被《美国投资者商业日报》引述。她为《完全商务》和其他杂志撰写了超过 200 篇“管理才智”文章。她于 1987 年加入 ATD，并由于工作中出色的领导才能，多次荣获地区和国家奖项。

珍妮 · 贝尔

1649 South 21st St.

Lincoln，NE 68502

（402）475-1127

邮箱：jbaer@cts-online.net

网站：www.cts-online.net

ATD 分会：内布拉斯加州

咨询专栏作家

你是否想过成为一名优秀的咨询专栏作家，现在就有一个证明自己的机会！下面的情境中，每个情况有三个好的建议和一个不好的建议。你需要做的是找出不应该采取的行动。

1. 作为一个中年主管，我偶尔会听到客户抱怨我们的年轻员工对他们不够尊重。我知道年轻员工对他们不是真的不尊重，但是怎样才能让这些满腔热忱的年轻员工不那么不拘小节呢？

   a. 提供关于现今几代人差异的培训，重点强调几代人的不同的经历、观念和交流方式。让他们通过角色扮演，学习与各代人沟通的技巧。

   b. 提供真正以人为本的“调教”培训，使员工学到“读懂”他人并给出适当回应的技巧。提醒员工对于长者来说，听到问题或有困惑时做出回应并立即给予明确答复非常重要。

   c. 通过头脑风暴，提出如何提供有礼貌的服务。帮助他们了解“先生”“女士”“请”“谢谢”等词的魔力。

   d. 先纠正他们的姿势。如果你能成功说服他们站直，他们会下意识地以更正式的方式与人交流。

2. 年近 30 岁的我第一次从事管理岗位工作。我刚刚被提升，有四个要好的朋友现在成了我的属下。不管在工作中还是生活中我们总是在一起。我希望能既和他们保持朋友关系，又能确保个人的权威。我应该怎样做呢？

   a. 你不可能做到，鱼和熊掌不可兼得。在这件事上，你得放弃你们的朋友关系。

   b. 在短短几年前，权威都还不构成问题。放松地进入你的新角色，做好一个管理者。告诉你的团队你接下来会如何与他们共事。

c．注意观察你和团队各种互动的效果，继续用有效的方式与团队互动并保持沟通。

d．不要让友谊影响工作质量；你可以和朋友沟通责任的重要性，继续享受一起工作。

3．我有几个年轻员工，看起来很能干。我曾听说“要用互动而不是榜样的方式带领这一代人”。我知道应该经常给予反馈，那么除此我还能做些什么呢？

a．在完成大目标期间，为他们庆祝每个小战果——阶段性任务的完成。大目标完成时，以书面形式或亲自对他们表达感谢，或两种方式都采取，并将感谢信寄到他们家里。

b．给他们设定很短且紧张的截止日期，这样他们能在分散注意力前达成目标。

c．除了支付应得的薪水，还要指出你愿意听到他们更多的想法，并把他们引荐给你的老板。

d．打散枯燥、常规的工作，让他们有机会在工作中做一些特别感兴趣的事——那些对他们来讲有挑战性的工作。

4．我是个比较传统的人，尝试真诚地用“我们能做到”这样的话鼓舞我的队伍。中年职工觉得很受用，但是年轻人却认为无聊和尴尬。是哪里出了问题？

a．员工可能认为你善意的激励不够真诚，尤其是如果他们发现讲话比较枯燥、空洞时。相反，用一种简单、情感不那么丰富的方式和他们交流；当他们完成比较难的任务时，可以庆祝下。

b．激励以项目为导向的员工明确目标，并了解运送产品、提供服务和完成任务目标的重要性。

c．通过共同完成一幅宏伟蓝图，让员工彼此分享。考虑每次让不同的员工主持员工会议。在他们处理工作时，鼓励以团队形式决定工作目标、分工合作、要完成的任务以及如何衡量完成情况等。

d．让一个 X 一代（20 世纪 60 年代初至 70 年代中期出生，感到失落的人）的员工协助你完成演讲。他可能有适合年轻人的想法，还有一些时髦的词语和流行语供你使用。

5．我的老板主张部门内部员工轮岗工作，“让我们保持新鲜感”。问题是，我们部门有三个老员工拒绝这样做。他们认为自己在现在的岗位做得很好，而且所有人都换岗位只能降低部门的工作效率。我该怎样处理这样的阻力？

a．通过一个轮岗工作的案例，指出工作互换和公司长期目标的联系，如获取更多的利益、利于公司的成功平稳运行等。

b．帮助他们成为自己专业领域的权威，提高他们的主人翁意识。同时，为他们提供与对他们专业技能感兴趣的人分享知识和经验的机会。

c．告诉人事部门你们部门无法实施轮岗。请人事部门协助，让老板相信当前部门内部每个人在各自岗位上都做得很好。

d．找到他们不赞成的原因。例如，是否是担心他们在其他岗位上会看起来很笨？是否是担心他们的经验不会得到认可和尊重？是否是忧虑轮岗不过是要他们离开公司的一个手段？当你真正了解是什么让他们止步不前时，就可以通过解决他们关心的问题扭转他们的想法。

6．我听到大家都在谈年轻员工需要什么，但是我的需要呢？我应该如何让他们做出成绩，而不是整天泡在即时通信工具和博客上。

a．以年度工作评估作为主要工具来评估员工表现和制定长期目标。

b．结合包括客户和合作方等多方面信息的输入，对于他们手中的项目不断给出反馈。

c．建议他们选择一个导师与自己共事。导师可以时常帮助他们留意工作情况，为他们的学习机会、学习计划以及与领导的沟通给出建议。

d．帮助他们了解自己工作的重要性，阐明他们的职能是如何配合和支持整个组织目标的实现的。

7．我是一个 30 岁的女士，可以很好地管理我的大部分员工。他们大都与我年龄相近，所以大家能够愉快相处。但是，有一个员工在相对偏远的地方工作，他已经在公司工作 40 年了，我每周发两到三封邮件给他。但是，每当我去见他的时候（每月一次），他总是一副盛气凌人的架势，就好像我是个资浅齿少的黄毛丫头。我怎样才能得到他的信任和尊重？

   a．作为个人，花时间面对面去了解他，而不是通过邮件。邀请他出来喝杯咖啡，注意态度要坚定且友好。把你们的谈话集中在他的经历、业绩和贡献，还有公司的长期战略上。

   b．让他确信你是个可靠的管理者，尤其是在政策和流程的实施和支持上。

   c．一定要坦率，给他明确的、经过深思熟虑的指示。他虽然不期望额外的闲聊，但是需要你们一起工作的时候关注他（而不是带着多重任务）。

   d．通过指出他工作的意义将他争取过来。你可以让他成为欣赏你的好朋友。

8．我觉得年轻员工（二十几岁和三十几岁的员工）需要我的指导；但当我提供指导时，他们却认为我的指导是“干预性管理”。我现在应该怎样做呢？

   a．为他们描述一幅“宏伟蓝图”，然后让他们运用创造力想象出蓝图的细节。

   b．通过和他们一起决定生产项目的各重要节点以及如何向你汇报生产进度，来获得他们的支持。

   c．提醒他们你只是在“管理”而不是“干预性管理”；只要能够证明自己的能力，他们会得到更多的自由。

   d．当他们在工作中落后于他人时，不要指责，而要询问：“需要我做些什么帮你回到正轨吗？”“问题出在哪里？”“为此你做了什么？”

9. 我二十岁刚出头，两个月前开始在这里工作。我现在有很多想法，希望带领公司走出“石器时代”，但管理者却不想做出任何改变！我怎样能让他们考虑我的想法、按我的方式做事呢？

a. 询问他们的意见（面对面或邮件形式），确保他们知道你尊重他们的经验。在你提出新方法前，先请他们帮助你了解现行的做事方法。

b. 找一个受人尊敬的管理者庇护你，并告诉他你在公司中是如何处理事情和做决定的。这样，你也可以将新技术介绍给他，点亮他的世界。

c. 用他们能够理解的语言说明你的建议。指出你的观点支持整个组织的使命和目标，值得财力、时间和精力的投入。

d. 通过超高新技术阐明你的想法、展示你的价值。坚持由高层决策者做决定。

10. 我有一些不想失去的员工，他们三十几岁、思维敏捷。但我又不能承诺他们过高的职位，也不能承诺过多的津贴，那么我该怎样才能留住他们呢？

a. 和他们一起制定五年到十年的职业规划。向他们保证经济改善时，他们的忠诚一定会得到回报，包括承担更多的责任以及职位和地位的提升。

b. 让他们有机会通过自由地开辟新道路和发挥创造力成就大事。分享你的成功故事，但指出你的经历不是唯一的成功途径。给他们充分的空间和机会做出具体成果。

c. 提供他们横向的职业选择，让他们通过不同部门的工作获得更广泛的工作经验。安排轮岗工作。

d. 通过声望建构和网络建设活动，如参加著名的行业或职业会议、各类学习和其他外部活动，帮助他们“看到和被看到”。为他们创造更多机会接触组织领导。

第 6 章

团队协作：了解你的团队

团队对于任何组织来讲都是非常重要的。这个论题收集到的活动数量（超过 20 个）也充分证明了团队的重要性。由于收集的活动过多，我们决定将最终采纳的活动分成两组分两章呈现给大家。本章的一组活动主要介绍了如何逐渐了解团队成员。第二组活动（帮助学员解决面临的挑战）将在下一章介绍给大家。

阐明背景、探索团队成员的好恶——同时提高团队成员的技能——让团队更有效率。对团队个人知识、经验和专业技能的了解，有助于确定在什么任务上需要依靠哪些人。这对于整个项目的完成是非常有用的信息。

在很多方面，团队就像汽车。为了能够有效运转和减少浪费，团队需要不断地调校。在本章的 8 个活动中，在欢笑、思考、竞争和赞美队员的同时，你会学到如何通过最适用的工具保证团队的有效运转。这些活动可以用于团队建设，也可以作为定期培训计划的一部分。同时，你的团队建设不要限定于本章的这几个活动。事实上，书中任何一个活动都可以用来帮助队员解决问题或更好地了解其他队员。

琼妮·古德曼提供的活动，让我们使用个人的名字来形容自己。辛西娅·所罗门阐明了如何使用“团队速配”这个团队建设工具。珍妮弗·费特霍夫通过拓展墙上艺术的定义实现团队建设。塔拉·登顿以商业形式迅速揭示了团队成员的大量信息。卢西亚娜·罗德里格斯通过讲故事的力量，展示了各团队成员的新信息。

莉萨·唐斯、鲍勃·齐梅尔和劳拉·门德鲁丰富了本章团队建设的活动。莉萨通过让团队成员为获得的支持和帮助彼此表达感谢，让团队成员紧密地联系在一起。鲍勃通过发明的游戏“最喜欢事物卡片”向我们展示了如何增添团队的活力。最后，劳拉的活动以 MBTI 职业性格测试为基础，探索和提高了团队精神。

本章活动（和下一章活动），以令人惊讶且强有力的方式提供了一些很好的团队建设方法。

概念化自己

琼妮·古德曼

概述

学员通过各人名字加深对队员的了解。

目标

- 新加入一组人到团队中。
- 增强自我认识及对他人的认识。

学员

来自同一工作组的 20~50 个学员。

用时

20 分钟。

材料及设施

- 水溶性马克笔。
- 为每个学员准备一张大白纸。
- 胶带。

场地

马蹄形布置。

流程

1. 说明活动目的是利用每个人的名字加深彼此了解。将一张大白纸和一支水溶性马克笔分发给每个学员。
2. 让所有学员将自己的大白纸张贴在房间墙面上。
3. 让所有学员将自己的名字垂直地写在大白纸左侧。将你自己的名字写在示范大白纸左侧。

4. 说明学员有 5 分钟时间，想出以他们名字的第一个字开头的词语（名词或形容词）。用你自己的名字举两个例子，写在大白纸上。强调词语要能反映出他们是谁或他们的某一特点。
5. 开始计时。
6. 5 分钟后让所有学员依次分享他们的描述性词语，并解释为什么会选择这个词语。
7. 总结活动。指出活动是有意义的，因为大家都对自己和彼此有了更深的了解。说明这种新层面的认识会转化为整个团队内部更好的连接。
8. 让几个学员分享他们了解到了队员的哪些信息？这样的了解有什么益处？而这个益处又将怎样体现在工作中？

会员提示

- 如果培训会持续几天，把大白纸留在墙上直到培训期结束。这样整个培训期学员都可以查阅大白纸上的内容，不断增加对彼此的认识。

琼妮·古德曼　学习和绩效认证专家，于 2006 年加入 ATD 总会，近期加入印第安纳州中部分会。她在 2007 年考取学习和绩效认证专家证书，有 12 年的培训从业经验，目前受聘为销售培训顾问。

琼妮·古德曼，学习和绩效认证专家

12730 Bristow Lane

Fishers，IN 46037

（317）443.1580

邮箱：jonidgoodman@gmail.com

ATD 分会：印第安纳州中部

团队速配

辛西娅·所罗门

概述

所有团队成员都进行一对一采访，强调本活动目的是了解其他成员。

目标

- 实现新团队成员个人层面的互相了解。
- 使团队成员有机会交流"作为一个团队，他们如何能做到最好"。

学员

8~20 人的一个学习小组。

用时

35~80 分钟，取决于学员人数。

材料及设施

- 为每个学员准备一份"团队速配"讲义。

场地

将桌子和椅子摆成马蹄形，其中马蹄形外侧和马蹄形内侧的椅子数量相等。

流程

1. 说明活动旨在为学员提供了解团队其他成员的机会，并作为团队发展过程的一部分。
2. 回顾问题列表。说明在马蹄形内、外两侧相对而坐的两个学员会被看成一对。每对分别采访对方，并注意倾听对方的回答。指出他们可以将对方的答复写在纸上，但不做强制要求。
3. 告诉他们会有 3~4 分钟时间完成采访。然后宣布活动开始。

4. 时间结束时叫“停”。让学员交换角色，使两个人都有被采访的机会。
5. 再次开始计时。
6. 在 3~4 分钟结束时叫“停”。然后要求坐在马蹄形内侧的学员按顺时针分别移到下一个人的位置，坐在马蹄形外侧的学员保持不变。
7. 开始下一轮的采访。如上所述，每轮结束时，坐在马蹄形内侧的学员按顺时针换到下一个位置。
8. 让学员根据采访结果预测如何能让团队实现更好的合作，然后结束活动。

会员提示

- 按照受训团队的需要使用或改编列表中的问题。
- 尽可能保持紧张的节奏。每轮还有 1 分钟时，宣布“还剩 1 分钟”，帮助学员合理地使用剩余时间。有趣的是，这种设置使采访没有时间离题。
- 如有必要，可以将团队给出的任何结论和观察结果都写在挂纸白板上。

辛西娅·所罗门　哲学博士，美国田纳西州塔斯库勒姆学院（格林维尔）教育学副教授和人力资源发展研究生课程的协调员。除上述主要学术工作外，辛西娅还拥有自己的所罗门联合咨询公司，专注于领导力和团队建设技巧、组织绩效管理、组织文化研究与变化、教学系统设计模型的各项功能和培训师培训讲习班。她的作品曾两次在 ATD《信息线》（*Info-lines*）和《菲弗团队和组织发展年鉴》（*Pfeiffer Team and Organization Development Annual*）上发表过。

辛西娅·所罗门，哲学博士
塔斯库勒姆学院教育学副教授
114 Walosi Way
Loudon，TN 37774
（865）408.1520
邮箱：kcsolomon@aat.net
ATD 分会：大烟山

速配问题

选择或改编下列问题，以适应团队特性。

1. 你叫什么？你从事的是哪类工作？
2. 你在团队活动或工作中通常承担什么角色？
3. 哪四个词语能够最恰当地描述你的性格？（如果学员已接受 MBTI 职业性格测试、DISC 性格测试或其他测试，可参考相应行为和类型数据。）
4. 你有哪些专业技能有助于你或你的团队获得成功？
5. 为了团队利益，哪方面是你不太擅长需要依赖他人执行的？
6. 你看重哪些“原则”，并愿意为此和我们一起工作、帮助我们获得成功？
7. 在你过去的经历中，有哪些问题影响团队工作？我们应该怎样避免这类问题的发生？

熟悉的行为

珍妮弗·费特霍夫

概述

活动中每个团队成员选择希望了解其他成员的四方面信息，并将四方面信息写在挂纸白板上，以便他人答复。

目标

- 提高团队的活力。
- 学会欣赏小组、委员会或团队中各成员间的差异。

学员

6~10人的单一群体，如新员工、新委员会或新团队。

用时

30~45分钟，取决于团队人数。

材料及设施

- 为每人准备一张大白纸。
- 美术用品，如马克笔、剪刀、彩纸、胶棒、贴纸。
- 旧杂志。
- 遮盖胶带。

场地

房间墙面可供所有学员张贴一张大白纸。除此之外，房间中央放一张桌子，用来摆放美术用品和杂志。

流程

1. 为每个学员在墙上贴一张大白纸，并在房间里摆放好马克笔。
2. 请每个学员选择一张大白纸。让他们用马克笔通过页面中心点，水平和垂直各画一条直线，将页面分为四等分，如下图所示。

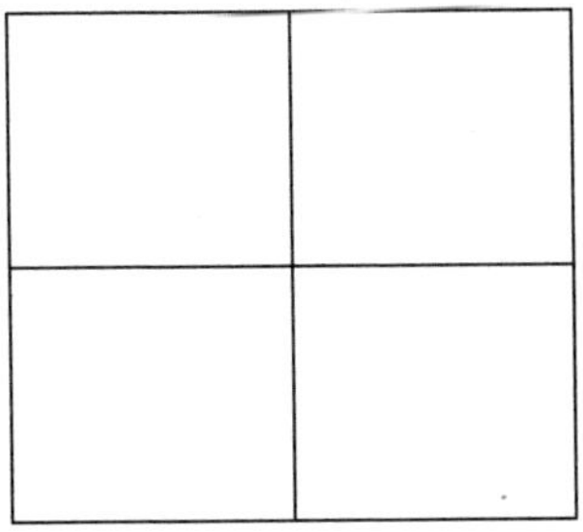

3．请学员在页面两线相交的中心写下他们的团队名称（部门、委员会或项目名称）。

4．让学员思考想要了解其他成员的四方面信息，如最喜欢的运动或活动、最喜欢的季节、最喜欢的宠物、家庭成员名字、最难忘的假期以及其他个人信息。让他们把这四方面信息分别写在大白纸的每一等分中，如下图所示。

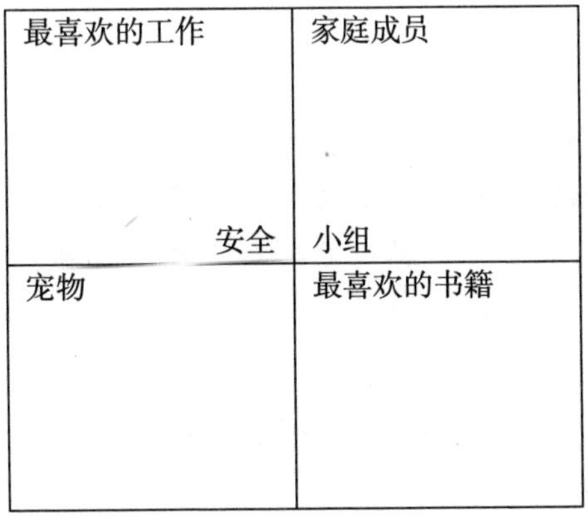

5．让学员在每个类别下填写自己的信息。可以使用文字、图画或提供的贴纸、杂志作答。这一环节为 10 分钟。

6．学员填好自己的信息后，让他们继续答复房间里所有大白纸上的信息。这一环节为 20 分钟。

7．当每个学员都答复完所有大白纸上的信息，选择一些有趣的条目，让学员猜猜是谁写的或者谁画的。

8．请这些条目的书写者或绘画者解释，为什么选择突出这个条目或图画的含义。

9. 花一些时间来总结活动，请学员找出团队成员间的共性。这个环节至少 10 分钟。
10. 举例说明尽管他们之前可能不知道彼此的家庭、兴趣以及好恶，但是可以像团队一样齐心协力地找到彼此的相似点和相同点。指出虽然我们都是不同的、特别的，但为了组织（客户、团队或部门等）的利益和学习，我们可以共同进步、一起成长。增进彼此了解有助于更好地合作和解决问题。

⚠ 会员提示

- 确保马克笔的墨水不会渗透纸张。
- 用学员特别的例子，以加赛方式，加强问答环节的效果。
- 活动很适合新员工入职培训，尤其适合学员彼此不太熟悉时。

珍妮弗·费特霍夫 是贝尔格社会信用联盟（Belco Community Credit Union）的培训协调员，负责员工战略性的可持续发展，包括领导力、服务和技巧等方面。珍妮弗正在攻读商科副学士学位。她对学习和教育他人充满热情，喜欢花时间陪自己的女儿克里·安妮和两条狗巴顿斯和凯尔文。她对教会和社区工作也很热心，是 ATD 宾夕法尼亚州中部分会简讯《中部你好》(*Hello Central*) 的合编者。

珍妮弗·费特霍夫
贝尔格社会信用联盟培训协调员
449 Eisenhower Boulevard
Harrisburg，PA 17111
（717）720.6232
邮箱：fetterhoffj@belco.com
网站：www.belco.org
ATD 分会：宾夕法尼亚州中部

团队的商业推广

塔拉·登顿

概述

学员分组推广各自的“卓越之处”，突出本小组成员的才能和团队的专业技能。

目标

- 鼓励团队发现自身优势。
- 探索团队成员的经验、专长和技能。

学员

一起共事的 10~20 人。

用时

20~30 分钟。

材料及设施

- 无。

场地

空间可供 2~5 个小组分别活动，互不干扰。

流程

1. 说明活动为成员加深彼此了解提供了一次机会。让学员分成 3~5 个小组。
2. 说明各小组的任务是完成 30 秒钟的商业推广，向房间的其他人展示本组的经验和能力。鼓励各小组推广团队的“卓越之处”。告诉学员商业推广需要包括以下信息：

- 小组名称。

- 小组口号。
- 小组各成员的特长和才华（最好是和工作没有关系的）。
- 说明为什么该小组可以称为“卓越”。

3. 以 10 分钟为限，完成此环节。
4. 10 分钟结束时，请各小组依次展示他们的商业推广成果。
5. 称赞各小组的丰富经验，和学员一起享受其中的乐趣。记录各小组体现的风格和经验水平。利用这些记录帮助各小组完成接下来的任务，如挑选队长或发挥专长。
6. 基于类似下面的问题，以讨论形式总结活动。

- 你对小组成员有哪些了解？
- 房间内的这些人都有哪些专长？
- 我们应该如何利用本小组成员的专长和经验？[①]

会员提示

- 鼓励各小组要有创造性，可以在商业推广中加入其他要素，如音乐、标志、吉祥物、成员昵称或其他任何相关的内容。
- 本活动可以成为培训期一个好的开场。

塔拉·登顿　于 2001 年开始设计和提供学习解决方案。她专门从事学习产品开发，以满足商业目标、促进培训计划、传授以学员为中心的经验。塔拉的学习产品在培训产品中很有竞争力，而她欢快的风格也深受大家欢迎。塔拉有很好的适应能力，从事广泛的工作，包括为世界 500 强公司的内部认证计划提供咨询和设计提供直播线上课程等。

---

① 受到了鲍勃·派克的“商业推广编写”（Write a Commercial）活动启发。出版于 Bob Pike and Lynn Solem，*50 Creative Training Openers and Energizers*. San Francisco: Pfeifer，2000。

塔拉·登顿

Life Cycle Engineering

4360 Corporate Road

Charleston，SC 29405

（843）744.7110

邮箱：tdenton@lce.com

网站：www.lce.com/institute

ATD 分会：南卡罗来纳州中部

三真一假

卢西亚娜·罗德里格斯

概述

在这个信任建立活动中，每个学员向全体人员讲述关于自己的四个独立故事，其中三个故事需要是真的，而另一个故事则是完全虚构的。让其他学员判断哪一个故事是假的。

目标

- 活动旨在增进团队成员的彼此了解，加强团队建设。
- 在团队中建立信任。

学员

同一工作组的 4~14 人。

用时

45~120 分钟，取决于活动学员人数。

材料及设施

- 为每个学员准备纸和笔。

场地

场地设置方便所有学员看到彼此，如圆形或马蹄形。

流程

1. 告诉学员，团队成员之间的了解是建立理解和信任的关键。活动为团队成员增进彼此了解提供了一个机会。将纸和笔分发给学员。
2. 向学员阐明活动内容。每个学员都要讲述四个自己的故事。故事可以是任何方面的（童年、宠物、运动、兴趣、有趣的境遇、旅行、特别经历以及其他个人的故事）。说明故事中要有三个是真实的，一个是完全虚构的。让学员用手中的纸和笔写下要讲故事的梗概。指出不需要写出整个故事，并鼓励学员要有创造力。告诉学员他们有 10 分钟来准备故事。

3. 所有人都完成后，请学员自己主动起来讲故事。告诉第一个故事讲述者，用几分钟简述他的四个小故事。提醒讲述者要把故事讲得尽可能有说服力。告诉讲述者和其他所有学员注意，避免虚构的故事的排序与前面讲述者相同。注意：学员通常最后讲虚构的故事。
4. 当第一个人讲完故事时，让大家一起辨别哪个故事不是真的。提醒学员所有对讲述者的提问必须是封闭式的（是/否）问题。
5. 说明在讲述者说出哪个故事是假的前，全体人员意见必须达成一致。
6. 以同样步骤，让所有学员讲述自己的故事，并由全体人员判断哪个故事是假的。
7. 用类似下面的问题讨论本活动：

- 你了解到了哪些团队成员的新信息？
- 哪些信息最令你吃惊？
- 讲故事前，团队成员的哪些技能是不被人熟知的？
- 通过了解到的信息，怎样加强团队建设？
- 如何使用今天了解到的团队信息？

会员提示

- 鼓励学员用平时在工作中很少展现的兴趣爱好，创造合理的、令人信服的故事。
- 对于新领导刚上任的时期，这是个很好的活动。
- 控制活动节奏，不要让推测时间持续过长。
- 这是个经典活动，已有至少 30 年的历史。信息来源很久前就找不到了。但是，鲍勃·派克在《90 个世界级培训者的 90 个经典活动指南》中提到过一个版本。

卢西亚娜·罗德里格斯 毕业于巴西圣保罗麦肯齐大学，获得工商管理学学士，并从同一所大学获得了人力资源管理学硕士学位，她现在在宾夕法尼亚州哈里斯堡报名参加了教育学硕士课程。她有10年人力资源方面的经验，其中大部分是组织发展和学习领域。她为泰科电子公司工作，在宾夕法尼亚州哈里斯堡任组织发展和学习经理，负责诸如绩效管理、员工敬业度、领导力开发和培训课程项目等方面的工作。

卢西亚娜·罗德里格斯

6633 Terrace Way，Apt. B

Harrisburg，PA 17111

（717）805.1231

邮箱：lprodrigues@tycoelectronics.com

ATD 分会：宾夕法尼亚州中部

束缚之绳

莉萨·唐斯

概述

团队成员说出自己信任或欣赏的其他成员，并把毛线球抛给他们。

目标

- 判断每个成员对团队或组织的贡献。
- 对他人给予的帮助和支持表达感谢。

学员

同一工作组或同一部门的 10~15 人。

用时

10~15 分钟，取决于活动学员人数。

材料及设施

- 一个毛线球。

场地

可供所有学员站成一个圈。

流程

1. 介绍活动，告诉学员团队成员必须互相依赖才能达成目标。请学员站成一个圈，开始想团队中他们信任谁，或者哪个成员有令他们欣赏之处。
2. 把毛线球交给圈中的一个人，活动开始。让手持毛线球的人紧紧抓住未扎紧的末端，并提及曾经从团队中另一个成员处得到的支持、数据、建议/帮助或资源。
3. 说出名字的同时，让手持毛线球的人将毛线球抛给那个人。

4. 第二个人抓住毛线球后，继续说出他信任的人的名字，并把毛线球抛给被叫到名字的人。继续这个过程，直到每个人都说出团队中自己所信任的人。届时，每个人手中都应该持有一段线，并且这些线已经形成了一个网。
5. 让圈中的一个人松开手中的线。指出当有人离开时，团队发生了什么（线网出现了一些混乱）。
6. 问学员从活动中了解到了什么，活动暗示了协同工作的哪些问题。

会员提示

- 确保每个学员都有机会向团队中至少一个人表达感谢，并且听到至少一个人的感谢，以确定这个网没有遗漏任何人。
- 团队中出现冲突和矛盾时，这是一个很好的活动。活动能够让人后退一步，开始彼此欣赏。
- 我曾在菲弗出版物中看到很多相似的活动，但不确定具体在哪儿。以上活动语言是我自己组织的。

莉萨·唐斯 现在是华盛顿西雅图无畏学习解决方案（Intrepid Learning Solutions）的学习顾问。她曾担任德国电信美国公司的领导力发展经理，负责实施和改进经理、主管和个人效能方面的培训和辅导。进入德国电信前，她一直在会计行业做培训经理和顾问。除此之外，她还是 ATD 普吉特海湾分会 2006 年、2007 年的副会长和 2008 年的会长、ATD 分会认定委员会 2010 年的主席以及 ATD 分会委员会的全国顾问。莉萨是 ATD 培训师讲习班系列中三本书的作者，包括《聆听技巧培训》《时间管理培训》《谈判技巧培训》。

莉萨·唐斯

16207 NE 90th Court

Redmond，WA 98052

（425）216.3015

邮箱：lisa@developmentwise.com

网站：www.lisadowns.net

ATD 分会：普吉特海湾

最喜欢事物卡片

鲍勃·齐梅尔

概述

活动中学员通过纸牌游戏的竞争和挑战匹配“最喜欢事物卡片”，来发现团队成员的新信息和团队合作的优势。

目标

- 帮助团队成员互相了解，方便更自由的协作。
- 通过交错竞争和合作，增添团队的活力。
- 探索竞争/合作难题。

学员

理想人数为 10~25 人（如果分成小组，竞争和合作方面问题会减少；如果分成大组，团队活力会更明显，也需要更多的准备时间）。

用时

10~15 分钟，取决于活动学员人数。

材料及设施

- 培训师需要为学员提供备忘录。
- 为每个学员准备 5 张最喜欢事物卡片（参见模板范例、类别范例、已完成卡片范例）。
- 以幻灯片形式播放活动指导，或者以讲义形式分发给学员（可选）。
- 范例讲义（可选）。

场地

方便所有学员一对一交流或以小组形式交流。活动最好在酒店、办公大厅或户外进行；由于活动中会有很多交流，最好选择一个不会打扰到别人的地方。

准备

活动以前，请每个学员通过电子邮件提供他们最喜欢事物的信息。让他们利用学员备忘录将自己喜欢的事物用邮件发给你。为学员答复和卡片制作预留充分的时间（参见模板范例）。所有提交信息的人都要参与这一环节，以保证所有卡片都是有效的。如果有无法参与活动的学员，剔除有他们信息的卡片。

将每个学员的 5 个问题，用电脑打印或手抄在 4.7 寸×5.7 寸的卡片上。制作完成时，你手中会有每个学员的 5 张卡片。例如，如果有 15 个学员，你做出来的卡片就是 75 张。参见 4.7 寸×5.7 寸卡片的模板范例。

完成卡片制作后，打乱卡片次序。为每个学员用 5 张卡片制作"一套卡片"。如有需要，制作一份包括所有学员最喜欢的事物的讲义，如讲义范例所示。活动结束时，学员会希望看到所有答案。

[可选：在每张卡片右下角加一个编码，帮助你辨别该卡片是哪个学员的。这种方式可以帮你轻松辨别出是否有人集齐了同一个人的 5 张卡片。不能让学员知道为什么卡片上会有编码，也就是说，建立一套不被识别的编码非常重要。如果有人问，你可以开玩笑说，带特殊编码的卡片在易趣网上更值钱。范例卡片上的编码包括 10 个字符，如果从后往前读，末尾的两个字母就是人名的首字母。例如，戴尔·约翰逊（Dale Johnson）最喜欢的电影是《星球大战》,《星球大战》卡片上的编码就可以是类似 7H5FG9J8D7 的编码。]

兴奋起来吧，学员会玩儿得很开心的！

流程

1. 根据卡片数量（例如，100 张卡片供 20 个学员使用）解释游戏的设置和规则。告诉学员每张卡片上都显示着他们其中一人的最喜欢事物，但卡片人名部分是空白的（参见已完成卡片范例）。说明游戏开始时每个人手中都有一套随机的 5 张卡片。

2. 告诉学员，游戏的目标是集齐一套属于一个人的 5 张卡片（不能是自己的）。
3. 解释游戏的流程和规则。首先他们要找个人配对，看自己手中是否有属于对方的卡片。如果有，在卡片空白位置填上对方的名字。
4. 继续说明其他规则："你们随时可以和另一个人做一对一的交换，也就是说，用你自己手中的一张卡换另一个人手中的一张卡。"告诉学员要不断地配对，寻找卡片上是谁的最喜欢事物。提醒学员，他们的目标是集齐属于同一个人的 5 张卡片。
5. 确定所有人都了解取胜标准，即第一个集齐同一个人 5 张卡片的人获胜。你会发现先做个示范很有帮助。例如，走到一个学员身边，然后说："你最喜欢的电影是什么？"对方回答后，你答复他："对不起，我没有那张卡。那么你最喜欢的书是哪本？"对方回答后，你接着回应他："我有这张卡，那么我把你的名字写在卡上了。"告诉他们继续这样的问答，直到双方分享完各自手中 5 张卡片的内容。接着找到另一个人，继续示范。
6. 示范结束后，开始游戏。
7. 分给每个学员 5 张卡片，告诉他们游戏开始了。提醒他们在集齐同一个人的 5 张卡片后马上宣布。
8. 卡片分到所有学员手中后，为对游戏任何环节有疑问的学员做进一步解释。通常其他学员会指导不明白的人，所以你几乎不需要做什么。
9. 当有人宣布已经集齐"一套同一个人的 5 张卡片"时，确定那 5 张片是属于同一个人的。如果你不用卡片底部编码确定，可以让本人告诉大家 5 张卡片是否确实都是属于他的。
10. 当有人集齐"一套同一个人的 5 张卡片"时，游戏结束。如果你发现第一个宣布的人集齐的卡片不是同一个人的，游戏继续。
11. 如果你想把这个游戏提升一个高度，可以询问学员以下问题：

- 活动中发生了什么？
- 你们是竞争关系还是合作关系？还是两种关系都存在？为什么？

- 工作中有哪些竞争/合作难题？你的团队存在这样的问题吗？为什么会是这样？
- 这个游戏告诉了你们团队的哪些信息？
- 今天发生的事对你将来有什么帮助？

会员提示

- 学员之间同时存在竞争和合作的关系。可以观察一下，除了学员加深了对其他成员的了解，并且被游戏过程所激励，每次游戏还展现了哪些特殊人际关系和组织动力？
- 在活动刚开始，学员读过说明后，可能很快就了解到活动的规则并势头大增。压制这种冲动，继续解释活动。在他们正式开始前可能需要说一些模棱两可的话。
- 在房间里来回走动，关注下活动的进展，问是否有人需要帮助（事实上很少有人需要）。
- 不要对活动控制过度。例如，一些学员可能认为小组形式比一对一形式更有效。这种调整是没有问题的。
- 活动分为两个独立部分：（a）确定卡片是属于谁的，并写下该人的名字；（b）交换卡片，来集齐同一个人的 5 张卡片。有时学员还未把 5 张卡片名字都写上，就开始交换卡片，这样也是可以的。
- 学员会很高兴发现每个人最喜欢的事物都列了出来（参见讲义范例）。如果你已经做完列表，活动一结束就可以分发出去。
- 如果有来宾要加入这个组，如管理人员、客户或其他人，尽管让他们提供你需要的信息，并把信息放进活动中。

鲍勃·齐梅尔　主要在两方面体验学习。在儿童地带（Children's Place）和本杰明摩尔公司（Benjamin Moore and Co.），他关注组织发展、学习和人才管理解决方案的识别、设计、改进、实施和管理。在美国智

越咨询公司和论坛公司，鲍勃负责开发和管理客户关系，并为客户设计学习解决方案。鲍勃很重视加入 ATD 总会和分会。他在 ATD 新泽西州中部分会董事会工作 7 年后，2009 年到 2011 年负责 ATD 分会全国顾问（National Advisors for Chapters，NAC）的志愿者工作。

鲍勃·齐梅尔

84 Washington Street

Rumson，NJ 07760

（973）769.9443

邮箱：bobzimel@msn.com

ATD 分会：新泽西州中部

学员备忘录

＿＿＿＿＿您好：

作为贵工作组即将参加活动的一部分，请告诉我（仅我个人）下面关于您的五方面信息。

请仅回复我一个人，切勿“全部回复”。活动前，请不要和贵工作组其他成员讨论这些信息。

最喜欢的电影：＿＿＿＿＿＿＿＿＿＿＿＿＿＿＿＿＿＿＿＿

最喜欢的书：＿＿＿＿＿＿＿＿＿＿＿＿＿＿＿＿＿＿＿＿＿

最喜欢的乐队或歌手：＿＿＿＿＿＿＿＿＿＿＿＿＿＿＿＿＿

最喜欢的度假胜地：＿＿＿＿＿＿＿＿＿＿＿＿＿＿＿＿＿＿

最喜欢的食物：＿＿＿＿＿＿＿＿＿＿＿＿＿＿＿＿＿＿＿＿

谢谢！

说明

设置

如果有 17 个学员，需要 85 张卡片；有 20 个学员，需要 100 张卡片。

每张卡片显示一个学员的最喜欢事物，但不显示该学员名字。

流程

开始时，每个人手中有随机的 5 张卡片。

目标是集齐一套 5 张卡片（属于同一个人的，但不能是自己的）。

过程：配对，然后通过各问对方 5 个问题，找出你手中是否有对方最喜欢事物的卡片。如果有卡片和对方的喜好匹配，将对方的名字写在卡片上。

只要你愿意，随时可以进行一对一的交换。但注意，你手中要一直保持 5 张卡片。

继续配对和询问问题，直到有人集齐属于同一个人的一套 5 张卡片，并宣布为获胜者。

模板范例

类别范例

电影： ×××××××× 姓名：__________ ××××××××××	书： ×××××××× 姓名：__________ ××××××××××	乐队或歌手： ×××××××× 姓名：__________ ××××××××××
度假胜地： ×××××××× 姓名：__________ ××××××××××	食物： ×××××××× 姓名：__________ ××××××××××	

已完成卡片范例

电影： 《死亡诗社》 姓名：__________ L2FDB43HC4	书： 《谁可以这样爱我》 作者：弗兰辛·瑞福尔 姓名：__________ 4G4FH23CB	乐队或歌手： 《范海伦》 姓名：__________ 3GWPBCOH48
度假胜地： 威尼斯 姓名：__________ 3BVBC39HB2	食物： 芦笋 姓名：__________ 2H1HWVMBD5	

讲义范例

	最喜欢事物				
人员	电影	书	乐队或歌手	度假胜地	食物
鲍勃	《公主新娘》	《罪与罚》	艾力克莱·普顿	威尼斯	牡蛎
克里斯蒂	《街头日记》	《模范领导》	流氓弗拉德乐队	纽约	帕尔马干酪鸡
戴夫	《油炸绿番茄》	《风中妙语》作者：弗兰辛·瑞福尔	席琳·狄翁	迪士尼乐园	胡萝卜蛋糕
伊夫林	《死亡诗社》	《谁可以这样爱我》作者：弗兰辛·瑞福尔	克里斯·汤姆林	夏威夷	有机香草冰激凌
哈里	《杯酒人生》	《艺妓的故事》	比比金	巴黎	芦笋
约翰	《重返校园》	《乐为敌人》作者：雷吉·米勒	克莱西兄弟	泰国	罗马尼亚牛排
克莉丝汀	《音乐之声》	《马儿使风景更美丽》作者：爱丽丝·沃克	戴安娜·克瑞儿	尤塞米提国家公园	比萨饼
玛丽	《周末夜狂热》	《跨越官僚制》作者：沃伦·本尼斯	滚石乐队	佛罗里达群岛	希腊卷饼

性格快照

劳拉·门德鲁

概述

活动中将学员根据性格分组，并通过个体间差异寻求新的连接点。

目标

- 发现小组成员间的性格差异。
- 根据类型差异，开始建立团队的通用语言。
- 用很短时间简单介绍 MBTI 职业性格测试的类别和性格类型。

学员

10~25 个对 MBTI 职业性格测试有一定了解的团队成员。

用时

45~60 分钟。

材料及设施

- 为每个学员准备“性格快照”讲义一份。
- 挂纸白板。
- 马克笔。

场地

任何方便学员走动、方便在贴有性格类型的房间四角聚集的场地。

流程

1. 介绍活动可以让我们快速捕捉不同类型的性格。向学员指出参加 MBTI 环节有助于充分了解性格测试的模型和理论。
2. 分发性格快照讲义，并简单解释各类型性格的重点和关键信息。请团队成员一起分享一些例子。这个环节一般 10 分钟。

3. 指出每个性格类型并贴在房间的一角。请学员判断自己的性格，并站到相应的一角。
4. 所有学员都在四角中做出选择后，让 4 个小组分别讨论：他们能为团队带来什么，他们在什么情况下可以把工作做到最好，以及团队工作中什么让他们感到失望。你可以把这 3 个话题作为提示信息，写在挂纸白板上。
5. 告诉 4 个小组，他们有 15 分钟时间讨论这 3 个话题——每个话题大约 5 分钟。
6. 重新集合整个团队，请每个小组对讨论做个简单述评。
7. 给定一个真实的工作情景，如“假设你负责……”。
8. 让各小组分别说出从他们角度会如何回应这个问题。让学员重新回到各自小组，用 5 分钟时间讨论这个问题。5 分钟结束后请各小组分享他们的回应，并解释为什么会这样回应。
9. 带领整个团队讨论各小组不同方式的回应。集中讨论各小组会做什么，他们如何平衡彼此间的差异。
10. 指出整个团队将把各小组会做的事作为他们的一张快照，也是每个人为团队所做的事。用类似下面的问题总结活动：

- 你了解到团队的哪些信息?
- 你们团队的优势有哪些?
- 怎样平衡团队中各种类型性格的优势?
- 基于今天的讨论，我们可以做什么让团队获得更大的成功?

⚠ 会员提示

- 最重要的是，保持参与的积极性，讨论如何利用彼此的优势（而不是哪些性格是令人生气和失望的）。
- 如果在更大的团队中运用此活动，很难掌控大家对于 MBTI 的熟悉程度。这时尽量用描述性格的词语，而不要用“J”或“P”这样的缩略语代替，因为学员中的一些人对于字母代码或缩略语可能不熟悉。

- 要想活动成功，你需要有能力做 MBTI 或开展性格学习。
- 这是一个新的活动，内容源自戴维·克尔希与玛丽·贝兹合著的《请理解我》(*Please Understand Me*)。我经常向学员提到这本书或者随身带着这本书。

劳拉·门德鲁 拥有组织管理硕士学位、教学系统设计证书和丰富的实验教育技术经验。她于 1994 年开始投身学习行业，2002 年加入博思艾伦咨询公司，现在负责监管该公司的组织发展和学习与发展的训练计划。除了在博思艾伦任职，劳拉在 ATD 华盛顿特区分会带领组织发展兴趣小组，并提供"暂休"团队指导课程，辅导家长如何与活蹦乱跳的孩子相处，帮助他们重新建立与子女的关系。

劳拉·门德鲁

16200 Kimberly Grove Road

Gaithersburg，MD 20878

(301) 325.5123

邮箱：mendelow_laura@bah.com

ATD 分会：华盛顿特区

性格快照

基于戴维·克尔希与玛丽·贝兹合著的《请理解我》，按照性格可以有效地把有相同喜好的人分到一组。根据观察到的群集行为和“活动模式”性格可分为 4 种类型，而不是 MBTI 中提到的 16 种。行为主题更容易让人识别和记住。

4 种性格基于 MBTI 的 6 个维度：N（Intuitive，直觉）、S（Sensing，感觉）、J（Judging，判断）、P（Perceiving，理解）、T（Thinking，思维）和 F（Feeling，情感）。

- SJ——护卫者（Guardians）。
- SP——艺术创造者（Artisans）。
- NF——理想主义者（Idealists）。
- NT——理性者（Rationals）。

SJ 性格的人有时可称为护卫者。描述该类型人的词语包括：

- 职责。
- 实用。
- 服务。
- 成员。
- 维护。
- 责任。

护卫者：

- 认为组织工作（事情如何、何时完成）很重要。
- 重视组织的维护。
- 看重效率。
- 需要很强的归属感。
- 需要提供服务。
- 愿意遵守规定。

- 相信责任心很重要。

SP 性格的人有时可称为艺术创造者。描述该类型人的词语包括：

- 冲动。
- 美感。
- 变动。
- 行动。
- 影响。
- 精湛的表现。
- 解决疑难问题。
- 策略。

艺术创造者：

- 希望产生影响。
- 率性而为的自由。
- 有（马上）去做令人兴奋的事的冲动。
- 认为能够解决危机很重要。
- 及时回应正在发生的事。
- 敢于冒险的人。
- 关注眼前。

NF 性格的人有时可称为理想主义者。描述该类型人的词语包括：

- 成长。
- 完整。
- 想象。
- 道德。
- 统一。
- 成为真实的自我。
- 意义和重要性。
- 催化剂。
- 真实性。

理想主义者：

- 看重个人关系。
- 争取保持个性。
- 相信自己的想法。
- 有能力影响他人。
- 为社会更美好而努力。

NT 性格的人有时可称为理性者。描述该类型人的词语包括：

- 知识。
- 理解力。
- 洞察力。
- 能力。
- 概念。
- 想法。
- 战略。
- 逻辑。
- 设计。

理性者：

- 重视知识和能力。
- 喜欢建模。
- 擅长逻辑推理。
- 需要了解基本原则。
- 有远见。
- 善于怀疑、分析和自我批评。

参考材料

Kiersey，D.，& Bates，M.（1984）.*Please understand me: Character and temperament types.* New York: Prometheus.

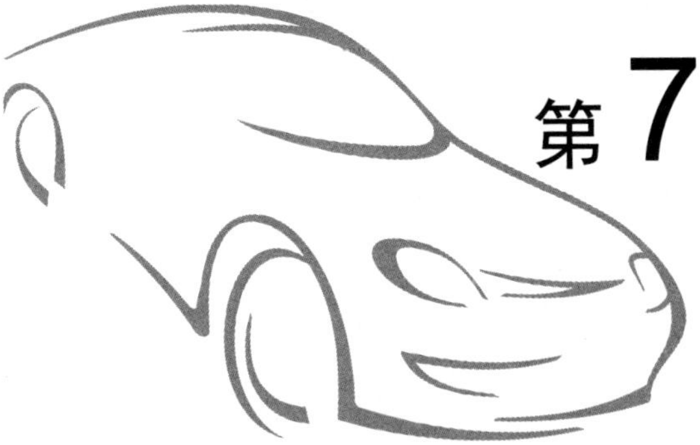

第 7 章

团队协作：一起工作

与团队所有成员独立工作相比，高效的团队协作更容易达成目标。为此，团队成员需要一起评估每个成员为团队所带来的优势。高效团队必须营造信任和合作的氛围、设定并达成目标、了解过程和预期结果。打造一个好的团队及成为一个有贡献的团队成员需付出努力。

没有团队一开始就很杰出，它们是学着变得强大的。作为培训师，你需要为团队提供机会，获取变强大所需的技能和知识。如果你致力于建立高效团队，就需要激励团队成员创造性地做一些工作，但很遗憾，这不容易实现。本章所介绍的活动从易到难排序，每个案例都为团队成长和加深对团队的了解提供了机会。

本章的贡献者分享了一些帮助优秀团队成为伟大团队方法的案例。梅里·维兰一开始就很快证明了团队比个人更有优势。达雷尔·B. 尤斯顿分享了一个活动，虽耗时较长，但同样证明了团队的价值。丽萨·休斯提供了一个可用于发掘团队必备特征的活动。活动的意外收获是，团队可找到帮助他们达到理想状态的发展计划。加尔·牟特继续探究了团队特征并关注了是什么让我们不愿意成为领导者。

我迫不及待想要尝试接下来的两个活动。罗布·登顿的“管子之梦”

活动探究了团队面临挑战时需要克服的困难。卡洛琳・尼尔森的活动将帮助你推动团队更有效地达成目标。

涉及团队构建的活动一直用来探索团队活力。本章提供了由罗布・登顿、帕蒂・阿沃林和黛博拉・科万・威尔逊提案的 3 个团队构建的活动。利用吸管、棉花糖或纸杯进行活动，每个活动耗时约 1 小时。但这些时间是值得的，因为活动所引发的丰富而大胆的总结能够促进团队所必需的学习。为了成功的最大化，不要放弃活动总结。

在学员愿意被遮住眼睛的情况下，约瑟夫・桑切斯和珍妮・贝尔提供了两个能保证产生有趣讨论的活动。准备莎伦・德拉分享的“用脚思考”的活动是很有挑战性的，但是它让我们学习的选择更加广泛、多样且容易与团队日常工作联系起来。

你将一次次回顾本章，挖掘如何利用本章所收集的工具帮助团队学习，从而使团队成为高效团队。

一只猫和一台冰箱

梅里·维兰

概述

列举 2 件迥异事物的相似点是很有意思的，并且能够激发讨论合作及团队优势的切入点。

目标

- 探究团队在哪些方面比个人更有优势。
- 激励团队。

学员

6~50 个学员。

用时

10~15 分钟。

材料及设施

- 一个夹纸板或白板。
- 书签。
- 为每个学员准备的纸张、钢笔或铅笔。
- 小奖品（可选）。

场地

不限。

流程

1. 在夹纸板或白板上画一只猫和一台冰箱，并将纸笔分发给每个人。
2. 告诉学员，他们有 30 分钟时间列举一只猫和一台冰箱的相似点，声明他们在列举时严禁互相交流。

3. 30分钟之后，将全体成员分成3～5人的小组。

4. 告诉他们现在有1分钟的时间，在刚建立的团队中相互协作，列举相似点。

5. 1 分钟后，邀请各小组汇报他们的观点。(若使用奖品，则奖励列举最多项的团队。)

6. 通过提问总结培训：

- 此次活动有何收获？
- 对你固有的工作方式将有怎样的影响？
- 通过所学，你对团队的期望有哪些变化？
- 你如何将活动中学到的应用到工作中？

会员提示

- 通过奖励列举最多项的团队来提高参与度。
- 活动总结对于确保联想团队优势（相对个人）很重要。
- 这是一个有趣的方法，能使个人发现如何让团队协作变得更有效。此外，猫和冰箱的相似点对学员来说是非常富有创意、充满活力和令人愉快的。

梅里·维兰 是创新雇员发展解决方案（Creative Employee Development Solutions，CEDS）的主席。她的客户有源泉公共事业公司、科罗拉多泉公共事业公司、古德里奇、联邦快递、(美军）采购器材局、航空学院联邦信用联盟、首映科技和皮克峰图书馆区。梅里是TheBizBookBuzz™的创始人，TheBizBookBuzz™是一个商业书籍俱乐部项目，为全国市场提供交钥匙学习解决方案。她参与当地学习和发展社团已超过50年，任职于ATD委员会，并在2001年担任董事会主席。梅里还积极领导了派克斯峰（Leadership Pikes Peak）和南科罗拉多州商业促进局在客户服务项目中的卓越表现。

梅里·维兰
创新雇员发展解决方案主席
1317 E. Dale Street
Colorado Springs，CO 80909
（719）473.6735
邮箱：ceds@mvillane.com
网站：www.mvillane.com
ATD 分会：派克斯峰

首府团队建设

达雷尔·B. 尤斯顿

概述

在学员抓紧时间写出美国所有州的首府城市的时候，探究团队方法的优势。

目标

- 认识沟通和合作在达成重要目标和组织目标中的重要性。
- 欣赏其他团队成员的不同技能。
- 清楚表达衡量成功的要素。

学员

20~30 人（更小的团队也能成功）。

用时

30~60 分钟。

材料及设施

- 为每个学员准备一份个人答题纸。
- 为每个小组准备一份团队答题纸。
- 为每个学员准备一支钢笔或铅笔。

场地

为便于团队成员沟通，最好使用圆桌。

在一个相对容易管理的场地组织练习，这样你能倾听并观察每个团队。

流程

1. 将全体成员分成 6 ~ 10 人的小组，小组成员可以自由组合，也可以指定成员到某个小组。

2. 告诉学员，他们的任务是在 20 分钟内识别尽可能多的州的首府，给每个学员一份个人答题纸，给每个团队一份团队答题纸。
3. 告知学员，他们不可以使用任何电子设备来查找答案，提醒团队成员这是一个竞赛，他们需轻声沟通，以避免被相邻团队听到答案。
4. 告诉学员，他们有一次机会选择单独作答或小组作答。
5. 一旦小组决定好策略，就观察每个小组的行动，并记录每个小组的策略和行动。
6. 持续提醒各小组剩余时间（剩余 5 分钟，剩余 2 分钟，诸如此类），以便他们必要时能改变策略。
7. 到指定时间时，让学员停止书写并提交他们的答题纸。
8. 把大家重新召集在一起，并用以下问题总结活动：

- 你们团队制定策略了吗？为什么决定要用此策略？
- 你们团队目标完成得如何？
- 请描述与其他人合作一起实现目标的过程。这个活动中需要哪些技能组合？
- 哪些因素决定了你们团队的成功？
- 你们团队是否出现一个或几个领导者？
- 每个成员都有发表意见的机会吗？
- 是否所有成员都参与了？是否有人感觉被忽略或拒绝参与？
- 是否有人在活动中注意到他人的身体语言？你注意到了什么？
- 回想一下，你是否曾使用相同的方法或策略？
- 怎样将今天的体验应用于工作中？

9. 你可能希望记录小组成员在活动前、活动中和活动后的反应，但当在更大范围内分享你的观察和评论时，要慎重使用具体名字。

会员提示

- 通常大家会兴奋地列出尽可能多的首府，而忽略目标是如何实现的。活动的主要目标不是得到正确的数目，而是观察通过互动而有效实现团队合作的力度。

- 小团队的沟通会更有效。大团队中往往会有成员感觉被排挤或没有表达机会。
- 学员在练习过程中常会提高他们的音量，所以桌子需要相隔 10～15 英尺。
- 因为大多数人都知道美国一些州的首府，所以这个活动可供 9～90 岁或更广泛的人群使用。有教育背景或社会经济地位不是必要条件。
- 使用了团队答题纸的团队常会发现这是他们成功的关键。所有成员以团队形式一起工作，并让一个人列下答案，以节省时间，并经常确保获得更多正确答案。
- （可选择）声明此练习“没有规定”，这个规定常使成员开始创造性地思考，他们可能会使用电子设备“查找”他们的答案。由于“没有规定”，这是完全可以接受的，但有时候也有争议。

达雷尔 · B. 尤斯顿　是孟菲斯巴恩哈特起重机的企业培训经理。2009 年以前，他是 LEAD 培训系统的主席。LEAD 培训系统是成立于 2005 年的管理咨询和培训公司。他是领导力培训领域的著名专家，并开发了创新项目，用真实的自我评价激励人们“成为他们能成为的人”。他的工作坊给予可立即实施的策略，帮助个人或组织实现目标。达雷尔在企业行政管理和大学课堂教学方面有超过 25 年的经验，帮助很多企业在改进整体工作关系的同时，塑造更积极的企业文化。达雷尔拥有孟菲斯大学本科及硕士学位，并且获得国家级和州级教学奖项。

达雷尔 · B. 尤斯顿

6321 Staffordshire

Memphis，TN 38134

（901）619. 8499

邮箱：duselton1@gmail.com

ATD 分会：孟菲斯

个人答题纸

请罗列美国 50 个州的首府。

1．亚拉巴马州　______________
2．阿拉斯加州　______________
3．亚利桑那州　______________
4．阿肯色州　______________
5．加利福尼亚州　______________
6．科罗拉多州　______________
7．康涅狄格州　______________
8．特拉华州　______________
9．佛罗里达州　______________
10．佐治亚州　______________
11．夏威夷州　______________
12．爱达荷州　______________
13．伊利诺伊州　______________
14．印第安纳州　______________
15．艾奥瓦州　______________
16．堪萨斯州　______________
17．肯塔基州　______________
18．路易斯安那州　______________
19．缅因州　______________
20．马里兰州　______________
21．马萨诸塞州　______________
22．密歇根州　______________
23．明尼苏达州　______________

24. 密西西比州 ______________
25. 密苏里州 ______________
26. 蒙大拿州 ______________
27. 内布拉斯加州 ______________
28. 内华达州 ______________
29. 新罕布什尔州 ______________
30. 新泽西州 ______________
31. 新墨西哥州 ______________
32. 纽约州 ______________
33. 北卡罗来纳州 ______________
34. 北达科他州 ______________
35. 俄亥俄州 ______________
36. 俄克拉何马州 ______________
37. 俄勒冈州 ______________
38. 宾夕法尼亚州 ______________
39. 罗得岛州 ______________
40. 南卡罗来纳州 ______________
41. 南达科他州 ______________
42. 田纳西州 ______________
43. 得克萨斯州 ______________
44. 犹他州 ______________
45. 佛蒙特州 ______________
46. 弗吉尼亚州 ______________
47. 华盛顿州 ______________
48. 西弗吉尼亚州 ______________
49. 威斯康星州 ______________
50. 怀俄明州 ______________

团队答题纸

请罗列美国 50 个州的首府。

1. 亚拉巴马州 ____________
2. 阿拉斯加州 ____________
3. 亚利桑那州 ____________
4. 阿肯色州 ____________
5. 加利福尼亚州 ____________
6. 科罗拉多州 ____________
7. 康涅狄格州 ____________
8. 特拉华州 ____________
9. 佛罗里达州 ____________
10. 佐治亚州 ____________
11. 夏威夷州 ____________
12. 爱达荷州 ____________
13. 伊利诺伊州 ____________
14. 印第安纳州 ____________
15. 艾奥瓦州 ____________
16. 堪萨斯州 ____________
17. 肯塔基州 ____________
18. 路易斯安那州 ____________
19. 缅因州 ____________
20. 马里兰州 ____________
21. 马萨诸塞州 ____________
22. 密歇根州 ____________
23. 明尼苏达州 ____________

24. 密西西比州 ________________
25. 密苏里州 ________________
26. 蒙大拿州 ________________
27. 内布拉斯加州 ________________
28. 内华达州 ________________
29. 新罕布什尔州 ________________
30. 新泽西州 ________________
31. 新墨西哥州 ________________
32. 纽约州 ________________
33. 北卡罗来纳州 ________________
34. 北达科他州 ________________
35. 俄亥俄州 ________________
36. 俄克拉何马州 ________________
37. 俄勒冈州 ________________
38. 宾夕法尼亚州 ________________
39. 罗得岛州 ________________
40. 南卡罗来纳州 ________________
41. 南达科他州 ________________
42. 田纳西州 ________________
43. 得克萨斯州 ________________
44. 犹他州 ________________
45. 佛蒙特州 ________________
46. 弗吉尼亚州 ________________
47. 华盛顿州 ________________
48. 西弗吉尼亚州 ________________
49. 威斯康星州 ________________
50. 怀俄明州 ________________

构思完美团队

丽萨·休斯

概述

团队利用他们的创造性才能和逻辑特点去确定一个完美团队应有的特征，以及需要哪些发展机会来使之变得完美。

目标

- 建立一份完美团队特征的清单。
- 确定能够强化团队这些特征的方法。

学员

5~20 个新成立团队的成员。

用时

1.5~2 小时。

材料及设施

- 每人一份关于构思完美团队发展计划的讲义。
- 每小组一个夹纸板和白纸。
- 马克笔。
- 为所有学员准备钢笔或铅笔。
- 遮盖胶布。

场地

能够方便所有小组一起活动的房间。

流程

1. 请学员分成 5~7 人的小组，如果团队成员少于 10 人，可让他们在一组。给每个小组分发一个夹纸板和马克笔。

2. 告诉学员各小组将有 7~10 分钟时间回答以下问题（如果愿意，可将问题写在夹纸板上）:

- 你们团队试图完成什么？目标为何？结果如何？
- 你们团队是否有资源和能力去实现你们的目标和结果？

3. 开始计时。
4. 时间一到，请各小组汇报这两个问题。促进讨论，但不需要得出任何结论。此过程不超过 10 分钟。
5. 接下来请学员在夹纸板上形容并描绘他们心目中的完美团队。向学员解释他们有 20 分钟，可用图画、词语、标识或任何他们想用的其他形式。提醒学员解释的内容包括是什么让他们的团队变得完美，为此他们又需要完成什么。请他们不但要从自己的角度，还要从管理者、组织和客户的角度来思考这些问题。
6. 20 分钟后，请学员将完成的图画挂在墙上或夹纸板架上。请每个小组用不多于 5 分钟的时间向其他小组介绍他们心目中的完美团队。每个小组介绍后都为他们鼓掌。
7. 请他们找到这些清单的相同点和不同点，问学员这些完美团队的描述是如何体现团队特征的。请务必允许讨论。
8. 请学员回到小组中，分发构思完美团队发展计划的工作表，请学员回顾这些图画并思考相同点，确定使他们团队完美的 7 个特征。给予 10 分钟时间，然后请他们将 7 个特征写在夹纸板上。
9. 请所有的学员汇聚在一起，所有小组在张贴出来的挂图纸中寻找相同点。基于讨论，请学员确定 6~8 个能够最好描绘出完美团队的特征。
10. 一旦完美团队特征最终清单形成并被记录下来，请学员回到他们各自的小组，思考讲义的第二部分——完美团队的发展机会。请各小组确定并罗列使他们团队更趋于完美所需的步骤。
11. 这部分活动给予 10 分钟时间，然后再请学员聚集在一起。
12. 在这个大团体中，征求关于发展机会的意见和问题，在团队可执行的至少 5 件事情上达成一致。

13. 询问："怎样、何时查看进展？"确保他们在讨论结束前选择一个回顾日期。

会员提示

- 此活动适用于健康的、希望增强团队合作和沟通的团队，而不适用于有分歧或有"问题"的团队。
- 设定一个积极正面的基调：从好发展到更好，从更好发展到最好，从最好发展到更高层次。

丽萨·休斯　善于在人们产生沟通、建立关系、去除障碍、尊重差异以及领会冲突的领域，设计并引导务虚会和专题讨论会。她与团队合作，致力于有效沟通、信任和高效合作等领域。丽萨在帮助他人通过团结合作达成个人和企业目标方面拥有超过 20 年的经验，在美国电话电报公司担当 14 年销售和培训管理职位。1994 年，她开始了促进训练，以提高新工作环境中的沟通和人际关系质量。丽萨拥有美国研究学士学位和组织管理硕士学位，并获得 EQ、MBTI、DISC 认证等。

丽萨·休斯

9190 Windsor Court

Loveland，OH 45140

（513）677.9448

邮箱：irhughes@fuse.net

网站：www.wiseheartswillingspirits.com；www.worklifeassoc.com

ATD 分会：辛辛那提

构思完美团队发展计划

完美团队的特征

基于这个环节讨论的所有特征，根据团队目标和期望成果列出最适合你们团队的特征。

1. ______________________________
2. ______________________________
3. ______________________________
4. ______________________________
5. ______________________________
6. ______________________________
7. ______________________________

请在每个特征旁添加你们团队在这方面的优势。

完美团队的发展机会

如果有的话，你们将采取何种措施使团队趋于完美？请罗列在下面。

1. ______________________________
2. ______________________________
3. ______________________________
4. ______________________________
5. ______________________________

你们将怎样、何时查看进展？请商定日期及步骤。

人员之间

加尔·牟特

概述

在这个充满活力、高水平的身体运动中，学员通过轮流带领其他小组成员，学习团队领导的真实课程和妨碍成员进入领导角色的原因。

目标

- 探究和讨论团队合作的深层和个人因素。
- 探究是什么让我们不愿意成为领导者。

学员

人数不限。

用时

20 分钟。

材料及设施

- 无。

场地

可让学员走来走去的开阔空间。

流程

1. 请所有学员起立并寻找搭档。如果学员人数是奇数，你可作为一个学员开始这个活动。若有桌椅，请学员把椅子向里推，并且移开地板上的任何物品以减少绊倒的危险。
2. 请双方面对面，伸展手臂，掌心对掌心，告诉他们这个姿势是此活动的“本垒”。
3. 确保大家理解此观点，请双方“背对背”，当说“本垒”时，他们需要转身面对搭档，伸展手臂，掌心对掌心。

4. 告知大家当说“人员之间”时，需更换搭档。如果可以，鼓励他们在连续指令中避免使用相同搭档。
5. 告知大家除了“本垒”和“人员之间”，你还会发出其他各种各样的指令。请他们尽可能听从你的指令并礼貌谦逊地执行。
6. 开始活动，发出第一组指令：“右脚相对、左膝相对、背对背、右肘相对、人员之间。”观察大家在寻找新搭档以免落单时的慌乱。
7. 发出第二组指令：“背对背、右手食指相对、左臀相对、本垒和人员之间。”
8. 这些指令结束之后，宣布活动将有个变化。注意：如果开始活动的学员人数是奇数，停止作为领导者。如果开始活动的学员人数是偶数，此时你仍将是领导者。本环节的目的是让其中一个学员落单，没有搭档。告知学员，在接下来一组指令中落单的学员，将成为新的领导者，并发出指令。
9. 发出新一组指令：“左手相对、背对背、人员之间。”告诉落单学员现在是新的领导者，可以出指令。提醒新的领导者可以选择任何时候发出“人员之间”的指令，他在该指令发出前会一直是领导者。
10. 请新的领导者发布新一组的指令。
11. 依照此流程，在 3～4 个人成为领导者后，停止活动。
12. 用类似以下问题总结活动：

- 当有人说“人员之间”时，你发现了什么？关于人们如何看待团队合作，这告诉我们什么信息？（人们相互需要；不希望被团体排斥或和团队分开；通常为彼此的成功而高兴，并欣赏共同的领导；对彼此和团队拥有热情和激情。）
- 大家似乎都在疯狂地寻找搭档，而避免处于领导位置。你认为原因是什么？（有些人不想成为关注焦点，有些人更喜欢跟随，有些人对完成他人的预期缺乏信心，有些人掌控太多。）
- 此活动的哪些经验可以应用于我们自己的团队？（致力于彼此的

成功，相互支持、包容，寻找什么是正确的，相互帮助以获得成功，当你的经验为大家所需时，不害怕成为领导。）

会员提示

- 保持有趣并且展示高昂的活力。
- 很重要的一点是，不要让此活动持续太长时间，否则大家很快会感到疲倦。
- 提醒大家，当指令发出时，请礼貌并且谦逊。
- 务必允许有任何身体缺陷的人选择退出。

加尔·牟特 为各类行业和组织设计并且实施激励学习班和培训课程超过20年。人们参加加尔的新课呈现或学习班时，通常都带着这样一个关键问题离开："她是从哪里得到那些活力的？"她的公司——加尔·牟特协会专注于高绩效工作文化、核心人际交往技巧训练和组织发展咨询。她的课程充满创新、活力，以学员为中心且有成效。她还是艾奥瓦州大学蒂皮商业学院的讲师、工商管理学硕士项目的专家和经理人。

加尔·牟特

1435 31st Street NE，Suite D

Cedar Rapids，IA 52402-4056

（319）364.2739

邮箱：gale.mote@galemoteassociates.com

网站：www.galemoteassociates.com

ATD 分会：艾奥瓦州

管子之梦

罗布·登顿

概述

在这个活动中，学员将设法阻止一个塑料管子“飘走”。这个活动旨在强调管理一个团队的技能以及迎接挑战和困难的新方法。

目标

- 探究团队对挫败挑战的反应。
- 探究明确团队合作观念的行为。

学员

10~30 个学员。

用时

20~40 分钟，取决于团队规模和讨论时长。

材料及设施

- 由 PVC 材料做成的管子，长度可供所有团队成员同时接触。

场地

可让学员面对面站成两排（间距 2 英尺）的开阔空间。

准备

购买几根长 3 英尺、直径 1 英寸的 PVC 管子，以及一些用于连接、延长管子的管箍和一些用于盖住管子两个末端的端盖。根据学员人数延长管子长度，管子长度为学员按要求站成一排时的首尾长度的一半。

流程

1. 告诉学员此活动是一个团队挑战。
2. 请学员面对面站成两排。请大家将手臂弯曲成 90 度，肘部在身侧，手指指向对面的人。学员交替伸出手指，这样相隔的手指都属于不同的人。

3．将 PVC 管子放在学员的手指上，并将手放在管子的一端，解释规则。告诉大家接下来活动的目标是不断降低高度，直到平稳地将管子放在地面。如果它翘起来的话，就需要重新开始。规则是所有人都要接触管子，并一起放下。
4．将手从管子上移开，并说："开始。"允许学员尝试多次。保证他们有时间提建议并且解决问题。
5．一旦你感觉会失败，就停止活动，并请大家回到座位上，用以下问题总结活动：

- 你遇到问题的第一反应是什么？
- 团队在应对此次挑战时表现怎样？
- 一个成功的团队需要什么技能？
- 提出了哪些创新的解决办法？效果如何？
- 旁观者能看到我们团队有哪些优势和劣势？
- 大家扮演的角色是什么？
- 作为团队的一个成员，你学到了什么？
- 谁表现得像个领导者？领导者替换过吗？为什么？
- 什么时候开始表现得像个团队？有什么标志？
- 工作中的哪些情况像今天的活动？
- 回到工作中，你将如何处理那些情况？

会员提示

- 管子似乎不受重力影响。原因（不要告诉别人）是所有人手指往上的压力汇集起来大于管子的重力。因此，团队尝试越多，管子越趋向于"飘"起来。
- 如果有太多人在行列中，你可以请一些人作为旁观者。
- 怀尔德多姆·施托雷允许我描述并且发表这个活动。

- 此活动和其他内容可从此链接获取：http://wilderdom.com/games/descriptions。

罗布·登顿 是森帕能源的学习与发展专家。他在组织发展和企业培训方面有超过15年的丰富经验，涉及各个领域。罗布拥有西雅图大学成人教育和培训的硕士学位。

罗布·登顿
森帕能源
1111 Louisiana Street
Houston，TX 77251
（832）494.7670
邮箱：rob.denton@centerpointenergy.com
网站：www.centerpointenergy.com
ATD 分会：休斯敦

团队正在思考

卡洛琳·尼尔森

概述

学员通过这个简单但有影响力的列表活动，发现积极追求目标和完成团队和组织计划的价值。

目标

- 鼓励团队成员在做的方面，要多思考，而不只是理解。
- 引导学员创造“正在进行时”的词语。

学员

任何规模的新团队。

用时

20~30 分钟，取决于团队规模。

材料及设施

- 给每个学员的铅笔和纸。
- 夹纸板和马克笔。

场地

让学员围坐在会议桌边，这样他们既有地方写字，又能看到彼此。将夹纸板放在大家都能看到的地方。

流程

1. 活动开始，在夹纸板上写下词语“正在思考”。
2. 询问大家：“词语‘思考’和‘正在思考’有什么不同？”当用一个动词的进行时态结尾时，关注持续过程。
3. 收集学员对于公司/组织需要改进的流程方面的想法，鼓励用“正在进行时”的词语回应。促进小组讨论。

4. 请一个自愿的团队成员在夹纸板上负责记录更激烈的讨论；引导学员在一定时间内交流意见，解决问题，运用更多资源或做出决定。鼓励学员做记录并且列出自己的清单。

会员提示

- 这是一个帮助新团队及团队成员在做的方面进行思考和计划的活动，当一起学习和工作的时候，让他们变得更主动而不是更被动。
- 鼓励学员列出就自己而言工作上特别重要和为团队做贡献的“正在进行时”词语清单。
- 继续活动，直到你确定学员意识到了“正在思考”的价值。
- 2002 年，ATD 在卡洛琳·尼尔森的《怎样开始一个培训项目》一书中发表了一个类似的清单。这是活动第一次作为培训活动发表。

卡洛琳·尼尔森 教育学博士，也是一名作家，著有超过 30 本培训书籍，包括精装本、平装本、自学和线上学习等形式。她的书籍被翻译成西班牙文、中文和阿拉伯文，在 30 个国家出售。她有 4 本书被列入亚马逊网站“50 本畅销培训书”。卡洛琳是贝尔实验室高级项目、标准、审计和检查小组的技术员；她还是燃烧工程公司的模拟训练经理。她的咨询工作服务于世界银行、美国国际开发署（埃及）和国家教育机构。她任职于哈佛商业评论顾问委员会。

卡洛琳·尼尔森，教育学博士

13415 Shaker Boulevard，9E3

Cleveland，OH 44120

（216）283. 0542

邮箱：carolyn_nilson@yahoo.com

ATD 分会：总部

建造桥梁

罗布・登顿

概述

在这个有创意并有趣的活动中，学员设计并建造一座工作桥，并且团队成员会将合作、智谋和在压力下工作作为功课带回家。

目标

- 讨论团队如何欢迎新成员及其对团队和新成员的影响。
- 探究在资源有限、团队成员有变动和时间有压力的情况下更好的团队合作方式。

学员

来自同一组织的任意人数，分成 6~8 人的小组。

用时

大约 60 分钟，取决于团队规模。

材料及设施

- 每组 4 个纸杯。
- 每组 4 个纸盘。
- 每组 1 把剪刀。
- 每组 1 卷遮盖胶带。
- 每组 6 张活动挂图纸。
- 1 个重量轻、可以滚过整个桥梁的球。
- 小奖品（可选）。

场地

房间里每个小组都有自己单独的桌子。

流程

1. 介绍这个活动，告诉大家将探讨各小组在工作中都会面临的问题。将学员分成每组 6~8 人。
2. 告诉各小组，他们的任务是建造一座横跨桌子的桥梁，离桌面至少 1 英尺高。此外，桥梁必须足够坚固，能够支撑在桥上滚动的球的重量。将材料放在桌面上。
3. 告诉学员他们分别有 10 分钟时间设计和建造桥梁，共 20 分钟。设计的时候，不可以接触材料。宣布开始设计并分段计时。
4. 10 分钟后，告诉学员有 10 分钟时间根据他们的设计建造桥梁。
5. 示意开始建造阶段。
6. 2 分钟后，停止进程，将 1 个学员从一个团队换至另一个团队。
7. 开始倒计时，每 2 或 3 分钟提醒大家剩余时间。
8. 10 分钟后宣布暂停，开始桥梁测试阶段。
9. 以让球滚动通过每个桥梁的方式，测试每个小组的桥梁结构，鼓励所有人为每个桥梁鼓掌表示支持。
10. 用以下问题总结活动：

- 当我将一个团队成员换至另一个不同团队时，你感觉怎样？
- 一个新加入的团队成员对桥梁建造有什么影响？
- 团队成员对新加入的成员反应如何？他们欢迎吗？
- 被换至另一个不同团队的成员感觉如何？
- 为使新成员快速融入团队并且鼓励他们参与到桥梁建造中，团队做了什么？
- 有多少团队询问过新成员的意见？是否有人意识到新成员在先前团队里建造桥梁，能将一些技能带给他们？
- 这个项目和你的工作相比怎么样？
  - 有限的资源？
  - 不确定的指令？
  - 新的团队成员？
  - 团队成员的减少？

— 时间压力？

- 回到工作中，你将怎样应用所学内容？

会员提示

- 如果你愿意的话，可以奖励成功的团队或第一个完成的团队，或者任何你想用的标准。
- 互动联合促进领导力项目允许我发表此活动。更多互动联合资源及信息可以通过此链接查找：www.interactionassociates.com/services/facilitatice-leadership。

罗布·登顿　是森帕能源的学习与发展专家。他在组织发展和企业培训方面有超过 15 年的丰富经验，涉及各个领域。罗布拥有西雅图大学成人教育和培训的硕士学位。

罗布·登顿

森帕能源

1111 Louisiana Street
Houston，TX 77251

（832）494.7670

邮箱：rob.denton@centerpointenergy.com

网站：www.centerpointenergy.com

ATD 分会：休斯敦

用意大利面和棉花糖进行规划

帕蒂·阿沃林

概述

这个以建造为基础的活动需要创造性思维来获得成功，这是关于团队动力和领导力的重要课程。

目标

- 体验团队动力的各种要素。
- 讨论战略规划对于最终结果的重要性和两者间的关系。

学员

25 个以上学员，分成 4~7 人的至少 2 个小组，他们一起合作或探究团队动力的不同方面。

用时

30~45 分钟。

材料及设施

- 每个小组 1 包普通规格的棉花糖。
- 1 包或 2 包超大号棉花糖。
- 每个小组 1 磅（1 磅约为 0.45 千克）未烹调的意大利面。
- 1 磅或 2 磅以上的意大利面。
- 每个团队 1 个盛食材的盘子。
- 每个团队 1 个便笺本。
- 每个团队 1 套马克笔。
- 卷尺。
- 100 个用于奖励的“大糖果”棒棒糖。

场地

每个小组一张桌子，桌面平坦且可水洗，桌子能自由移动。还需要一张大些的桌子，用于最终结果判定，最好能放在房间的中间或前方。

准备

为每个小组准备一个“建筑结构用钢板”，钢板上放置同样数量的棉花糖和干意大利面、1 个便笺本和 1 套马克笔。

流程

1. 介绍这个活动：“我们是来自不同团队的成员，活动旨在探究有助于创造杰出团队的动力。”注意：如果这个活动是在一个狭长房间的中间进行的，请学员移开他们的桌子。
2. 组织这个活动并且说明团队将为客户完成一个有潜在巨大利益回报的项目。用以下说明组织方式：“一个大客户邀请我们设计他们新的总部大楼。每个团队将设计一个建筑设计模型。”要求是：你只能用工作区的材料，完整的模型必须至少 20 英寸高，你必须能够移动模型到展示桌以便评判。最终，将从两个方面评判获胜模型：强度——以能被完整地移动到展示桌来证明；我所认为的美观和创新。获胜团队的每个成员将赢得 100 个“大糖果”棒棒糖。
3. 给每个小组分发建筑结构用钢板。
4. 告知团队将有 25 分钟的时间完成他们的建筑设计。说明各小组可以用马克笔和便笺纸为自己的团队起名，增强团队精神，也可以向你借用卷尺测量高度。除此之外，他们还可以要额外的意大利面和棉花糖。
5. 告知他们开始计时，并当剩余 10 分钟、5 分钟和 1 分钟的时候提醒大家。
6. 宣布暂停，请各小组将模型放到展示桌上。
7. 通过测量已完成作品，以美观和创新为裁定要点来评判最佳模型，如色彩鲜艳的棉花糖、报事贴标旗等。奖给获胜团队 100 个

"大糖果"棒棒糖，或者以其他形式奖励所有组的设计，如"最佳努力奖"、"最佳原创奖"或"最有趣团队奖"。

8．请所有人和自己的小组成员坐在一起。用以下问题总结活动。

团队动力的焦点问题

- 个人在团队中承担什么角色？谁是发起者？谁是支持者？谁是专家？是否有遗漏角色？
- 你通常会承担这些角色吗？为什么会？为什么不会？各个角色如何帮助或阻碍团队取得成绩？
- 什么能激发一个团队成功的动力？你是否完成了任务并且能够友好地开展合作？

计划的焦点问题

- 发生了什么？你们的流程是怎样的？
- 你对结果满意吗？如何会产生更好的结果？
- 你们花了多长时间确定谁有能力帮助你们？你们花了多长时间讨论策略？
- 计划与结果的关系是什么？
- 你在任务中承担何种责任？

总括问题

- 你做了什么特别的事情？
- 这个经历让你学到了什么？
- 你怎样将活动所学运用到工作中？

会员提示

- 一定提醒学员要在自己的工作区使用他们的物品从而不会泄露一些团队比较有创意的做法。例如，用便笺纸来增加旗帜的高度，用马克笔涂抹棉花糖使颜色更加鲜艳或用盘子增加稳定性。
- 建筑高度高于提供的意大利面的两倍即可。建筑至少要有两层，所以模型会不太稳定。

- 大多数小组会很快投入，然后停下来尝试“确定”他们之前可引发丰富讨论的决定。
- 大多数小组查看意大利面和棉花糖材料，并且开始组建一个类似老式积木的结构，以意大利面作为枝条、棉花糖作为连接物。这是一个很好的用来讨论以往经验（他们以往的做事方式）怎样妨碍我们成功的机会。问题是意大利面容易折断并且棉花糖很软。学员能很容易意识到这些问题，然后将一些意大利面放在一起，使“基座”变沉。因此，他们开始在外面增加支撑物，却使他们的第二层“基座”倒塌。
- 最好的解决方法是将意大利面捆成一大束，并且绑紧至 20 英寸高，将棉花糖放在底部，就像一个橡皮圈——是一个结实的结构而不是一个表面的框架。
- 一些小组从其他小组得来主意和材料。这就引发关于从外部小组学习及合作的讨论。
- 当一些小组中的人有更好的主意时，他们不说出来，或者他们让一些人主导这个过程。这就引发关于小组中有一名反对者和支持者的益处和不足的讨论。
- 一些小组捣碎棉花糖时很混乱，所以，要提前准备手纸、一个大垃圾桶和清洁桌面的物品。
- 我起初在一本关于沟通的教师指南中发现了类似的活动，但不记得是哪一本。我将其改编成一个有关团队建设和小组动力的活动，还设置了一些情景，并根据需要改变了规则。

帕蒂·阿沃林 是威斯康星州密尔沃基的一家中等规模保险公司的组织发展专家，专注于管理和领导力发展。她先后为投资公司的培训经理、继续教育的项目总监、社区领导项目的引导师和私立大学的助理教授。帕蒂原为 ATD 威斯康星州东南部分会主席，获得通信专业硕士、工商管理学硕士、高级人力资源专家和组织发展认证。

帕蒂·阿沃林

7514 W. Dakota Street

West Allis，WI 53219

（414）321. 4727 或（414）347. 6970

邮箱：patti.ulwelling@mgic.com

ATD 分会：威斯康星州东南部

吸管塔

黛博拉·科万·威尔逊

概述

在这个活动中，用塑料吸管建立高塔，并说明建立坚固的基础对成功的职业生涯和强大的团队的重要性。

目标

- 说明坚固基础对职业发展、领导力以及其他方面的发展的重要性。
- 说明执行任务（尤其是团队任务）前先计划的重要性。

学员

人数不限，每 3 人一组（若学员较多，如 75 人，可 5~7 人一组）。

用时

45 分钟，其中 15 分钟用于活动，30 分钟用于活动总结。

材料及设施

- 每个小组 40 ~ 50 支塑料吸管。
- 卷尺。

场地

每个团队需要一个平面用于搭建吸管塔，可用地板。

流程

1. 将团队分成 3 ~ 5 人的小组。
2. 分给每个小组 40 ~ 50 支塑料吸管，各小组的吸管数量相同。
3. 告知学员，他们的任务是在 15 分钟内建立最高的可独立支撑的塔。告知大家“独立支撑”的意思是此塔不需要依靠桌子或任何其他物体。

4. 说明他们只允许使用塑料吸管来搭建。他们可将吸管折成任何形状，但是不能使用剪刀、胶带、胶水或其他工具。强调搭建出最高且可独立支撑的塔的小组为获胜者。
5. 开始活动。15 分钟后，宣布停止比赛并测量各小组塔的高度，搭建出最高且可独立支撑的塔的小组获胜。
6. 总结活动：这在学习过程中是很重要的。使用类似以下的问题：

- 你对此塔的感觉如何？
- 你为何不能搭建出你期望高度的塔？
- 你们用了多长时间计划？这对结果有什么影响？
- 你做了哪些有助于成功的工作？
- 你自己学到了哪些？
- 下一次你将做什么来增加贡献？
- 你们搭建的塔的基础有多坚固？
- 你认为你们小组主要学到了什么？
- 你们小组下次将如何做得更好？
- 你可以将今日所学应用到哪些情况？

7. 以下面的话总结这个活动：主要收获是没有坚固的基础和附加支持，你不能完成一个成功的建筑。这个道理同样适用于职业生涯、成功的团队或成功的领导者（取决于你的主题）。另外，要认识到先做计划的重要性。大多数小组没有计划便迅速开始建造。

会员提示

- 很多小组急于开始建造最高塔，但未能计划如何完成任务。
- 很多小组未能建造一个拥有坚固基础和附加支持去支撑其高度的建筑。
- 很多小组未能发挥所有成员的优势。

黛博拉·科万·威尔逊　学习和绩效认证专家，是一个有超过 25 年经验的季度工作学习和绩效专家。她是威尔逊协会负责人。威尔逊协会是一个专注于组织效能、教练技术、导师制和培训的组织发展与培训公司。黛博拉在一所以研究型为主的大学任职业发展主任。她是一名 ATD 分会全国顾问、2011 ICE 项目顾问委员会成员之一、学习和绩效认证评论员及 2010 ICE 研讨会志愿协调员。在本地，黛博拉担任委员会主席和亚特兰大分会主席。

黛博拉·科万·威尔逊，学习和绩效认证专家

3640 Masters Road

Ellenwood，GA 30294

（404）667.4277

邮箱：wilsonassociates@mindspring.com

网站：www.waconsulting.net

ATD 分会：亚特兰大

呼啦圈竞赛

约瑟夫·桑切斯

概述

在此活动中，探讨信任和领导力。活动需要被蒙眼睛的小组成员小心翼翼地到达放置在地上的呼啦圈的中心，并且以身体方向变动最小或从其他小组成员处获得最小帮助捡起呼啦圈。

目标

- 建立团队并提升信任。
- 创造一个机会，讨论信任和领导力之间的关系。

学员

人数不限，4~6 人一组。

用时

40~60 分钟。

材料及设施

- 每个小组一个呼啦圈。
- 每个小组 2 条丝巾作为眼罩。
- 一些小礼物，给愿意被蒙眼睛的团队成员（可选）。

流程

1. 介绍该活动，强调在团队中建立信任是很重要的，并且沟通也是建立信任的一个重要元素。说明此活动提供了讨论这两个主题的机会。
2. 建立 4 ~ 6 人的小组，并且要求每个小组出 2 个学员自愿被蒙住眼睛。请这些志愿者离开教室几分钟。

3. 一旦志愿者离开教室，将 2 条丝巾给团队的其他成员。说明一旦志愿者回来，他们将首先被蒙住眼睛（请其他人在任务中协助志愿者）。说明一旦所有志愿者被蒙住眼睛，你将为每个小组在地上放置一个呼啦圈。请学员自愿或安排一些人充当各小组的目标观察员。
4. 说明任务是将每个小组的 2 个志愿者带到呼啦圈的中心，不告诉他们地上有一个呼啦圈。小组成员可指明方向，但不能接触，不能让被蒙眼睛的小组成员拉住带领他们到呼啦圈处。提醒学员不能说出“呼啦圈”这个词语。相反，团队成员只能用以下词语给予被蒙眼睛成员指示：左、右、转身、前、后和停。同时，提醒他们不能接触呼啦圈。但是，2 个被蒙眼睛的成员在活动时可以相互接触。
5. 最后，向学员说明，一旦他们将被蒙眼睛的成员带到呼啦圈中心，必须让他们在中心背对背。一旦这 2 人处于背对背的位置，团队就可以使用其他词语引导他们；但是他们仍然不能说“呼啦圈”这个词语。尽管有这些限制，团队必须引导被蒙眼睛成员的脚离开呼啦圈的时候不被绊倒。当团队成员完成这个任务时，活动结束。安全提示：未被蒙眼睛的成员必须充当安全监督员以防止被蒙眼睛的成员被绊倒或走向障碍物。他们可以使用词语：“停！”
6. 在告知所有指示，并且清楚说明后，请回在外面等候的志愿者。让他们回到团队中，继续活动。当所有的志愿者都被蒙住眼睛时，告知他们需要到一个专门的地点取一个物品，但是他们必须根据左、右、后、前、转身和停等指示完成这个任务。
7. 最重要的是，保证所有志愿者的安全，并且如果他们听到词语“停”，就停止所有活动。
8. 调动现场所有人的注意力，并且将呼啦圈放置在每个团队前 10 英尺的地板上。通过手势指定各小组呼啦圈的位置。
9. 当所有呼啦圈就位后，告知学员通过给被蒙眼睛成员指示开始活动。再一次提醒他们保证安全。

10．当所有团队的被蒙眼睛成员拿着呼啦圈站在呼啦圈当中时，大家为成功欢呼并且鼓掌，请志愿者拿去遮眼丝巾。

11．讨论所学到的和经验到的，建议用以下问题总结活动：

- 如果你在此活动中一直睁着眼睛，你将有何感想？
- 如果你的眼睛是被蒙住的，当你听到队员的指示时有何感想？（将此感想和了解新的工作、跟随新领导或在新团队中工作联系起来。）
- 给出指示的挑战是什么？（将此感想和新主管、新制度、自上而下的指示以及领导/团队风格联系起来。）
- 获得成功需要多大的信任？
- 信任和领导力之间的关系如何？
- 如何建立信任？领导者如何建立信任？
- 活动的一些方面与你的工作有什么关系？
- 你将如何应用所学到工作中？

12．再次给予志愿者掌声，并且给予他们奖品，感谢他们的协助使学习成为一段珍贵的经历。

⚠ 会员提示

- 记住不要和被蒙眼睛的学员提起呼啦圈，因此，不要在日程表上将此活动命名为“呼啦圈”，确保学员进入教室的时候看不到呼啦圈。
- 一旦两个人进入一个呼啦圈，他们可以相互平衡和支持。
- 为抓起呼啦圈，他们可以把一只脚放到下面，然后抬起（伸直）他们的腿，这样呼啦圈就被抬到了能被抓住的高度。另外一种抓起呼啦圈的方法是请一个队员站在呼啦圈上，轻轻施压，此动作能使呼啦圈弹开地面，使另一个人能够用脚抓住它。

约瑟夫·桑切斯　从 2005 年 1 月起在路易斯安那州什里夫波特的生命分享血液中心担任教育和培训总监。加入生命分享中心之前，约瑟夫在美国空军任职 30 年。约瑟夫是什里夫波特当地 ATD 分会的前主席，现在仍继续参加当地的社区和商业活动。他毕业于路易斯安那技术大学，拥有工业和组织心理学及心理咨询和引导两个学位。

约瑟夫·桑切斯

生命分享血液中心教育和培训总监

8910 Linwood Avenue

Shreveport，LA 71106-6508

（318）222. 7770 或（318）673. 1543

邮箱：jsachez@lifeshare.org

ATD 分会：路易斯安那州北部

从展望到实现

珍妮·贝尔

概述

让由一根绳子相连、被蒙住眼睛的学员，通过练习高效成功团队必不可少的协助及合作技能，想出如何形成一个正方形。

目标

- 说明成就始于清晰的展望。
- 内化关于成功的团队合作方面的课程。

学员

14~40 人。如果人数超过 26 人，则分成 2 个竞争小组。

用时

30~40 分钟，包含 20 分钟的活动总结。

材料及设施

- 每个学员一个眼罩。
- 一根绳子，长度够每个学员持 3 英尺长。例如，14 个学员需要绳子长 42 ~ 45 英尺。(如果团队人数多，需要为每个小组准备一根绳子。)
- 每个学员一份活动总结材料。
- 为所有学员准备铅笔或钢笔。

场地

如果人数很多，使用绳子很长，那么这个活动需要很大的场地。空间必须够将每根绳子在房间里放置成一条线，这样小组成员可以在绳子的一边排成一行，在 2 个方向有足够的空间形成正方形。如果有 2 个小组，他们之间必须有一定距离，以便被蒙眼睛的成员不会在活动时跑到对方区域。

如果天气好并且有平地，不妨在户外引导活动。

流程

1. 活动开始前，将绳子在地面上放置成一条直线。
2. 请学员在绳子一侧排成一行，然后给每个学员一个眼罩，指导他们戴上眼罩。一旦每个人戴上眼罩，就指导他们小心弯腰并拿起绳子。
3. 说明他们的目标是所有成员通过绳子联系在一起，形成一个正方形。提醒他们，实现目标的首要步骤是形成统一意见和展望结果。“谁都能画一个正方形，这很容易！”但是，行动时蒙着眼睛将增加挑战的难度。说明：“当小组达成一致，已经形成一个正方形时，小心弯腰将绳子放置在地面，然后拿掉眼罩去看你们实际形成的形状。”给他们 10 ~ 15 分钟时间去完成这个活动。
4. 一旦小组开始活动，尽量不要给出任何评论或暗示。注意保证学员的安全，保证学员不会走向障碍物。一旦小组完成活动，就对他们的良好表现给予掌声。
5. 请他们回到座位上，并且开始活动总结。给予每人一份活动总结材料和一支钢笔或铅笔。建议小组独自思考和记录活动进行时的情况，并回答问题。给予 5 分钟时间，然后用这些问题引导小组讨论。

- 发生了什么？为什么？
- 当你与同事试图一起实现某个目标时，这个活动哪些地方与“现实生活”相似？
- 什么有助于你们成功？
- 你和他人的哪些行为妨碍了成功？
- 活动中你经历了哪些“惊喜”？
- 你希望如何将活动带给你的领悟应用于工作中？
- 你希望开始做什么、不再做什么或继续做什么？

会员提示

- 学员通过此次活动经历并了解了团队合作的一些要素：
  - 他们必须调整沟通方式来适应环境。例如，当没人能判断声音来源于何处时，只喊出“我在这里”是不够的。
  - 为实现宏伟目标，每个人必须承诺且全力以赴。当有人“撤退”并随意站在某个地方时，这个团队是无法形成想要完成的正方形的。
  - 为实现目标，接受新颖、创造性的意见是明智的，并且不是每个人都能立刻说出来（或听到）的。
  - 只要条件允许，杰出的领导者能出现在任何地方。蒙眼睛是一种很好的对准活动区域的方式，经常是并非定好的领导者突然建议：“嘿，我知道了，让我们报数，并且分成 4 部分。这是每边的人数！”
  - 每个团队努力时，成员之间都会有矛盾，有些人想“完事”，有些人想“处理好”，有些人总说“好了”并且将绳子放在地上，但有些人想继续这个任务。团队成员必须愿意妥协并协商这些意见。
- 有两种情况时，可允许一个学员观察活动，而不是参与活动。
  - 如果一个学员对蒙眼睛感到非常焦虑。
  - 如果学员人数很容易被分成 4 部分。例如，如果有 16 个或 20 个学员，这个任务就不是一个激发洞察力的挑战。但是，如果让一个学员“帮助大家保证安全”，15 人或 19 人将在活动中具挑战性。
- 此活动包含关于聆听、用新的方式沟通、协商、共同理解并达成一致、听取他人的建议、实现目标时成为一个积极的学员，甚至更多内容的课程。
- 如果学员超过 26 个，形成两队，并请他们“比赛看哪队能形成更规范的正方形”。当第一个小组完成时，请学员摘掉眼罩，看看他们形成的正方形，请他们静静地和你一起观察第二个小组。在进行活动总结的时候，他们的观察能够引发额外的洞察力。

- 如果一个小组快要完成，就使之成为一个更具挑战性活动。靠近小组，并声称："抱歉，缇娜被安排去另外一个项目，你们需要在她离开后完成这个正方形。"这个逼真的事件会给这个小组带来更大挑战并给活动总结阶段带来更多的可谈内容。你还可在活动中给团队增加（或代替）一个新成员。在没有新成员加入、他们已经工作很好的情况下，这将显示团队成员如何欢迎或接纳一个新成员。
- 人较多时使用游戏，少于 13 人会使活动太容易领悟。
- 我听说这个活动 1992 年就被使用过。它将是永远被使用的"经典"之一。在活动中增加或减少成员的选项是我的主意，当然，其他人或许也有类似想法。我希望知道并感谢首次创造这个活动的人。

珍妮·贝尔　是创意培训解决方案（Creative Training Solutions）的总裁，创意培训解决方案是一家行业前沿公司，旨在帮助团队和个人提高关键人际交往能力、领导才能、售后服务、行销演讲和团队建设等。珍妮是一位知名作家，她的咨询和培训设计被麦格劳希尔、哈佛商学院、ATD、菲弗等出版社出版的 18 本书引用。她的故事曾被《美国投资者商业日报》引述。她为《完全商务》和其他杂志撰写了超过 200 篇"管理才智"文章。她 1987 年加入 ATD，并由于工作中出色的领导才能，多次荣获地区和国家奖项。

珍妮·贝尔

1649 South 21st Street

Lincoln，NE 68502

（402）475.1127

邮箱：jbaer@cts-online.net

网站：www.cts-online.net

ATD 分会：林肯市

总结问题

思考刚刚所发生的，简单写下对以下问题的一些思考。

- 发生了什么？为什么？
- 当你和同事试图一同实现某个目标时，这个活动哪些地方与“现实生活”相似？
- 什么有助于你们成功？
- 你和他人的哪些行为妨碍了成功？
- 活动中你经历了哪些“惊喜”？
- 你希望如何将活动带给你的领悟应用于工作中？
- 你希望开始做什么？
- 你想要不再做什么？
- 你会继续做什么？

用脚思考

莎伦·德拉

概述

学员需要利用他们所有的“资源”和战略思考技巧来赢得一个真实的平衡游戏竞赛。

目标

- 了解关键思考的重要性和在解决问题时的作用。
- 了解怎样将一群多样的个体打造成有凝聚力、以结果为导向的团队。

学员

15~60 个学员，2~4 个小组，每小组不超过 15 人。

用时

60~90 分钟。

材料及设施

- 将 2 英尺×4 英尺的木板切成 12 英寸长的木块（宽度根据人数确定），每个小组 15 人，每人一块。
- 停表。
- 4 个塑料锥形标（2 个锥形标表示起点线，2 个锥形标表示终点线）。
- 每个团队 3 条丝巾（可选）。

场地

这个活动在室内或室外都可以进行。留出 40 英尺×50 英尺或更大的开阔空间。将起点锥形标放在离学员足够远的地方。终点锥形标可根据小组规模、小组表现和场地面积，放在离起点 10～50 英尺的任何位置。例如，对于 5～10 人的小组，你可以将终点锥形标放置在离起点 20～30

英尺的位置。而对于 10～15 人较大的团队，可将终点锥形标放置在离起点 30～50 英尺的位置。引导师根据小组规模（有足够大场地）、小组表现（小组费力时将锥形标放近些，小组敏捷时将锥形标放远些），和场地大小（或许会被障碍物限制），可将“终点线”锥形标放置于任何地方。

“终点线”锥形标可在活动之前或在活动中放置。如果在活动之前，引导师将锥形标放置在选定位置。如果在活动中，引导师要说明“终点线”此时是未确定的，随后会选定一个位置放置锥形标。

注意：无论你是在室内还是室外引导这个活动，场地必须是开阔且没有障碍物的。

流程

1. 将木板堆放在各小组起点线前面，每个小组成员都需要有一块木板。根据学员人数，将学员平均分成 2～4 个小组。
2. 说明目标是在遵守规则或不遗漏任何小组成员的情况下，团队成员一起成功穿越终点线。
3. 说明活动规则，然后回答相关问题：

- 这是一个限时活动，各小组有 45 分钟时间完成这个活动：5 分钟制订行动计划，40 分钟执行计划。为获得成功，所有小组成员必须在 40 分钟内跨过终点线。
- 大家必须合作形成一个整体，利用他们的“资源”（木头）一起穿过空旷区域跨过终点线。告知小组成员：“木板代表‘资源’。你必须保护好你的‘资源’，否则将失去它。”
- 一旦跨过起点线，个人不能离开他们的木板直到他们穿过终点线。一旦有人离开或跌落木板，并且脚接触到地面，此人犯规，需（带着木板）返回起点线。
- 安全是最重要的。脚在木板上，不允许爬或背。告知大家不安全的行为会使学员失去比赛资格。
- 你是裁判员，判定犯规，并在必要时取消犯规成员比赛资格。告知大家你可能会插入障碍物，模拟工作中所遇到的困难，来确保此活动更逼真。

4．请各小组分发木板，每个小组成员一块。

5．宣布为他们的战略规划阶段开始计时。

6．允许 5 分钟的时间用于战略规划，到点宣布暂停。

7．宣布开始，并开始计时。

8．允许 40 分钟的时间完成任务。到点宣布暂停。

9．用类似以下的问题引导大范围的讨论：

- 对此活动你有何感想？
- 你的团队有战略吗？如果有，是什么类型的战略规划？如果没有，为什么？
- 你如何辨别创造性和关键性思考？
- 创造性和关键性思考对于解决问题有何重要性？
- 在战略规划阶段你观察到了什么？
- 在执行活动阶段你观察到了什么？
- 此活动与在工作中完成一个项目有什么类似的地方？
- 哪些方面能帮助你们建立团队？
- 要实现目标，什么是最重要的？
- 你可以做什么来增强你的团队？
- 通过参与这个活动你学到了什么？你将如何将其带到工作中？

会员提示

- 在活动开始时可以不必确定具体的终点线。指出很多组织在项目开始时并没有“最终设想”，需要随时调整。如果被问起，从起点线指向外面并声明：“终点线在外面的某个地方。”一旦活动开始，你可以将塑料锥形标放在你想设置终点线的地方。
- 你可以在活动的任何时候移动终点线。声明：“在组织中，项目时间表经常变化。这是你们的新时间表/目标/终点线。”移动终点线让你有掌控活动空间的灵活性。例如，如果一个团队移动较快，没有犯规或取消比赛资格，终点线可以移到较远的地方。如果一个团队有人犯规并且取消比赛资格，终点线可以移到较近的地方。

- 为改变团队的动态并且增强所学，你可以为活动创造并且增加障碍物。增加障碍物的缘由可与任何工业步骤或工序有关。障碍物举例如下：
- （用丝巾）遮住一个（些）人的眼睛几分钟代表失去控制、缺乏沟通、不在现场、离开办公室、在午餐/休息、在参加会议、从项目中离开、工伤、裁员或其他。
- 让某人停止说话几分钟代表缺乏沟通、员工从项目中被排除、员工生病或错过截止日期。
- 没收/移开任何被丢弃的/无人看管的木板代表失去资源、缩减预算或缩减时间。注意，无人看管的木板是说没有人站在上面或碰到它。其中一条规则是："木板代表你的资源，你必须保护好你的资源，否则将失去它。"这是为什么他们会失去。观察合适机会没收或移开任何木板。
- 取消任何有不安全行为成员的资格。成员带着他的资源离开团队。
- 这个活动使所有的学员紧密合作与沟通，表现出思考技能以适应任何障碍出现的情况，定义领导力角色及领导者们为了威信和控制权如何使成员们紧密强力合作。

莎伦·德拉　学习和绩效认证专家，在需求评估、人力绩效、流程提升和组织发展领域有超过17年的工作经验，她的广泛的经验是通过在零售业、金融业、医疗保健、政府、制造业、酒店业和旅游行业的运营、商务管理、客户服务、销售、沟通、市场、接班人计划、领导力、教练和培训工作中获得的。莎伦是前进集团股份有限公司（Proficience Group Inc.）的所有者和首席执行官，该公司与其他组织合作，致力于辨识不良绩效的根本原因并且确定最好的解决或干预方案以消除绩效差距，用一双犀利的眼睛来揭示可能的盲点。莎伦目前服务于国家ATD分会认证委

员会。她拥有达拉斯大学的工商管理学硕士学位。

莎伦·德拉，学习和绩效认证专家

8948 Random Road

Fort Worth，TX 76179

（817）236.7594

邮箱：sdera@charter.net

网站：www.proficiencegroup.com

ATD分会：沃思堡

第 8 章

领导力：什么造就了领导者

近几年来，企业在发展领导力方面的投资增幅大大高于对其他类型人员的发展项目。这并不令人惊讶，因为对于任何一个企业来讲，最有价值的投资就是培养未来的领导者。这项重要工作可以使领导者拥有达成组织战略、带领组织文化走向成熟以及鼓舞员工士气的能力。

在美国，诞生于第二次世界大战后的“婴儿潮”的劳动力即将大批离开劳动力市场，在未来的 6 年中，很多组织将面临失去 30%~50%的关键岗位领导者的情况。遗憾的是，许多组织却疏于培养那些可以接替现任领导人的新领导者。与此同时，组织对新领导者的领导力技能不断提高要求。高管岗位更具挑战性，并需要有更为广泛的工作经验，他们需要满足的胜任力模型的条目也越来越多。

除了拥有一些通常意义上的领导力技能之外，新生代领导者还需要具备一系列先进的新技能。例如，他需要是一个富有远见的联盟创立者，具有跨国际文化的灵活性，快速学习和运用的能力，极富创造力，可适应变革，自身也具有弹性，雄心勃勃，能很快意识到客户需求的变化，能对运营做出及时调整，并在各方面都能迅速做出成果。

时代对于领导者能力的要求，表明每一个具有前瞻性的培训师都必须应对领导力挑战。可以尝试问自己以下的问题：我是否在为组织培养新一代的领导？我们的组织需要哪些技能？我是否准备为未来领导者传递胜任其岗位所需的知识和技能？

通往成功领导者的道路很漫长，各种难关潜藏其中，而且还可能会将人带入一些死胡同。这一章涉及的主题包括战略性思维、设定目标、建立信任、阐明价值、建立愿景和注重道德等。以上主题的学习会帮助未来领导者在通向成功领导者之路上走得更加顺畅。

本章节所介绍的所有活动对于领导者而言都是训练和改善其决策判断能力的好机会。第一个活动——“领导力大辩论”由丽莎・莱克提供，主要讲述批判性思考对于领导者的重要性。由芭芭拉・克罗克特提供的“有目标，大不同”，简短却富有深意。她介绍了一种有效的经验式学习活动，来向领导者展示设定一个可衡量的具体目标的重要性。来自荷兰的梅尔・施纳佩尔介绍了“创建可视化形象”这个在全球都被广泛使用的活动。“提问的力量”是丽莎・莱克为本章带来的第二个活动，它阐述了如何向你的领导展示“提出问题”的重要性。辛迪・菲利普斯则提供了一个关于信任的活动。

本章最后的两个活动，都在试图阐释一个领导者是如何基于自己的道德观和价值观做出决策的。这两个活动都令人兴奋，也都需要搭配一个比较耗时的调查。尽管活动耗时将近两个小时，但是这样的活动是值得去做的。杰夫・福曼首先介绍了伦理学家兰迪・寇恩，并且引用了他在《纽约时报》上的专栏“伦理学家”。来自阿布扎比的学习专家普塞瑟斯・马德哈万和叶赫亚・马尔祖基的活动展示了基于个体价值观做出决策的困难。

领导力发展项目是否已经在你的工作计划中？本章的活动一定会对你开展此项工作有所帮助。

领导力大辩论

丽莎·莱克

概述

在这个活动中，领导者们通过一种传统的辩论模式去体会和了解批判性思考，以及如何看待一个问题的正反两面。这一点对于领导者和高潜个体来说都是非常重要的。

目标

- 增强领导者的批判性思考能力。
- 练习考虑不同的观点的能力。
- 学习做出综合性决策。

学员

6~12 人的领导队伍，其余学员为两队的教练。

用时

45~55 分钟。

材料及设施

- 挂纸白板和大白纸。
- 马克笔。

场地

允许两队人员面对面舒适就座的空间即可。

流程

1．让学员提出一个实际工作中存在的、影响组织业绩的问题，例如：

- 公司对临时员工和正式员工不公平的福利待遇；
- 领导对于某些员工的偏私；

- 员工对公司领导是否信任；
- 过多的会议影响领导者与员工交流的时间和工作任务的完成；
- 组织缺乏信息传递的一致性。

2. 描述活动目的，说明学员在活动中可以练习领导力的多个方面，包括做出综合性决策、批判性思考以及与他们所选择的辩论话题密切相关的其他方面的能力。
3. 由你或学员选择辩论话题。在大白纸上写出这个话题，放在大家都可以看到的地方。
4. 将学员随机分为人数相等的两个小组，并把椅子摆成面对面的两列。也可以在两队中间放一张桌子（可选）。
5. 学员落座后，指定一组发表赞同辩题的观点，另一组发表反对的观点。
6. 介绍规则：

- 所有学员从正反两面就选定的辩论话题展开辩论，例如，这个话题涉及的情况是否存在，或者是否值得为获此利益而承担一些风险。
- 每个组一次只能发表一个观点。在其中一组发表观点后，对方可以反驳该观点，也可以提出支持自身论点的新观点。
- 各组的成员必须保持自己的立场，并且提出尽可能确凿的论据来支持自己的论点。
- 不必反驳对方提出的每个观点，而是要挑选主要争论点进行反驳。指出对方观点和示例中的缺陷，说明为什么自己的观点更合理。
- 双方的所有成员必须都参与其中。无须有人主导此次辩论，大家最好相互鼓励进行发言。

7. 请其中一方开始发言。讨论通常设为 8~10 分钟，约定时间到时停止讨论。
8. 参加成员互换角色，这样，原来发表正面观点的一队发表反面观点，原来持反面观点的一队提出正面的观点。
9. 重启辩论，持续约 5 分钟。

10．结束辩论并提出以下问题，让参加成员分享体验：

- 辩论问题的两方面时你感受如何？
- 哪个论点可被轻而易举地论证？
- 哪个论点难以被论证？
- 当你被要求必须从两方面思考问题时，会有何收获？
- 作为一个领导，考虑问题的正反两个方面有何价值？
- 做出综合判断需要哪些技能？在做出综合判断时，你认为会有哪些风险、影响或利益？
- 此类活动如何帮助你成为更出色的战略思考者，或者做出更明智的决策？
- 为什么对于领导者来说批判性思考是至关重要的技能？
- 在工作中如何继续练习我们今天所训练的技能？
- 参加此次活动后，你在未来工作中会有哪些转变？

11．阐明活动要义：作为一个具有战略眼光的领导，必须从多个角度对问题进行考虑，采纳尽可能广泛的观点，并基于此来做出决策。

会员提示

- 我已经使用这个活动多年，如果学员为得出一个观点费尽周折，作为主持人，你不要让他们轻易放弃，要让他们感到自己即将出炉的观点是备受期待的，他们应该努力表达出来。
- 很多学员告诉我，这种形式的辩论会让他们获得关于所辩论话题的顿悟。

丽莎·莱克　有超过 20 年的成人培训与发展领域的经验。她作为教学设计者和引导者，对领导力技能、团队发展、人际关系和行为方式训练、培训培训师以及沟通、辅导、展示和引导等技巧方面都有所涉猎。

丽莎为《财富》世界 500 强公司以及一些中小规模公司等提供咨询服务。她曾设计和带领过领导力和员工发展计划，通过改善团队绩效和渗透企业文化等方面的努力，提升整个组织的业绩。

丽莎·莱克

853 West Oak Street

Zionsville，IN 46077

（317）727.6520

邮箱：tailoredtraining@earthlink.net；lisar@etindy.com

网站：www.etidy.com

ATD 分会：印第安纳州中部

有目标，大不同

芭芭拉·克罗克特

概述

将参与活动的领导者们分为几组，有些组的任务可以轻而易举完成，有些则让人感到困难重重，产生区别的原因是任务说明不同。通过这样的活动，使学员认识到设定目标的重要性。

目标

- 说明一个可衡量的具体目标的益处。
- 探讨领导者设定具体目标的重要性。
- 在小组竞争中获得乐趣。

学员

分为 3 组，每组 5~10 人。如果学员人数大于 30 人，分为 6 组，并将活动材料加倍。

用时

20 分钟。

材料及设施

- 按以下指示准备 3 张纸，每张纸上写一个问题。
- 为每个组准备一些铅笔或钢笔。

场地

有比较宽敞的场地供 3 组分别讨论，并且各组听不到别组的讨论。

准备

在 3 张纸上分别写上以下活动操作指南：

纸张 1，列出尽可能多的激励方法。

纸张 2，在 10 分钟内列出尽可能多的激励方法。

纸张 3，10 分钟内列出 50 种激励方法。

将张纸对折，并分别标上任务号 1、2、3。

流程

1．以这样的话开始活动：“接下来将进行一个比赛，首先大家从一到三报数，根据报数把大家分为 3 组。”

2．为每组指定一个位置并让他们就位，接下来可以说：“每个组会有一张纸，上面有你们组的任务。稍后我将把纸发到每个组，你们可以看纸上的任务要求，可以在小组内部分享，但是不要把任务大声读出来。只可在小组内部进行讨论，不要让其他组知道你们的任务和想法。”告知所有学员他们有 10 分钟时间来完成纸上所列的任务。

3．学员开始进行任务，并计时。

4．10 分钟后报时，让每组指出纸上岁列的方法的数量，第一组和第二组通常数量差不多，而第三组会在比赛中取胜。

5．从第一组起，让每个小组派代表大声朗读他们的任务，并看每组都列出了多少条答案。

6．通过以下的讨论总结活动：

- 哪些人对你们完成的不同任务感到惊讶？为什么惊讶？
- 这三个任务有什么区别？
- 任务表述不同如何影响任务的结果？
- 你们觉得什么是本组赢得比赛的标准？

注：第三组的成员活动全程都在用是否达到 50 个这一目标来做衡量。

- 根据比赛结果，你们能得出怎样的推论？
- 关于设定目标，你们对领导者有什么建议？
- 如何在你们的工作和生活中应用这个活动带来的启发？

会员提示

- 我曾经尝试过该活动的多种变形，例如，将第三组的目标设定为100个而不是50个，但是100个是不可能达成的。我还尝试过把活动时间由10分钟改为5分钟，但是发现10分钟时活动效果最好。
- 我曾在不同的团队中完成8~10次这个活动，每次结果都是相似的。
- 这个活动非常好地阐释了目标制定的“SMART”原则。限定了时间的第二组的结果与第一组没有太大差别，但是设定“50个”具体目标的第三组和前两组的结果明显不同。第一组和第二组在整个活动中甚至都没有去数已经写出了多少个，直到活动最后要求做时才数。

芭芭拉·克罗克特 是一名独立顾问。她专注于通过设计和交付培训解决方案，来帮助个人提升业务能力和领导力。她同时是玛丽维尔大学商学院的助教。她的“学习观”是“使之激活”，以及“如何将所学内容运用到个人的工作和生活中。”

芭芭拉·克罗克特

9857 Berwick Drive

St Louis，MO 63123

（314）313. 8575

邮箱：barb0730@gmail.com

ATD 分会：圣路易斯大都会

创建可视化形象

梅尔 · 施纳佩尔

概述

学员在活动中需要施展自己的绘画才能来画一幅画，表现一个有更强大功能的、更紧密联系的团队、部门或集团。

目标

- 为团队合作机制创建可视化形象。
- 识别让组织在未来发挥更好效用的途径。
- 探讨领导建立愿景的最佳实践。

学员

来自同一工作团队的 20 名以内学员。

用时

半小时到一小时之间，取决于讨论的时长。

材料及设施

- 为每组准备挂纸白板和大白纸。
- 每组一套彩色马克笔。
- 彩色蜡笔（可选）。
- 胶带。

场地

桌子的摆放方便以小组形式活动。

流程

1. 问学员这样一个问题："大家对于你们所在的工作团队的运作是否有一个形象化的表征？"这个活动中大家将有机会创建这个图

像并分享自己的观点。让学员每 4~5 人为一组（将较大的工作组分成小组），然后给每个小组分配一个挂纸白板、一张大白纸和一套马克笔。

2. 让学员们用马克笔（和蜡笔）在大白纸上作画，不能包含文字或数字。让一半的小组描绘工作团队当前的运作状况，而另一半的小组描绘希望工作团队在未来怎样发挥效用。告知画作需要在 20 分钟内完成。
3. 时间结束后，让每个小组选择一个组员展示和讲解他们的画作。
4. 让描绘工作团队当前运作状况的小组先讲，把所有的画作在墙上挂成一排，每组讲完之后为他们鼓掌。
5. 接下来让描绘工作团队未来工作状态的小组讲，同样将他们的画作在墙上挂成一排，讲完之后为他们鼓掌。
6. 可以采用下面的一些问题来组织大家对画作进行讨论：

- 你们一起工作时会发生什么样的状况？氛围如何？
- 通过这个活动，你们对自己以及所在的团队有哪些了解？
- 画作和日常发生的事情有什么关联？
- 画作描绘的当前工作状态和期望的未来工作状态有何区别？
- 如果希望团队的工作状态向着期望的方向发展，你们该做些什么？
- 关于将团队状况具象化，这个活动告诉了你什么？
- 作为一个领导者，如何将概念进行可视化操作？
- 你会给将团队状态“形象化”的领导者哪些意见和建议？
- 如何确保大家能为整个工作团队朝期望的方向发展而做出改变？

7. 总结活动，让所有小组一起讨论未来改进的行动计划。

⚠ 会员提示

- 你可能希望有一个观察员来查看每个小组是如何完成他们的任务的，可以在总结过程中分享这些观察到的情况。
- 活动时间的控制可以灵活一些，并且允许讨论的方向偏离你的预期。

- 这个活动我在包括尼日利亚、印度尼西亚和中国等国家都使用过，都产生了非常好的效果。

梅尔·施纳佩尔　是美国华盛顿人。他是一名国际咨询顾问，目前在莱索托王国工作。他曾经在 20 多个国家从事组织发展、业务流程分析、团队建设等方面的传统人力资源工作。梅尔近期出版了一本关于绩效指标的书——《改善绩效结果——基于价值的评价》(*Value-Based Metrics for Improving Result*)。书中提及了一种可以衡量所有绩效的方法，即便别人甚至同事认为这是“根本无法衡量”的工作。他在美国有非常丰富的工作经验，曾服务于桂格公司、芝加哥期权交易所、美国电话电报公司和美国运通。尽管他也非常喜欢异国风情，但还是非常怀念华盛顿，每年都会回去两次。

梅尔·施纳佩尔
Meidoornplein 18，1112 EK
Diemen，Holland
电话：31-2040205851
邮箱：mel@schnapper.com
网站：www.schnapper.com
ATD 分会：华盛顿特区

提问的力量

丽莎·莱克

概述

学员通过角色扮演的形式，在领导者和下属间切换，从而体会“提问”的价值，以及如何恰当使用“提问”和“告知”这两种领导方式。

目标

- 改善领导者的倾听和理解能力。
- 探讨如何让领导者从更多提问中获益。

学员

2~20 个领导者。

用时

30 分钟或更长。

材料及设施

- 挂纸白板、白纸。
- 马克笔。

场地

每个小组都能有相对独立的区域的空间。

流程

1. 让学员们举一些领导者与下属讨论的话题，如绩效或工作态度的探讨等。并让他们将建议的话题写在大白纸上。
2. 将所有人分成 4~5 人的小组。令每组指定一名领导者和一名下属，其他组员则为观察员。领导者和下属要从大家建议的话题中选择一个并展开讨论。整个讨论过程中，领导者只能提问。而且领导者需确保整个互动过程中，下属回答问题与他提出下一个问题之间不会有超过 10~15 秒的停顿。可以这样说：“给一点提示，领导者要专心听下属在讲什么，你的每一个问题都要基于下属的回应，这样才能推进对话。”

3. 告诉观察员，他们的任务是确保领导只是在提问。如果领导者“卡壳”了，即没有在提问，或者提问时犹豫超过 15 秒，其中一个观察员可以主动为领导者贡献一个问题，或者替换成为下一个领导者。每一个观察员都要集中精力关注领导者和下属的对话，并根据听到的回应随时准备提出问题，观察员也可以举荐下一位担任领导者角色的组员。告知所有人第一轮互动约 5 分钟，选好话题后就可以正式开始。
4. 开始为活动计时。
5. 5 分钟后报时，并让每个小组换一个话题，领导者和下属也互换角色。告诉他们可以从建议的话题中选取任意一个来讨论。提示大家，每个人都应该有机会做领导者，并且持续 3~4 分钟后再交换角色。
6. 在活动过程中，你可以四处走动，听听他们的讨论。如果有小组在互动过程中卡住了，或者不知道该问什么，指导他们问一些宽泛的开放式问题，例如：

- 还有什么导致了这个情况发生？
- 关于这件事是怎么发生的，你还有什么要告诉我？
- 你还做了哪些尝试？
- 你接下来还可以尝试做些什么？
- 是什么阻碍了你的发展进步？

提醒学员，提出开放式问题可让领导者对相关情况更加了解，还可以收集大家的想法以确定下一个问题。

7. 当小组中每个成员都扮演过领导者角色后，让大家停止这个活动。
8. 让所有学员都回到自己的座位，用如下问题来总结活动、分享体验：

- 当你只能发问时，那是一种怎样的感受？

- 你是否觉察到你的提问方式属于以下哪类？例如，“你是否尝试过……”这样的诱导式问题，或者“你的见解对于改善这种情况有何帮助”这样的开放式问题，还是一些只能用“是”或“否”回答的封闭式问题。
- 作为一个领导者，如何才能驾轻就熟地使用不同类型的问题？
- 你本身的领导风格倾向哪一种：告知多一些，还是提问多一些？
- 作为一个领导者，你在工作中会基于本次活动做出哪些调整？

9. 强调领导者也是需要发展下属的人力资源管理者。应当意识到，提问的方式可以使下属参与讨论，并且可以引发其思考，带来其能力的发展，并解决问题。指出只有下属有发言权时，才会更愿意接纳和认同领导者期望他们做的事。同时强调要正确地使用“告知”和“提问”两种沟通方式。（绝大多数的领导倾向于告知，这意味着他们失去了一些让其下属通过自我发展、自我辅导实现进步的机会。）

会员提示

- 是“提出更多的问题”，还是“直接告诉下属答案”？最主要的考虑因素是你是否有足够的时间。采用提问的方式可能耗时较长，但其实时间的投入是值得的。以下是关于这个问题想和大家分享的几点：
- 当领导者角色被接替时，只有 10~15 秒，这个变化使他们了解到运用提问也可以很高效。
- 在短期内，互动的形式可能比较浪费时间，但是从长远来看，最初对于时间的投资是有丰厚回报的。下属必须很快地给出答案或想法，这是他们进行自我辅导很好的练习。最终，他们就可以不用领导的帮助而实现自我辅导。
- 活动不是建议领导者只使用提问的方式，而是希望领导者能够比现在多探索和采用些提问方式。

- 提问也可以让领导更加了解下属对于所处情况的看法。

丽莎·莱克　有超过 20 年的成人培训与发展领域的经验。她作为教学设计者和引导者，对领导力技能、团队发展、人际关系和行为方式训练、培训培训师以及沟通、辅导、展示和引导等技巧方面都有所涉猎。丽莎为《财富》世界 500 强公司以及一些中小规模公司等提供咨询服务。她曾设计和带领过领导力和员工发展计划，通过改善团队绩效和渗透企业文化等方面的努力，提升整个组织的业绩。

丽莎·莱克

853 West Oak Street

Zionsville，IN 46077

（317）7276520

邮箱：tailoredtraining@earthlink.net；lisar@etindy.com

网站：www.etidy.com

ATD 分会：印第安纳州中部

站在你相信的一边

辛迪·菲利普斯

概述

学员在这项活动中会通过“选边站”来探究信任、个体偏好等问题。

目标

- 围绕职场中的信任这个话题展开正反两方面的讨论。
- 阐释每个人对于信任的取向和态度有何不同。
- 讨论影响信任的因素。

学员

8~15 人。

用时

至少 45 分钟，因问题不同而异。

材料及设施

- 为每个学员准备一份“信任投票”材料。
- 铅笔或钢笔。
- 在墙上或地面上顺次贴好 5 张 A4 纸，分别写上“强烈反对”“反对”“中立”“赞同”“强烈赞同”。
- 胶带。

场地

可以让学员们按照墙上或地面上所贴的指示，分为 5 组站立的场地；或者分为 5 组站在房间四角和中间。

准备

根据培训的情况和需求适当改动材料，改变各组名字或增加相关描述。

流程

1. 给学员分发“信任投票”的材料和笔，让他们在座位上独立完成这份问卷。
2. 让所有学员带上自己完成的问卷并起立。
3. 拿出你希望让大家讨论的第一个问题，并让学员们站在自己选择的答案下方。
4. 请一些选择强烈反对或强烈赞同的学员分享他们的观点。也请一些选择中立答案的学员分享他们的观点。然后带领大家讨论一下他们提出的想法和观点。你可以提出以下问题：

- 你会基于什么样的考虑，来回答问卷中的问题？
- 你从小组答案中都看出了那些积极的方面？
- 从这个活动中你是否了解大家的信任取向？
- 都有哪些因素会影响信任？

5. 用其他的问题来重复以上活动，直到你认为已经涵盖了所有小组相关的话题。这时可以让学员回到座位上。
6. 用以下问题总结该活动：

- 这个活动展现了信任的哪些方面？
- 你对自己和队员有什么新的了解？
- 信任如何影响你在工作中的行为？是积极的，还是消极的？
- 都有哪些因素会影响信任？
- 这个活动是否解释了在工作环境中的信任是怎样发生的？
- 对于领导者来说，如何建立信任？
- 建立信任时，领导的主要责任是什么？
- 你如何将本次活动所得转化到工作中去？

会员提示

- 无须将材料中的每个问题都讨论一次，选择一些和你所带的小组和组织文化相关的情景即可。
- 也无须按照材料上的顺序提问。相反，你可以调整问题的顺序，使每次的投票结果可以让大家有尽量多的移动。
- 允许学员们讨论，这可以使你获得一些素材。
- 引导学员们的发言，使之较为均衡。因为有时一些话多的人经常会主导整个讨论。
- 以上是我对这个活动的一个变化性的运用，我是从凯西·威尔逊那里学到这个活动的，她似乎也是从其他地方借鉴来的。

辛迪·菲利普斯 哲学博士，是领导力变革有限责任公司（Leadership 4Change）董事长。她是一名咨询顾问，也是教育工作者，她拥有组织发展、领导力发展、团队建设、变革管理等方面的专业知识。她在技术部门有多年的管理经验，专注于人员发展、变革引领，并且通过教练技术使领导者们能够有力地推动发展和变革。她的服务领域广泛、客户众多，包括美国铝业公司、博思艾伦汉密尔顿咨询公司、蓝十字资本、能源部门、哈雷·戴维森、索迪斯集团、思爱普、小联盟棒球以及富国银行等。辛迪拥有菲尔丁研究生院的组织发展博士学位、圣约瑟夫大学的工商管理硕士学位以及陶森大学的金融和计算机科学学士学位。她是 ICF 的认证高管教练和行动学习教练。

辛迪·菲利普斯，哲学博士

2436 Stone Heath Drive

Lancaster，PA 17601

（717）572.6755

邮箱：cindy@leadership4chang.com

网站：www.leadership4change.com

ATD 分会：宾夕法尼亚州中部

信任投票

陈 述	评 分			
1. 若非已经被骗，人们就应当表现出信任。	强烈反对	反对	中立	赞同	强烈赞同
2. 为了被信任，首先应当信任他人。	强烈反对	反对	中立	赞同	强烈赞同
3. 我没法和一个不信任的人共事。	强烈反对	反对	中立	赞同	强烈赞同
4. 我一旦对某人失去信任，就很难重新再信任他。	强烈反对	反对	中立	赞同	强烈赞同
5. 一些人就是无法令人信任的。	强烈反对	反对	中立	赞同	强烈赞同
6. 互信对于达成我们的目标来说至关重要。	强烈反对	反对	中立	赞同	强烈赞同
7. 在我们公司，信任是不断提升的。	强烈反对	反对	中立	赞同	强烈赞同
8. 现场（基层）和总部之间是互信的。	强烈反对	反对	中立	赞同	强烈赞同
9. 我们的团队和客户之间是互信的。	强烈反对	反对	中立	赞同	强烈赞同
10. 我的领导和我之间是互信的。	强烈反对	反对	中立	赞同	强烈赞同
11. 我的下属和我之间是互信的。	强烈反对	反对	中立	赞同	强烈赞同
12. 那些影响信任的因素对于我来说是可控的。	强烈反对	反对	中立	赞同	强烈赞同

伦理专家

杰夫·福曼

概述

领导者在讨论和应对当下遇到的道德困境和道德问题时，应该使用被广泛阅读的伦理专家的专栏来激发辩论。

目标

- 讨论和思考道德决策和社会责任等相关方面的问题。
- 练习从不同视角回应道德问题。
- 对领导者的道德角色进行讨论。

学员

8~12 个学员。

用时

90 分钟。

材料及设施

- 纽约时报“伦理学家”专栏上最近的和过去的一两篇文章。
- 播客形式在线专栏的网址链接。在该形式中，由表演者读一些来信，然后由专栏作家兰迪·寇恩读回信。链接地址：www.learnoutloud.com/Podcast-Directory/Philosophy/Ethics/New-York-Times-The-Ethicist-Podcast/22321。

场地

有无线网络接入的房间，需要一台声卡正常的台式机或笔记本电脑。

流程

1. 在介绍该主题时，询问学员在工作中是否会经常面临与道德有关的决策。请他们举一两个例子，并询问他们是如何做出艰难的决策的。告诉学员，在此次活动中，他们将有机会讨论和思考与道德决策有关的各个方面，并练习从不同的角度进行回应。将你事先下载打印的“伦理学家”的专栏文章分发给所有学员。

2. 请一名志愿者朗读“伦理学家”专栏来信中的一封。告诉他们，每一封信都来自面临道德困境的一个真实个体。作者写信给纽约时报的兰迪·寇恩就是为了寻求解决问题的建议。
3. 请志愿者阅读信件，但不要阅读回信。
4. 给学员几分钟时间，请他们思考如何回复信件。
5. 让学员用几分钟时间再次阅读信件，考虑他们的回复。
6. 根据他们对主题的兴趣，给予 5~10 分钟的讨论时间。在讨论结束后，询问学员计划如何回复来信。
7. 请另一个学员阅读兰迪·寇恩的回复，并征求他们的反馈。
8. 根据剩余的具体问题和可用时间，对其余信件重复以上过程。
9. 如果可能，要求学员在电脑上收听兰迪·寇恩阅读相同的信件以及回复，以便学员通过一种不同的展示方式得到一种新的视角。
10. 引导学员进行一场关于工作中的道德问题的讨论。鼓励每个学员都给出如何处理道德困境的建议。
11. 通过提问下列问题对讨论进行总结：

- 关于道德决策，你有什么发现？
- 当进行道德决策时，哪些方面起了作用？
- 在工作中进行决策时，你负有什么样的社会责任？
- 为什么做道德决策如此困难？难道不只是对错的问题吗？
- 在制定道德决策时，领导者的责任有什么不同？
- 个人的观点怎样影响道德决策？
- 你今天学到的最重要的一课是什么？你将怎样在工作中落实它？

12. 在活动结束时，让学员去寻找“伦理学家”专栏和报纸上的其他伦理专栏，并开始阅读它们。告诉他们，任何工作都会需要做出一些道德相关的决策。提醒他们，用“最道德”的方法解决问题始终是一个持续存在的挑战。

会员提示

- 这个活动总是很有效，因为它参与度很高，也不会将任何人置于难堪的境地。学员觉得朗读专栏饶有兴趣。他们在评论其他人所面临的道德困境和有机会提出他们的意见时也深受启迪。
- 在播客上听各种表演者阅读信件，听兰迪·寇恩回复信件也使大家感到兴奋。这常使学员对信件的感觉和他们阅读的时候有一些不同。你可以建议学员继续研究他们对那些道德专栏或博客的答案。这恰好强化了学习的目标：看待道德问题可以有很多不同的方式。
- “伦理学家”是《纽约时报》开设的一个专栏，目的是阐述道德趋势和解决道德问题。你也可以找一些解决道德问题的其他专栏或通信。
- 要强化这一观念：每个人都认为自己关于道德问题的看法是正确的。要指出，我们所有人都有必要认识到我们身上的这种倾向。要强调，做道德决策是科学，更是艺术，会有许多不同的观点存在。要说明，来信者通常会对某人不满意，并且觉得自己在道德上是正确的。然而，处于问题另一端的人也常常坚信自己是对的。试着让学员在对两面都保持理解的前提下，思考谁更加正确。
- 注意“伦理学家”专栏是发表在纽约时报上的，并不是公共素材。我确实拥有“伦理学家”专栏作者兰迪·寇恩的书面授权，可以在课堂上以这种方式使用其文章。我建议你也取得他的许可以避免版权争议。

杰夫·福曼 作为项目管理专业人士（Project Management Professional，PMP）导师和IT项目经理，有着丰富的工作经验。他曾经

为纽约大都会区的财富 100 强企业管理过很多 IT 项目。他培训过数百名项目经理，并帮助他们取得了 PMP 专业资格认证。他撰写的《项目管理的答案》由管理概念出版社出版，旨在帮助项目管理者学习前沿技术以提高项目效率并通过 PMP 考试。

杰夫 · 福曼

123 Willow Avenue

Hoboken，NJ 07030

（201）310. 7997

邮箱：jeff@jeff-furman.com

网站：www.jeff-furman.com

ATD 分会：纽约

重视价值观

普塞瑟斯·马德哈万和叶赫亚·马尔祖基

概述

这个充满活力、互动性强的扎气球活动，拥有其他活动绝不可能实现的许多积极的学习机会，同时也给了引导者施展小魔术迷惑大家的机会。

目标

- 为学员提供分享个人在工作中经历的与价值困境有关的经验和见解的机会。
- 发展学员对自己和他人的价值判断的觉知和理解力。
- 展示价值观如何影响工作中的决策和问题解决。
- 讨论领导者维护组织价值观的责任。

学员

10~25 人。

用时

将近 2 小时。

材料及设施

- 一枚用来展示古老的“神奇气球”魔术的细缝衣针（见会员提示里关于该魔术的解释）。
- 5~10 个已充气的大小各异的气球，供学员在尝试时使用。
- 一个装满颜色各异或样式各异的气球的容器，用颜色或样式不同来为学员分组（如果没有足够的颜色或样式，在气球上写上数字代表不同的组别）。
- 为学员准备马克笔，方便在气球上书写。
- 每组一摞角色卡（写有不同“成员”角色的纸，可以用不同的颜色）。

- 每组一个贴着“角色”标签的充满气的气球，角色卡放在充气的气球里面。
- 来自真实生活的描述价值观困境的冲突事件。
- 每组一个贴着“冲突事件”标签的充满气的气球，冲突卡放在充气的气球里面。
- 用挂纸白板或幻灯片向各小组展示需要在讨论中解决的问题。
- 每组一个挂纸白板和几支马克笔。
- 为引导师准备一个挂纸白板和几支马克笔。

场地

一个能容纳所有小组的大房间，既要能听到对方说话，但又不能互相干扰。

准备

将“角色”和“冲突事件”写在纸上，按照讲义上的指示将它们裁成小条。或者，你可以基于团体或组织的情境编写你们自己的“冲突事件”。为每组准备两个大的气球。将一摞角色卡放在一个气球中，将一摞冲突事件卡放在另一个气球中，并充满气。选择一些你希望小组在课程上解决的问题，并张贴出来。你也应当在上课前练习扎气球这个“把戏”。

流程

1. 介绍活动内容和活动目标。
2. 演示用一根针扎破气球而不令其爆炸的“神奇气球魔术”。向学员发出挑战，询问他们是否可以用针扎破气球而不令其爆炸。如果有人回答可以，请他暂时保守秘密。允许一些学员尝试用针扎破那些特别准备的气球。
3. 邀请一些声称了解把戏的人展示一下，或者你自己来展示如何扎破气球但不爆炸。声明秘密会在课程结束时揭晓（见会员提示）。
4. 介绍价值观在工作中的重要性，邀请学员分享他们公司的核心价值观或关于该主题的一些个人观点。你应以这样的方式开场：“处理生活中的价值观困境时，时常会带来很多非常困难、非常敏感的问题，就好比要扎破一个充满气体的气球而不令其爆炸一样困难。”

5. 请学员走到你事先准备好的放置气球的篮子旁，每人挑选一个气球。
6. 请他们将气球吹满。在学员吹气球时，告诉他们气球的大小代表了个人的自信程度。提醒他们，任何东西过多都不总是好事情，包括自信。如果有人将气球吹爆，给他另一个同样颜色的气球。
7. 请学员在气球上写下与价值观有关的问题以及基于自身经验的评论。分享一些诸如在情与理之间、诚与信之间、公正和中庸之间进行困难抉择的例子，也可以是其他的例子。鼓励学员分享一些例子。
8. 请学员基于气球的颜色（或气球上的数字）形成小组并坐在一起。每组选出一名组长代表该组。
9. 将标有“角色”标签的气球分给各组。请各组戳破气球并随机选择角色。要求学员首先选择白色纸的角色。没有拿到白色纸的角色的人，选择有色纸并扮演其他角色。
10. 向学员解释角色，并鼓励组长进行组织。
11. 请学员分享他们写在气球上的关于价值观的观点，以此向小组介绍自己。当所有人都介绍完后，鼓励所有学员戳破他们的气球。这个步骤可以花 5 分钟。
12. 将“冲突事件”气球分给每个小组的组长。小组必须戳破气球以选择冲突事件。告诉他们每组要解决的冲突数量（通常，每组 4~6 个）。
13. 将你希望小组在讨论期间解决的问题呈现在挂纸白板或幻灯片上。
14. 告诉各组将有 40 分钟时间讨论他们选择的冲突事件。提醒他们应该试着在如何处理所选择的价值观困境上尽量达成一致。然后你发出一个信号开始计时。
15. 在 40 分钟结束后，请每组的发言人分享该组的观点，并概括他们的讨论。你可以通过进行更多的提问或有鼓励其他组的人提问来推动进一步的讨论。

16．用提问方式结束活动：

- 这些价值观困境和冲突与你工作中所经历的有何关联？
- 价值观如何影响工作中的决策和问题解决？
- 这次活动让你对价值观困境的认识有了什么样的改变？
- 一个领导者对于组织价值观的责任是什么？
- 今天你学到的最重要的一课是什么？

17．通过汇总每组的收获来总结此次活动。此时，你可以用下列处理工作中价值冲突的观点进行总结：

- 处理“非黑即白”的价值困境是容易的，因为对于企业和个人而言，可以清楚地判断出何为“好、坏”，何为“对、错”。
- 当你为了解决问题，不得不在两个可能同样正确的情境中或两个具有同等吸引力的方法中选择时，可能会更加困难。
- 最困难的情境莫过于你不得不在两个具有同等程度问题的选项中做出选择。
- 但即使是困难的价值观困境，也常常有机会通过开放的思维和创造性的方法进行完美的解决，而不需要在个人的价值观或公司的核心价值观上做出妥协。将小组发现的一些解决方法作为例子。

会员提示

- 让房间中不时响起气球爆破的声音是为了创造更多的欢乐和刺激。
- 刺破气球而不令其爆炸的诀窍在于，你需要提前准备一个在某处贴着透明胶带的气球，然后让针头扎在该处。你也可以提前给针头擦些润滑油。另外，要确保针是尖的、细的，被扎的那个点的表面不会被拉伸，并且通常要在底部。
- 这个活动不限组数，每组 5~7 个学员。如果超过 5 组，你可能需要一个搭档确保各组都得到足够的支持。

- 如果要缩短活动时间，可以跳过第 6 步和第 11 步。你可以鼓励学员在小组观点陈述完毕后戳破气球以示庆祝。
- 学员常常能提出非常有创造性的方法来解决价值困境，而无须抛弃他们积极正面的价值观。例如，在“友谊困境”中，“绩效”和“诚实”的价值观与“关心他人”的价值观相冲突。最常见的一种解决方法是通过类似于安排无息贷款的方法解决他们的财务危机，而不是为他们提供一笔不该得的奖金。
- “冲突事件”所体现的一些价值观在讲义中作为例子呈现。在你开始工作坊之前，自己准备一些备选的解决方法。通常，每一个备选项都应该有一些优点和不足，而学员最终的决策应该更多地基于价值观而非理性。

普塞瑟斯·马德哈万　哲学博士，是塔瓦尊（the Tawazun）的一名人力资源权威专家。此前曾与恩斯特（Ernst）、扬（Young）、拉森塔布（Larsen and Tubro）、阿布扎比陆上石油业务公司（Abu Dhabi Company For Onshore Oil Operations，ADCO）、印度管理学院、组织发展中心以及人力资源管理学院（印度）合作。他曾经为多个地区的一流公司提供过培训和咨询服务。也曾与人合作出版书籍，并发表过很多关于案例研究、心理量表及调查工具的文章。他曾经是某刊物的编辑及某专业团体的董事成员。现在，他是国家心理学会的执行理事，经常在欧洲和亚洲的人力资源相关活动上发言。

普塞瑟斯·马德哈万，哲学博士

P.O. Box 908

Abu Dhabi，United Arab Emirates

+971-50-6673021

邮箱：drsethu@drsethu.com

网站：www.drsethu.com

ATD 分会：国际

叶赫亚·马尔祖基　哲学博士，著名的人力资源专家、演说家及培训师，曾在阿布扎比的塔瓦尊承担人力资本方面的战略决策层角色。在此之前，他从 1992 年开始就在阿布扎比陆上石油业务公司工作。在他的职业生涯中，带领开展过各式各样的项目，如企业流程再造、建立个人发展流程和计划、继任计划、建立评估中心、实施能力本位训练、建立培训中心、推进网络学习以及 360 度反馈行动等。叶赫亚还推进了大型变革行动，例如，阐述和建立组织价值观以及管理许多的训练工作坊。

叶赫亚·马尔祖基，哲学博士

P.O. Box 908

Abu Dhabi，United Arab Emirates

+971-50-6419700

邮箱：yehya@ yehya.net

网站：yalmarzouqi@offset.ae

ATD 分会：国际

冲突情境案例

事件	价值观冲突点
友情两难	绩效表现、诚信、正直与友情、关心他人
夹在中间	责任、所有权与外化、谴责
旷工	任务与人
不可或缺之人	经验与专业
出勤	公平与自保
安全问题	关注任务完成与关注人身安全
医疗	为患者考虑与诚实
供应商伙伴	自信和职业道德与友谊
制度	灵活性/客户友好性与制度性和风险规避
任务大师	任务与人

角色

主持人 • 带领学员按照步骤进行活动 • 鼓励全员参与 • 保持活动小组中良好的互动 • 确保小组聚焦于活动任务 • 检查书记员是否记录了要点 • 调和、解决组内存在的分歧	发言人 • 将写在挂纸白板上的小组的观点展示给大家 • 完善书记员挂纸白板上的记录 • 帮助小组梳理思路 • 澄清观点，寻求事例 • 需要参与到小组讨论中
书记员 • 将小组中提出的观点记录在挂纸白板上 • 字迹大而清晰 • 帮助小组成员组织思路 • 澄清观点，寻求事例 • 需要参与到小组讨论中 • 书写时请使用深色和容易被看清楚的颜色	计时员 • 确保不要在某一个话题上耽搁太长时间 • 保证小组成员发表意见的时间都不超限 • 提醒小组成员剩余时间 • 需要参与到小组讨论中
成员 • 开放地分享你的观点 • 当讨论涉及真实生活中的案例时请注意保密 • 在需要的时候做一些澄清 • 友好地倾听小组其他成员的发言 • 使小组呈现经过深思熟虑后的观点	成员 • 开放的分享你的观点 • 当讨论涉及真实生活中的案例时请注意保密 • 在需要的时候做一些澄清 • 友好地倾听小组其他成员的发言 • 使小组呈现经过深思熟虑后的观点
成员 • 开放地分享你的观点 • 当讨论涉及真实生活中的案例时请注意保密 • 在需要的时候做一些澄清 • 友好地倾听小组其他成员的发言 • 使小组呈现经过熟虑后观点	成员 • 开放地分享你的观点 • 当讨论涉及真实生活中的案例时请注意保密 • 在需要的时候做一些澄清 • 友好地听小组其他成员的发言 • 使小组呈现经过深思熟虑后的观点

事件

以下提供 10 个事件。根据你所带的活动小组的情况，调整事件的内容，如有需要也可以增加新的事件。每次活动选择 4~6 个事件来讨论，选择事件的数量取决于活动时间以及活动小组的人数。将这些事件打印在纸上，并且裁成小条放在气球里。

情理两难

年底时，作为一个团队的领导，你需要给下属员工进行绩效评分。在 5 点评分表中，表现好、绩效得分达到 4 分或 5 分的员工会得到公司发放的绩效奖金，你非常清楚这一点。而评分在 4 分以下的员工将没有奖金。

X 女士作为下属已经跟随你工作超过 10 年。遗憾的是，她今年由于家庭的缘故工作表现并不是很好。她的丈夫被某些慢性疾病困扰，这也让她分心不少。你们的内部客户对她提供的服务也怨声载道。这期间你也多次和她提出过这些问题，但是她还是无法改善自己的绩效表现。她今天已经来找过你，请求你在绩效评分时给她 4 分，而不是 3 分，因为她最近经济情况也不太乐观。你对她非常了解，并且与她的家庭也私交甚笃，你会怎么办？

夹在中间

作为一个 IT 部门的合同管理岗位人员，你的 KPI（关键绩效指标）是定期更新合同。你的领导也认可你的这个绩效指标。

五个月前你曾要求采购部更新一份合同。但是一个月过后，采购部通知你另一个厂商声称他们是最新代理本地区本产品的厂商，所以你无法更新与原来的厂商签订的合同。你花了几周时间来调查涉及这件事的法律部、采购部和财务部等相关部门及两家厂商。但是，与此同时，新的供应商通过合同管理员（你的下属）解决了此事，并收回了之前声明的内容。但是，由于负责处理此事的助理在休年假，所以必须由你来跟进此事。上周，最终版本的合同发送给了首席执行官，但是上面的签名是已经过期两个月的。首席执行官对此事非常生气，相当于公司在没有合法合同支持的情况下使用了软件，并且让你解释此事。他表示这种对待供应商的情况完全违背了公司的价值观和相关制度。你心里很清楚这并不是你一个人的错，其他人也都有责任。首席执行官为了弄明白这究竟是出了什么问题，给你、采购部经理和你的领导都打了电话。你在这几个人的会谈中立场如何？为什么？

旷工

X 女士总是迟到，并且上班期间长时间不在工位，对她这种行为，你好说歹说都不奏效。X 女士通常会说她有偏头疼，而且家里也有一些事情需要处理。X 女士其实具有非常强的学习能力，而且在工作中完全能够有更好的绩效表现。但是她就是无法集中精力完成工作。你真切地想要辅导和帮助 X 女士去改善她的绩效表现。小组里的另一个员工 Y 先生的工作量常处于过度饱和状态，他向你抱怨小组内的工作量分配太不公平了，一直以来自己都在加班。他和你提到过如果这种情况不能有所改观，家人建议他换一家公司工作。所以他向你要求升职来解决这个问题。此情况下你会如何解决？

不可缺少的人

你是公司的 IT 经理。X 先生已经在你的部门工作了超过 10 年。他在公司里人缘不错，与你和其他很多同事关系都很好。最近，你收到了很多内部客户关于 X 先生的抱怨，说他对待他们态度高傲、漫不经心，也不友好。你安排了一些具有 IT 专业背景的年轻人与内部客户一起工作，但是 X 先生坚持认为这些年轻人都不能胜任他所从事的工作，因为他的工作内容涉及非常复杂的 IT 系统。上个月，X 先生休长假，一个 IT 技术专业刚刚毕业的年轻员工在 X 的假期负责承担其工作。一个内部客户向你表示，这个年轻人提供的服务比 X 先生更好。你也听说这个年轻人是个诊断和处理 IT 相关问题的奇才，你感到喜出望外。接下来你打算怎么做？

出勤

X 先生是一名年轻的工程师，上班经常迟到早退。在你就此事警告过他后，他开始按时出勤。但是你又发现他工作时间又总不在办公室。你询问他时，他说自己忙于和客户们的会议。但是，同时客户却在向你抱怨也总找不到他。你知道 X 先生是通过首席执行官家人的朋友进入公司任职的。你团队中的其他两个人也曾找你要求公平地分配工作量。他们觉得团队中一人承担较少的工作而其他两人不堪重负是件不公平的事情。你该怎么做?

安全问题

你正在办公楼的 15 层开一个非常重要的会议。参会的客人暗示你他们需要在 5 分钟之内结束此次会谈，因为他们接下来还安排了另一个会议。你非常希望在接下来的 5 分钟之内能够研究解决某些关键问题，并达成一些共识。但这时你发现在会议室窗外有一个工人正在清洁大楼的玻璃外墙，他既没有戴安全帽，身上的安全绳也没有正确地系牢。你会怎么做?

供应商朋友

你的一个老朋友现在在一家工程公司工作，你们已许久没有联系过。他突然联系你并且约你出来吃顿饭，说服你相信他的公司会是一个可靠的供应商。于是你帮助他在你公司的采购部进行了登记，并且成为即将进行的一个项目的为数不多的备选供应商之一。但是最终评价委员会选择了另一家供应商。你的朋友为此对你有点意见，并让你向他透露是哪家供应商因何拿到了这个项目。你接下来该怎么办?

制度

你在一家银行工作，这家银行的核心价值观是“以非官僚方式工作”。5 年前，这家银行开始开展贷款业务，创建了一些常用的表格。但是信贷部一直在根据发生的一些问题和相关法律事宜修改这些表格的内容。最近，有一个冗长的信贷申请表格，这个表格需要让客户填充多达 14 项内容。你在客服部已工作多年，很多客户被这种巨长无比的申请表格搞得十分愤怒。最近，你工作调动到了信贷部门，并且安排进行修改表格的工作。你想要简化这些表格和流程，但是经验丰富的信贷部同事提示你，之前使用较为简单的表格时会遇到一些法律上的问题。你会如何解决这个问题？

任务大师

你是一家银行的行政经理。X 先生曾经有 8 年从军经历，最近加入了你分管的部门，职位是经理助理。你发现 X 先生是一个非常有天赋的行政人员，而且对于处理很多行政事务非常有经验。他工作不辞辛劳，绩效表现良好，而且对于解决难题非常在行。但是，你们公司的文化和他过去在军队“指挥与控制”的环境有所不同。你们公司的管理风格更倡导合作和分担。所以团队中的一些成员会向你抱怨 X 先生独断专行的处事风格。但是，X 先生并不认同，因为他坚信这种风格是解决问题的最佳方式。你也注意到在 X 先生努力工作的压力之下，最近你的一些下属的工作积极性更高了。与此同时，一个平时表现不佳的下属向你提出辞职，理由是 X 先生总是向他提出不合理的要求。这种情况下你该怎么办？

可提出的问题

以下列举了一些在讨论中或小组汇报结果时提出问题的例子。可根据实际情况来调整问题，如有需要也可增加一些新问题。选用 3~5 个问题，并且在介绍环节中呈现给大家。

- 你们小组的意见是否是关于其中一种情况的，并解释其理由。
- 在讨论时，小组成员的选择有没有产生什么分歧?
- 简单总结一下小组成员的意见。
- 小组的最终意见是基于哪些价值观提出的?
- 当有人赞同或反对你的价值观念时，你做何感想?
- 你是否认为当小组成员之间有相似的价值观时，你们在工作中更加容易做出决策? 为什么这么认为?
- 在团队工作中，大家拥有相似的价值观会产生何种影响?
- 在团队工作中，团队成员拥有“共同的价值观”是否有利于整个组织? 在何种情境下“共同价值观”会变成组织的一种威胁因素?
- 在价值观问题上是否是“非黑即白”，有固定的对错的解决方法? 你是如何把握对错之间的灰色地带的?

第 9 章

解决问题：找到实用的解决方法

问题、问题、问题……如果不出任何问题，那岂不是太美好了！但你是否知道，解决问题的能力是个体得到发展和提升的最重要因素之一。

问题的解决和将行之有效的解决方案付诸行动对于一些人来说并非水到渠成的过程。很多人遇到问题或在一些不太对劲的情况下都会感到非常痛苦。尽管有很多惧怕问题的人，然而一些人却喜欢“好问题”的存在。

作为一个培训师，你应该会很喜欢本章的活动的实用性，以及一些问题解决技巧方面的内容。本章中活动的提供者是真正的问题解决者。他们与大家分享了最佳的、经过实际演练并被证实是经得起考验的活动。

劳里·弗里德曼慷慨地分享了“挖掘法”。这个方法分为五步，虽然不能保证学员直接找到答案，但它能使你进行走向结论的思考。在“咨询专家法”一节，帕姆·尼恩特拉普建议，让学员在获取真实的样例前，先提供一些情境。

艾琳·米勒也采用了一些情境来练习问题解决的技能，并提供了一些例子帮助学习。乔·林恩·范斯坦设计了一个综合性的活动来检验服务或绩效的差距。对于战略规划课程而言，这是一个好活动。

这些活动对于你下一次的训练问题解决能力的培训会有很大的帮助。当你下次培训的内容需要寻求一种解决方式的时候，你真的应当挑一种仔细看看。

挖掘法

劳里·弗里德曼

概述

本节向学员展示了一种方法：学员将通过系统、条理的五步法“挖掘”出解决问题的正确方法。

目标

- 提高问题解决技巧及决策效果。
- 学习将问题和潜在的原因分离。
- 确定衡量和评估问题解决结果/方法的标准。

学员

20 人以内。

用时

相对简单的问题需要 50~60 分钟。

材料及设施

- 人手一份“挖掘法”的讲义。
- 挂纸白板和一些白纸。
- 马克笔。
- 供学员使用的纸。
- 供学员使用的钢笔或铅笔。
- 胶带。

场地

方便书写的房间。

流程

1. 为学员提供纸、笔和讲义。向学员说明“挖掘法”（DIGUP）是一种五步的问题解决技术，缩略词代表了方法的顺序，确保学员可以准确地定义问题并通过头脑风暴得出所有可能的解决方案。
2. 给学员 5 分钟时间，让其通读讲义上的五个步骤，并告知他们将应用该方法去解决一个问题。注意：你可以让学员提供一个问题，也可以使用培训之前准备好的问题。
3. 在大家清楚问题后，请学员挑选一名搭档，然后对问题进行具体的定义（Define）并将其写下来。提醒学员，讲义上的“D”步骤或许是最具有挑战性的，因为有时候所声称的问题并非是真正的问题。
4. 把下列问题写在挂纸白板上，并告诉学员他们有 5 分钟时间进行讨论并定义问题：

- 真正的问题是什么？
- 是否每个人都经历过这个问题？
- 有哪些词汇可以帮助澄清这个问题？

5. 5 分钟结束后，询问学员讨论的结果。达成一致后，写在挂纸白板夹的纸上，然后将纸贴在墙上。
6. 宣布下一步“I”：识别（Identify）引发问题的所有原因。提示识别出所有可能性是重要的，并建议学员在这一步进行头脑风暴。你一定要接受所有的想法：在这一阶段，越发散越好。给他们 10 分钟时间，并把这些纸也贴在墙上。
7. 在学员完成“I”步后，向其解释“G”步是要求他们收集（Gather）该问题情境的每个可能的事实。询问学员所知道的事实。在他们陈述一些事实后，告诉他们下一步是寻找所有可能的解决方法。
8. 让学员两两合并，形成四人组。
9. 给每个组一张大白纸和一支马克笔，让他们在 10 分钟内列出他们能够确认的所有可能的解决方法。
10. 10 分钟后，给每个组一卷胶带，让他们把纸贴到墙上。请学员随意走动并查看其他组的解决方法。过几分钟后，让他们重新审视自己的方法并画掉他们认为不可能的方法。

11. 解释“U”代表了裁判（Umpire）。请学员以裁判的身份审视张贴在上面的所有可能的方法，并用马克笔在他们认为最有效的方法前打钩。每个学员只能选择一个答案。这一步大概也要花费几分钟时间。

12. 当学员打完钩后，花一些时间讨论结果。你可能发现不止一个方案被选中了。如果是这样，需要提醒学员：在现实中，他们应当重新回顾事实，或者使用其他工具（如优劣势分析表）来决定最终方案。如果有需要的话，将所有被选中的方案写在一张纸上，帮助他们进行抉择。

13. 解释“P”代表了实践（Put into Effect）。在这一步，他们的任务是确保方案是可执行且可测量的。请所有学员一起讨论，以确定一组标准。询问学员如何能知道他们选中的方案是否成功。提醒他们必须监控结果。询问他们认为什么样的监控计划对于该方案是合理的。谁监控？频率如何？方案应当向谁汇报？

14. 通过提出下列问题进行总结：

- 关于问题解决，你学到了什么？
- 在该工具使用过程中，对你而言，最简单的和最难的步骤是什么？
- 什么情境下，你认为自己会使用该工具？
- 从这次活动中，你学到的最重要的一课是什么？

会员提示

- 如果有更多的学员，则需要分为几组并且调整时长。这种活动也可以用于自我指导的学习。
- 挖掘法在将问题和人员分离方面特别有价值，也确保了被解决的问题是真正的问题，而不只是问题的一个症状。例如，如果有人认为柜台下的纸巾变湿的原因是有人放了一块非常潮湿的海绵在干纸巾旁边，但真正的问题其实是水管漏了，那么将还会有很多的事情需要处理。挖掘法提供了一个流程来精确地定义问题，并通过头脑风暴来解决问题。

- 不要跳过任何一步。这个工具在确定“真正”的问题、收集事实、做出合理的决策方面是一个完整的流程。
- 问一些具体的问题来了解和澄清事实。
- 记住，最有效的方法一定包含了最了解问题的人以及可能受到解决方案影响的人的贡献。
- 这个活动曾刊登在《夏尔巴指南：布伦达科尔比特和朱迪斯科尔曼的过程驱动执行教练》(*The Sherpa Guide: Process-Driven Executive Coaching by Brenda Corbett and Judith Coleman*）上。

劳里·弗里德曼 是一名夏尔巴认证教练。她曾经是一家大型咨询公司的高级顾问，现在拥有自己的咨询公司——位于马里兰州贝塞斯达的策略商业咨询公司。她是领导力发展、团队建设、战略思维、沟通交流和变革管理方面的专家。她持有 MBTI 证书，也是一名行动学习倡导者。她撰写过很多关于领导力的文章和著作章节，包括管理组织协议、人员保留与投入以及战略思考等。她拥有华盛顿大学人力资源与组织发展方面的硕士学位。她坚信教练技术对于商业成功和个人实现而言都是一种重要的商业策略。

劳里·弗里德曼
战略咨询顾问

6808 Algonquin Avenue
Bethesda，MD 20817
(301) 320. 3960
邮箱：laurie@sbcstrategy.com
网站：www.sbcstrategy.com
ATD 分会：总部

挖掘法

挖掘法是一个五步解决问题的技术。单词“DIGUP”是该方法的一个缩写，以易于记忆。这五步必须按照固定的顺序进行才能确保你能解决真正的问题。DIGUP 可以被个人或团体使用，通过头脑风暴来解决问题或寻找解决方案。这五步是：

D=定义（Define）问题。具体地写出问题是什么。这是最具有挑战性的一步，因为有时候显而易见的问题反而不是真正的问题。问自己两个问题：问题到底是什么？每个人都经历过这些问题吗？使用简洁的、总结性的语言重新定义问题。

I=确认（Identify）并罗列所有可能导致问题的原因。确认所有的可能性是重要的。尽量发散地思考，尽可能突破束缚和边界。

G=收集（Gather）所有可能的事实并确认所有可能的解决方案。从任何可以为你提供信息的人那里收集解决方法。如果是在团队中工作，将所有可能的方法分享给大家，然后画掉不切实际的方法。留在单子上的选项提供了可行的方法以及支持决策的数据信息。

U=评判（Umpire）所有的方法。重新审视所有可能的方法并评估你的选择。选择最符合你的标准或最重要事项，如时间、成本、质量。

P=实践（Put into Effect）。对决策的执行要有信心，因为你的方法是数据驱动型，并且包含了相关每个人的贡献。确保结果是可衡量的，确定监督和追踪方案的标准。构架一套监督计划，这样你就可以知道决策是否被成功地执行了，结果是否已经达成。你的监督计划应该包括你报告的内容、执行频率和对象。

咨询专家法

帕姆·尼恩特拉普

概述

在这个活动中，学员利用集体的智慧去解决大家提出的问题。

目标

- 为解决具体的组织问题收集各种意见。
- 在无威胁的环境中解决问题。
- 利用集体的智慧，并让每个人都感受到自己的价值。

学员

来自同一个组织 30 名以内的学员。

用时

45 分钟。

材料及设施

- 每组一个挂纸白板及一些纸。
- 胶带。
- 每个挂纸白板配 2~3 支马克笔。

场地

每组一个挂纸白板，能够容纳各小组独立活动的房间。

准备

开始之前，决定好你陈述问题的语言——这取决于训练的目的。你可以在课程开始前请学员提交一些问题描述，可以是反应组织问题的，可以是关于学习主题的，也可以是团队或项目目标的。将选出的主题用较大的字体打印出来，以方便在一定距离外阅读。每个挂纸白板的顶部贴一张，将挂纸白板环绕房间分布，以便有足够的空间让各个小组聚集在各个挂纸白板周围。

流程

1. 将学员分成小组，每组一个挂纸白板。并令每个小组聚集在一块挂纸白板周围。
2. 提供如下指导语："我们将集中我们所有人的智慧。每个挂纸白板上都包含着一个我们组织面临的不同的问题，需要用你们的想法来解决他们。每个人都应就张贴的问题写下一个可能的解决方案。每个想法都必须是独一无二的；避免使用'同意'或'同上'等表达。鼓励改进前面人的意见。一旦完成了一个挂纸白板上的问题，集体转移到下一个问题，继续提供各自的见解。持续下去，直到你们解决完所有问题。当完成之后，每个问题都会有和学员的人数相等的解决问题的想法。"
3. 每个挂纸白板都请一个志愿者朗读其问题以及所列的想法。询问大家是否还有新的想法。鼓励大家在回到岗位后，应用这些建议去解决问题，或者展开行动计划。
4. 活动结束后，收集所有挂纸白板上的想法，打印并发送给所有学员，以便每个人都能从团队智慧中有所得。

⚠ 会员提示

- 这个活动通过让每个人贡献力量，从而流淌出创造的泉水，鼓励团体一起解决问题和互相交流。你将会发现学员在讨论那些写出来的想法的同时，也在提出更多的想法。学员乐于到处走动和分享他们的专长。
- 这个活动非常灵活，可以用于任何主题上的问题解决、头脑风暴和想法收集。
- 编辑提交的案例时，有些情况下需要保证匿名和清晰。鼓励每个人在开始前提交至少一个问题或情境描述。

- 这个活动也可以不用挂纸白板，而将问题分别写在纸上，发放给每个小组寻求解决方案，然后把纸传递给下一个小组。尽管这种方法花费时间较少，但限制了沟通交流。

帕姆·尼恩特拉普 是项目和流程专家组织（project and process professionals）的主席。该组织专注于软实力、生产力和效率领域，提供项目和过程管理方面的培训和教练技术服务。帕姆帮助过很多组织和个人提高处理项目、改进过程和管理生活的能力。她有超过 25 年的经验，在项目管理、过程改进和教练技术方面都经过认证，并且热心帮助他人。帕姆是俄亥俄州西南部 PMI 的前任主席，是 ATD 辛辛那提分会 2011 年的主席。

帕姆·尼恩特拉普

6660 Westchase Park Drive
Cincinnati，OH 45248

（513）519.1392

邮箱：pnintrup@ppprofs.com

网站：www.ppprofs.com

ATD 分会：辛辛那提

情境卡片

艾琳·米勒

概述

本次活动的目标是识别出共同的主题、方法以及解决真实问题和挑战的技巧，而这一切都基于学员提出的问题和挑战。在问题解决的工作坊中以此活动收尾效果最好。

目标

- 应用具体的技巧和知识解决问题。
- 讨论问题解决中常见的挑战和方法。

学员

每个组织或团队可以有 3~20 人参与。

用时

10~15 分钟。

材料及设施

- 3~6 张情境卡片。
- 挂纸白板。
- 马克笔。

场地

普通的教室。

准备

开发情境卡片。基于课堂的主题或目前组织的问题选择 3~6 个情境。给卡片编号，并在卡片上分别写下这些情境，尽量采用通用型的描述方式，避免相似情境的存在使某人感到尴尬。（在本节后面提供了一个案例。）

流程

1. 开始时，先解释本次活动的目的是培养解决问题的技巧。告知学员他们将看到一些常见的、真实的情境，并需要分辨出应用各种方法的实际途径。
2. 请一名志愿者选择一张情境卡片，大声读出卡片上的内容。请志愿者分享他自己处理此情境的一种方法。然后让其他人补充他们的想法。在挂纸白板上写下这些想法。
3. 当你已经写下解决第一个情境的几个关键点后，换一个志愿者读出另一张卡片的内容，然后重复前面的程序。
4. 用相同的方式完成所有的情境卡片。
5. 在最后一张卡片完成后，请大家确定讨论的主题。将这些主题列在挂纸白板上。
6. 请大家讨论解决问题时常见的技巧。在挂纸白板上列出来。
7. 指出已经提出的很多想法可以应用于很多的情境。要确保学员在回归岗位后能够熟练地应用他们的问题解决技巧。

⚠ 会员提示

- 这种活动对于将新的概念和技巧应用到真实情境中是有用的。很多参与项目管理、客户服务、领导力以及其他主题培训的人常常评论说，尽管有些理论和概念听起来很伟大，但他们更愿意在“真实世界”的应用上花时间。当你想要学员能真正解决问题或脚踏实地地思考时，可以考虑应用这项技术。
- 我发现如果创设的情境是非常真实的，效果就最好，学员就会给我这样的反应：“哦耶，事情总是这样！”然而，保持足够的通用性仍然非常重要，一定不要针对组织内的任何团体、个人或项目。一个通用的例子通常会这样表述：“假设你被指定去领导一个项目。你发现有一项重要的资源将离开团队到另外的地方去。你会做些什么以保证项目步入正轨？”相反，下面的例子就过于具体了："假设你的团队中有一个成员总是在周三迟到，总在团队会议上讲述她的猫……"

- 你也可以用这个活动进行远程学习。用 PPT 替换编号的卡片，通过网络研讨会促进头脑风暴和讨论。

艾琳·米勒　是哈特福德州培训与发展中心的助理总监，拥有圣奥拉夫学院的学士学位以及圣托马斯大学组织学习与发展的硕士学位。她曾在高中任生物教师 3 年，并且在培训和发展领域有 13 年的经验，包括新员工培训项目管理和课堂讲授、指导设计、项目管理以及基于网页的设计和发展。艾琳在哈特福德州管理着一群一流的指导设计师，专注于持续改进、高质量标准以及最佳实践应用领域。

艾琳·米勒
培训与发展中心助理总监
The Hartford
500 Bielenberg Drive
Woodbury，MN55125
(651) 738. 5338
邮箱：erin.miller@hartfordlife.com
ATD 分会：双子城

情境卡片样例

这些情境样例将帮助你为本次活动开发自己的情境卡片。

项目管理

- 假设你领导了一个项目，而项目结束的日期已经延期了一个月。你将会如何改变你的项目计划？你准备如何向项目资助者以及团队成员沟通和交代？你将关注哪些风险和机会？
- 想象你是一个大型战略项目的团队成员。你的直接上级向你介绍了你的角色，并期望你能够花费25%的时间在该项目上。但当你参加项目启动会时，你发现项目经理给你安排了一个更大的角色，并期望占用你75%的时间。你会怎么做？你会去做谁的工作？你会提议什么样的解决方案，为什么？你的方案潜在的风险和收获是什么？

领导力

- 想象一下，你们公司的首席执行官刚刚宣布了一项重大的战略转变。你的下属收到了发给全体员工要求参加新的“未来展望”动员会的邮件。你如何帮助他们将这次全公司的动员会与他们的日常工作相联系？你会进行什么样的沟通计划？作为这次改变的拥护者，你会怎么做？
- 有些时候，你觉得自己似乎领导的是一群肥皂剧演员而不是一个有战斗力的团队。最近，有一半的人跑来向你抱怨他们的搭档，抱怨的范围大到工作能力和产品专注度，小到午餐邀请，还有真正的不当行为。你会如何处理这些状况？你的目标是什么？你会和谁一起解决这些问题，你将采用什么方法？你的方法存在什么风险及可能的回报？

客户服务

- 由于三个人打电话请病假，使电话热线超过了负荷。有些客户会等待很长时间，以至于有几个客户会在问候他们之前就勃然大怒。你会怎么做来保持你的沉着冷静？你有什么方法能够继续向客户提供卓越的服务？
- 一名客户来到了你的服务台，而且明显已经被自己最近购买的产品弄得晕头转向并沮丧不已。看上去他并不了解自己购买的产品，甚至不知道如何提出正确的问题。你如何使这样一名客户放松下来？什么样的措辞、语调和姿态是最有效的？

照镜子

乔·林恩·范斯坦

概述

各式各样的便利贴是该活动的特点。该活动可以有条不紊地引导学员从重要利益相关群体的视角去发现解决组织问题和挑战的方法。

目标

- 识别服务差距和/或绩效差距。
- 准备战略计划。

学员

每个组织或团队可以有 8~10 人参加。

用时

2~3 小时。

材料及设施

- 每张桌子一本不同颜色的 4 英寸×6 英寸彩色便利贴。
- 每张桌子一支细的记号笔。
- 和便利贴颜色相同的桌卡。
- 每组一个挂纸白板，导师一个挂纸白板。
- 胶带。
- 白板和马克笔。

场地

在房间内摆放一些桌子和椅子，3~4 人一组。在每张桌子上放一本便利贴和一支记号笔，确保每组的便利贴都是不同的颜色。在白板前面留出足够空间，方便 3~4 个学员站立和舒服地走动。白板旁边的墙上需要摆上多个挂纸白板。与便利贴颜色相同的桌卡放置在房间门口的桌子上。

准备

至少提前一周向学员发出邀请，向他们解释工作坊的目的，并请他们准备好讨论他们和其他人是如何看待自己的组织的。(如果该活动只用于一个组织或部门，相应地改变邀请用语。)

流程

1. 在学员到来的时候向他们致以问候，请他们挑选桌卡并将自己的名字写在两面。告诉他们，可以随意坐在自己喜欢的地方。
2. 开始时先回顾活动的目的。向学员说明，他们将基于桌卡的颜色为组别进行合作。提示每张桌子上的便利贴都是不同颜色的。请学员移动到有同样颜色的便利贴的桌子旁。
3. 在所有学员都重新就座后，请每组确定一名记录员。这个人将用记号笔在便利贴上记录大家的想法。要求记录员在每张贴纸上只能记录一个单词、短语或想法。
4. 向学员说明，各组的任务是确定利益相关者(如果愿意的话，你可以让他们挑一个利益相关者)如何描述他们的组织(或事业部、团队)。给他们 2 分钟时间。提醒记录员在每张贴纸上只能写一到两个单词。
5. 让所有人都停下来，然后挑选一组，请一名志愿者报告他们的想法和意见。
6. 在那个小组分享了对组织的看法后，将写有看法的贴纸从小组中取走，贴在白板上。然后将根据所表述的商业领域的不同看法进行大致分类。例如，看法可分为客户服务、效率、成本结构、文化及其他类别。如果一个看法归于不止一个类别，请记录员再写张贴纸，分别贴在不同的类别下。
7. 每个小组都重复第 6 步。当你操作的时候，鼓励学员表达他们的惊讶，或者记录他们看法间的类似与不同。最后，你会发现所有的主题下面都贴满了各种颜色的贴纸。

8. 从同一个主题下面的贴纸中归纳总结信息。鼓励大家进行评论和注解。

9. 现在告诉学员，他们将从一个不同的视角审视这个信息。

10. 请学员确认最主要的几个利益相关者，因为他们的观点对于组织的成功非常重要。例如，这个利益相关者可以是客户、供货商、董事会、员工，甚至竞争者。在每张纸的顶部列一个利益相关者，将这些纸贴在挂纸白板上，方便所有的学员能够看到并便于讨论。这时，你可能需要 4 张，甚至更多的纸张。

11. 选择一个分类下的贴纸，一次从白板上撕下一张。询问学员，他们的哪类利益相关者会以这种方式形容组织（或事业部、团队）。将这张贴纸贴到该利益相关者的位置上。如果超过一个利益相关者会如此描述，请记录员用同样颜色的便利贴重写一张。将第二张贴在第二个利益相关者下面。

12. 继续讨论同一个分类主题，允许学员在探讨自己他人的观点时进行提问和讨论。

13. 请每个小组走到一个利益相关者前，画个“T”字将页面分为两列。将左侧命名为“现状”，右侧命名为“期望”。请学员站在利益相关者的角度上审视组织的现状和期望的未来，然后将便利贴放置在合适的栏目中。用其他便利贴写上下列词语/描述贴在两栏中：现状在左栏；期望或“我们希望该利益相关者这样描述组织”在右栏。

14. 10 分钟后，请各小组移到下一利益相关者前。重复该流程直至每个小组处理过每个利益相关者的图纸。

15. 请各小组回到他们的桌子旁。一次解释一张利益相关者的图纸，并识别每一张中的差距。

16. 总结每个利益相关者在另一张图上的差距。如果愿意，你可以让学员根据紧急程度为每个条目排序。这可能需要多花费 20 分钟。

17. 确定处理最关键差距的行动事项。这一步可能需要花费 1 小时，甚至更久。
18. 排列行动事项的优先级，列出学员回到岗位后的下几步行动事项。

会员提示

- 这是一个时间长、强度高的活动。想一切办法，确保你和学员都能全神贯注并且准备周全。如果需要，可灵活地进行休息。
- 充足的讨论时间是本次活动成功的关键，要据此进行计划。不要缩减流程。
- 如果学员包含了一线工人、主管、经理和总经理，或者其中几类，在整个过程中创设信任和安全的环境就变得非常重要。运用你最强的判断力去思考是否需要提前与关键学员沟通，或者你有其他的方法可以创设一个安全的环境。

乔·林恩·范斯坦 教育学博士，学习和绩效认证专家，已经积极参与个体和组织的绩效改进将近 20 年，成功地帮助了许多公共和私人的机构，包括初创公司和财富 500 强企业。她是学习和绩效认证专家的领导者之一，并且是第一批取得该认证的人。乔·林恩是很多会议和工作坊的受邀演讲人，并获得文图拉县经济发展协会（the Ventura County Economic Development Association）授予的“年度培训师”的称号。她是 ATD 的活跃分子，是希望招聘（Hiring for Hope）——一家非营利组织的董事，提供员工培训和其他人力资源服务。

乔·林恩·范斯坦，教育学博士，学习和绩效认证专家

3303 Storm Cloud Street

Thousand Oaks，CA 91360

（805）551. 5494

邮箱：jolynn@metro805.com

网站：www.jlfeinstein.com

ATD 分会：洛杉矶

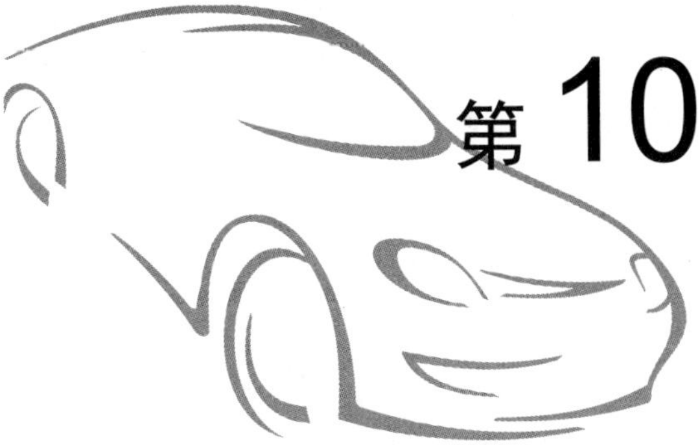

第10章 专业发展：职场技能

作为一名培训师，帮助员工实现专业发展你在公司的最主要的职责。本章节就聚焦于那些可以让学员学习一些有助于他们日常工作的技能的活动，从而使他们的事业能够得到提升。

你的工作职责是创造一个安全、能够得到足够支持和包容的环境，并在其中为学员构建智力的挑战和创新性的学习体验。通常状况下，工作中所需要的技能并不能和工作坊中的主题完全对应。例如，你可能不会去讲授一门压力管理课程，但是当你的学员面对新的学习任务或承担了额外的工作职责产生了压力时，他们需要了解该如何应对。

这种学习需要更多态度、职业价值观和承诺方面的转变，而不是单纯的技能和知识学习。例如，积极向上的态度有助于个体在工作场合中的感受和工作效率，但是几乎没有培训项目涉及对于学员态度的改变，除非在设计课程时有包含了积极思维的主题，或者是在课下或课程结束之后，你和一些学员正式/非正式的一对一的交谈可能会有所涉及。

尽管本章的活动都被写成工作坊的形式，但是也可以用一些有别于工作坊的形式实现，例如，指导和教练、一对一的讨论，或者其他任何你可以为学员提供支持的形式。

进行任何专业发展的关键是你个人的态度。你如何定义这些技能、如何去强化学员的技能。安托瓦内特·S. 韦伯斯特提出了关于工作热情的话题，她认为热情之于人就如汽油之于汽车，都是至关重要的驱动力。这也很符合我们本章的主题。学员们一定会喜欢她带来的这个活动。当读到莎拉·赫斯特带来的活动——“压力交响乐”时，你一定会觉得很想笑，但是这个活动非常有效！瑞妮·麦克雷和珍妮弗·费特霍夫贡献的两个活动让学员针对“一个小组如何独立工作，与其他小组如何协作”这一问题展开讨论。

辛西娅·所罗门演示了“涂鸦墙”，用以改善员工行为和创造新的组织文化的作用。她的活动让整个组织都参与其中。莎伦·德拉的活动可以帮助学员了解他们工作的价值。芭芭拉·默里的活动则突出重点，整个活动仅耗时 10 分钟，就可以告诉大家其实我们一天会完成多项工作，却不记得我们都做了什么！露丝·索斯金的活动帮助你确保学员已经为找下一份工作做好了准备。

你可以将这些活动运用在你设计和执行的各种培训项目中。

激活你的热情

安托瓦内特·S. 韦伯斯特

概述

在这个活动中，学员活跃地弥补自己在工作热情方面的不足，了解缺乏工作热情对于他们个人和组织取得成功以及个人长期幸福感等方面的影响。

目标

- 体验和意识到热情的力量。
- 了解表达和体验热情的多种方式。

学员

6~30 人。该活动也曾经最多在 180 人的小组中完成。

用时

20~30 分钟。

材料及设施

- 挂纸白板或 PPT，在纸或 PPT 页面的左侧垂直写“P、E、M、S”四个字母。
- 挂纸白板、白纸、马克笔、钢笔或铅笔，用来进行小组讨论。
- 关于“热情”的名言（见后文）。这些内容的呈现形式可以是挂图、打印出来或做成 PPT。
- 胶带。

场地

可供学员分成每组 3~6 人，并可以自由地走动的空间。

流程

1. 通过对于“热情”的讲解，简单地介绍一下这个活动。首先让学员来定义一下“热情”这个概念。可以提问学员，为什么热情如此重要？让大家发表几点看法，并给予积极的反馈，可以这样说：其实热情的作用比他们想得还要重要。让大家注意看挂在墙上或已经下发的关于热情的名人名言，并大声朗读。鼓励大家对这些名人名言发表一些意见。
2. 打开写有“PEMS”的挂纸白板或 PPT，提问学员：这几个字母的含义与热情可能会有何关联？然后可以将字母代表的单词写出来，介绍这个活动可以让学员了解“热情”是整体的，包括在身体上（Physically）、情绪上（Emotionally）、心理上（Mentally）和精神上（Spiritually）的体验和表达。
3. 让学员回忆自己觉得自己充满热情的一个经历，或者引导他们回忆一些他们觉得别人充满热情的场合和时刻。让学员谈谈他们是否记得自己当时情绪是怎样的？这个问题让 3~4 个人回答即可。
4. 让学员起立，并请大家在屋子里面散开，向其余的学员解释热情是什么。根据小组的人数，一般情况下这个过程大约持续 2~4 分钟。可以和大家解释，第一次这么做可能会觉得有点蠢，出现这样的情绪是正常的，毕竟大家都在这么做。你可能需要他们模仿他们觉得充满热情的那个人的表现，并且解释这些行为，或者列出一些代表热情的词汇。
5. 在预定的时间结束之后，让所有学员分为四个小组，分别代表“身体（Physically）、情绪（Emotionally）、心理（Mentally）和精神（Spiritually）”。如果参加活动的人非常多，可以考虑增加分组。给他们每组分发 P、E、M、S 中的一个单词。接下来分发挂纸白板和马克笔，让每个小组都能记下和汇报他们的讨论。
6. 让各个小组列一个单子，其中包括人格、行为、特质等方面的与热情相关的词。向大家宣布此环节进行 5 分钟。
7. 5 分钟之后叫停，让各小组汇报他们的成果。如果你愿意，可以将他们写答案的大白纸贴在墙上供稍后参考。

8. 指导学员将此活动和整个主题或会议的焦点联系起来。请学员在进行日常工作时关注周围的人是如何体验和表达他们的工作热情的。

⚠ 会员提示

- 这个活动得到的绝大多数反馈会是积极正面的，但是偶尔也会有一些负面的回应。这非常正常，因为一些学员将注意力集中在其对于热情的体验和表达上，另一些可能会集中于对他人的观察。
- 此活动可以让学员观察到在生活中和工作中人们都是如何表现的。
- 每个人都拥有热情，它潜藏于我们的身体之中。尽管对于一些人来说，之前的一些经历或信息会抑制他们对热情的表达。
- 激活热情与创造力、能量、目标明确程度、工作效率、投入度，以及很多能力和技能等都有直接的正相关。
- 你可能希望在小组最终投票时花一些时间来阐明工作热情与整个项目主题，以及学员在组织中的角色之间的关系。
- 热情不仅是个人问题，缺乏热情还会影响团队、客户和组织。
- 作为备选项，也可以让学员展示一下缺乏热情的表现。如果时间不太允许，可以让小组成员分成两部分，分别来演示热情和缺乏热情。

安托瓦内特·S. 韦伯斯特 是一个活跃的实战派专业讲演者、引导师、教练和作家。她是有效系统（A System That Works^{SM}）的主席。有效系统是一家提供讲演、培训、教练和咨询服务的公司，为转型发展提供集成化的解决方案。有效系统可以根据各个独特的组织文化和个人偏好，提供定制化的优质、实用的方案、产品和服务。安托瓦内特著有《热情！如何创造和保持》《引燃热情的火花》《命中商业成功》《高效会议》

《高效培训培训师 10 步法》等著作。她拥有沙维尔大学的工商管理硕士学位。

安托瓦内特 · S. 韦伯斯特

LEAP II，SGM 和（ME！~Master Enthusiast！）认证

有效系统公司

640 Foster Avenue

Hamilton，OH 45015

（513）887.0600

邮箱：antoinette@asystemthatworks.com

ATD 分会：辛辛那提

关于热情的名言

每个人都拥有热情，只是呈现的形式不同。

——佚名

热情是一种精神状态，可以激活和唤起一个人的行动。它极具感染力，可以影响到周围相关的每个人。热情之于人就如汽油之于汽车，都是至关重要的驱动力。

如果为工作注入热情，工作就不再单调和乏味。

热情既是有趣的，又是令人兴奋的。

——克莱门·特斯通

压力交响乐

莎拉·赫斯特

概述

这是一个减压的活动，在活动中会发现大笑和欢愉是治疗压力过大最好的药物，欢声笑语让我们充满压力的生活能够重新轻松快步前行。

目标

- 练习减压的手段。

学员

10~25 人。

用时

10 ~ 15 分钟，如果学员数量较多，时间可以更长。

材料及设施

- 将黄色、蓝色或绿色的打印纸裁成小于 6 平方英寸的纸片，长方形或正方形皆可，为每个学员准备一张。

场地

任何一个室内即可。

流程

1. 主持人携带一叠彩色的纸，召集学员们到一起，给大家分发彩纸。向学员们说明稍后他们将参与到一个减压的小活动中。
2. 让大家传递彩色的纸，并且选择一张自己喜欢的颜色留下，其余的纸继续传给下一个人。全体学员拿好自己的纸后站好。
3. 接下来，向学员们征集一些感受到压力的症状。这时，他们有可能反馈一些躯体症状，如头疼、胃疼或其他疾病。然后向学员们介绍今天这个简单的小活动就是帮助大家减压的。

4. 让学员中选择蓝色纸的人出来，这时主持人也要拿一张蓝色的纸，说：“当我们压力大的时候，有时候甚至会忘记呼吸。”随后让大家跟着你的示范练习调节呼吸。
5. 拿起蓝色的纸，大声地吸一口气，然后同样发声呼气。与此同时，让你的肩膀夸张地抬起和放下。告诉大家：当主持人举起蓝色纸的时候，大家必须做肩部动作，夸张地大声呼吸。
6. 举起蓝色的纸，让选择蓝色纸的朋友跟着进行呼吸练习，接下来感谢这些学员，告诉他们现在可以停止呼吸练习，但是要拿好自己手中的蓝色纸片。
7. 让学员中选择黄色纸的人出来，让他们跟着你唱歌。因为唱歌这个动作可以放松膈肌，这样会使得更多的氧气进入肺和大脑，从而达到减压的效果。
8. 按照一定的韵律发“啦、啦、啦……”的音，夸张地左右摆动双臂。之后向选择黄色纸片的学员说明规则，当主持人拿起黄色纸片时，他们必须要按照这个韵律大声唱歌和摆动。
9. 让拿黄色纸片的学员们将“规定动作”做一些练习之后停下来，并提醒他们拿好自己手中的黄色纸片。
10. 主持人举起手中的绿色纸，和大家讲解：通过一些身体的动作和姿势可以有效放松身体，释放压力。
11. 让拿绿色纸的学员们按照主持人的示范一起做动作。晃动自己的身体并且发声。让他们练习一下这个动作后停下来，同样提醒他们拿好自己手中的绿色纸。
12. 三组动作都练习完毕，告诉大家将共同完成一个减压的交响乐。提醒选择每个颜色的学员们在举起所选纸片的时候要完成相应的动作。蓝色的大声呼吸，黄色的唱歌，绿色的晃动身体。
13. 主持人每次举起一种颜色的纸，之后给大家时间完成他们的动作。之后按照不同的颜色顺序来做几次练习，例如，可以是黄-绿-蓝，或者是绿-蓝-黄。

14. 主持人接下来可以每次举起两张不同颜色的纸，之后给拿这两种颜色纸的学员时间完成他们的动作。之后以不同的颜色组合多进行几轮。可以偶尔在其中几轮只拿出一张纸，并且不停地加快切换颜色的速度。
15. 最后，同时举起三种颜色的纸。
16. 这时，全部学员都会沉浸在欢声笑语中，并且互相拿各自的动作开着玩笑。
17. 活动结束后和学员们共同探讨一下此活动的意义。询问大家是否感到放松了一些。并让大家讨论是什么使自己感到放松，今后感到有压力时该如何进行自我调节和放松。
18. 告诉学员们，在任何他们感到有压力的情况下，都可以通过出声呼吸、唱歌、摆动身体或大笑来进行放松。或者让他们直接回忆一下今天的活动，这样直接就可以通过大笑进行减压。

⚠ 会员提示

- 此活动的目的是减压和娱乐，所以主持人要准备好可能你自己会先笑场。
- 在主持人做示范的时候，确认你自己的动作足够大、足够夸张，非常戏剧性的示范通常会有比较好的效果。
- 在正式开始交响乐之前，确保手持每个颜色纸片的成员都能有两次以上的练习机会来熟悉自己的动作。
- 在交响乐活动正式开始时，通过不断加快切换颜色的速度来带动学员，这样会带来更多的愉悦和放松。
- 大笑是最好的减压工具，所以在整个活动中多引发学员的笑声。
- 此活动可以作为以压力为主题的课堂的一部分，也可以用于其他关于减压和使团队再凝聚的项目中。

莎拉·赫斯特　是田纳西州休斯敦的斯图尔特和斯蒂文森公司（美国一家石油和天然气行业相关设备和服务提供商）的培训经理，她从事培训工作长达 18 年。她擅长领导力、沟通、项目管理等专题的课程开发和讲授。莎拉参与的“项目变革的挑战”活动，入选《普费弗资源 2008》一书中“培训者的工具箱：激活学习的有趣方法”的相关章节。莎拉从 1996 年加入 ATD，即将就任休斯敦分会会长。

莎拉·赫斯特

27222 Yale Street

Pasadena，TX77502

（713）477.8587

邮箱：s.hurst@ssss.com

ATD 分会：休斯敦

变焦

瑞妮·麦克雷

概述

本活动的学员需要在没有任何页码提示、没有任何轻易可辨别的线索下，将一本拆散的书重新排列好顺序，通过这个活动可以使大家了解团队中良好沟通的重要性、领导力的本质以及其他关于团体动力学的相关感受。

目标

- 体会在几乎没有愿景和方向的组织中进行合作。
- 了解团体动力学中帮助达成结果或阻碍目标完成的因素。

学员

4~12 个共同工作的学员。

用时

15~30 分钟。

材料及设施

- 两本伊斯特万·巴尼亚伊所著的《变焦》(*ZOOM*)。

场地

不限。

准备

从你喜欢的商店或书店买两本《变焦》。在活动正式开始之前，把其中一本拆散并打乱页码顺序。

流程

1. 尽量在不给语言提示的情况下，将打散顺序的书页发给小组成员们。

2. 让小组成员指出这是要让他们做什么。

3. 如果有小组觉得他们拼出了正确的页序，把另一本完整的书给他们，让他们对照一下来检查是否排列正确。

4. 选用类似如下问题总结活动：

- 小组的什么行为促成了你们完成此活动？
- 小组是否有某些行为会阻碍整个过程？
- 这个活动和我们日常生活中的哪些事情有相似之处？
- 在沟通中，什么情况下你会觉得自己被“听到”，而什么情况下会觉得是在被“倾听”？
- 团体动力带来了什么？
- 团队中谁主导了整个过程？领导行为是如何发生的？他的行为对于整个过程是否有促进作用？
- 什么让整个活动过程更加顺利平稳地完成？
- 如何将今天活动中所得到的启示运用到未来的团队工作中？
- 在未来的工作中，哪些行为是你要继续要保持的？哪些是你以后不能再继续做的？哪些是你需要开始着手做的？

会员提示

- 这个活动采用《变焦》这本书比较好，因为该书是单面有画面的，而且没有页码。
- 团队成员需要通过讨论来决定该做什么，他们通常都会在团队中再分小组，分别来完成排序工作。
- 这本书通常来说在活动中会被正确地排序，只是封面和封底可能会给学员带来困惑。

瑞妮·麦克雷　曾经成功为《财富》500 强中多家公司实施培训，包括卡夫、嘉宝、派提等。她曾著有《加强你的销售力量》（菲弗出版社）、

《跨国员工培训指引精要》(菲弗出版社)、《成功高效团队实用经典10步骤》(ATD出版社)。除了帮助公司加强他们的团队建设、销售队伍建设以外，她还能够通过新员工培训项目和导师项目帮助公司新员工成功融入组织。通过网络，她只用一间教室，便提供了范围遍及全球的培训服务。瑞妮是市场营销培训组织（Sales & Marketing Training，SMT）的前任主席。

瑞妮·麦克雷

1177 Russetwood Court
Wheeling，IL 60090
（847）215. 2364
邮箱：rmcclay@inspiredtolearn.net
网站：www.inspiredtolearn.net
ATD 分会：芝加哥

前景不明

珍妮弗·费特霍夫

概述

完成儿童拼图的游戏，可以帮助团队成员有新的发现，改善沟通的路径，并且学习到富有价值的问题解决技巧。

目标

- 用团队合作的方式提高沟通能力和问题解决技巧。
- 探索在单个部门无法获得全部信息的时候，跨部门沟通会遇到的挑战。
- 讨论改善跨部门沟通的方法。

学员

5~15 个成员，他们可以是一个项目小组的人，或者来自不同部门或级别的管理人员（如果多于 15 人参加，需要准备更多的拼图）。

用时

20~45 分钟，时间取决于活动小组的人员数量。

材料及设施

- 儿童使用的拼图，这在玩具店或提供教学材料的商店有售。
- 两个眼罩。
- 如果学员们不方便坐在地上，可以准备一张大桌子（可选）。

场地

有足够大的空间可以供小组进行活动，可以在房间的地上，也可以在房间内的大桌子上。

流程

1. 将拼图图案朝下放在学员面前的地上。
2. 让两个学员作为志愿者出列，并戴上眼罩。在戴眼罩之前让他们坐在地上的拼图片旁。
3. 让其余的学员为两位戴上眼罩的朋友提供指示，来完成拼图。需要提示他们以下两点规则：

- 只有戴眼罩的学员可以触碰和摆放拼图片。
- 两名戴眼罩的学员必须在其他人的言语指示下共同完成拼图任务。

4. 告知学员他们有 15 分钟的时间来完成拼图任务。(或者，如果时间允许的话，就让他们一直进行，直到完成拼图。)
5. 当设定的时间结束或拼图任务完成之后，用以下问题针对完成过程来向大家提问：

- 问戴眼罩的组员：可否分享一下完成这项任务时遇到的困难和感到简单的部分分别是什么?
- 问其他学员：完成这项任务时遇到的困难和感到简单的部分分别是什么?
- 这个活动和你日常的工作有何关联? 用学员的回答和案例回到沟通的本质和团队合作主题中去。这种沟通和合作并不仅仅是在他们特定的小组中，也可以有其他的小团队一起参与进来。例如，在项目中，或者其他部门或其他公司中。
- 当其他部门或团队的成员未能准确地向你传达信息时，你会有何感受? 是否会觉得措手不及?
- 用你自己观察到的大家在活动中的表现来讲解哪些行为促成了任务完成，哪些行为阻碍了任务完成。
- 基于任务完成的一些有利条件和挑战，你们如何将其转化为业务成绩?

6. 如果时间允许，将完成的拼图再次打散，并将面朝下放好。再找另外两人戴上眼罩重新进行一次。
7. 当拼图任务第二次完成时，向戴眼罩的队员提出以下问题：

- 和刚才第一次完成的两位队员相比，你们完成任务时感到更简单还是更难？
- 你们有什么优势和劣势？（因为他们事先看到了完成的拼图是什么样子。）
- 根据学员的回答，来对应在他们岗位或部门沟通时所发生的事。如果我们对最终产出有所了解，是否会比带着盲目感进行工作更有助于完成项目？
- 帮助学员比较第一次和第二次尝试完成拼图的活动，哪些因素促进或阻碍了任务的完成，然后提出以下问题：
  — 将打散的拼图拼好的活动和进行跨部门沟通这二者之间有何联系？
  — 为了达成你所在部门和其他部门的良好沟通，你都做过哪些努力？
  — 你可以为跨部门沟通的改善再做些什么？
  — 通过这个活动，你学到的最重要的东西是什么？

⚠ 会员提示

- 使用学员的具体例子以及引用他们的对话，会有助于开展活动总结。
- 我在任何时间使用这种活动方式，学员都非常喜欢。对于跨部门合作项目工作者来说，这是一个大开眼界的好活动。这个活动帮助他们了解了沟通的重要性。尽管对于他们来说，愿景是明确的，但是沟通的对象却没有那么清楚。
- 这个活动在桌子上开展，会比在地板上效果更好。小组的规模越大，就越难以看到拼图过程中发生了什么。
- 当参与人数为 10~12 人时，效果会比较好。如果参与人数多于 12 人，可能需要更多的拼图，使每个小组保持 10~12 人完成一幅拼图任务。在总结活动时，可以用上你对每个小组的观察，并允许学员和大家分享自己小组和其他小组的异同之处。

- 无论你选择如何进行这个活动，总结环节都是类似的。
- 作为补充活动的一个小变体，可以将拼图中的一片藏起来，这样他们就无法完成整个拼图。也可以让其中一个学员将一片拼图藏起来，并且让他到最后再参与到活动中去，交出最后一块拼图。你也可以将学员们再分成小组，并且给每个小组大拼图中的一部分，他们必须先将小组的任务拼好，才能将其再构成一幅完整的拼图。

珍妮弗·费特霍夫 是贝尔格社会信用联盟（Belco Community Credit Union）的培训协调员，负责员工战略性的可持续发展，包括领导力、服务和技巧等方面。珍妮弗正在攻读商科副学士学位。她对学习和教育他人充满热情，喜欢花时间陪自己的女儿克里·安妮和两条狗巴顿斯和凯尔文。她对教会和社区工作也很热心，是 ATD 宾夕法尼亚州中部分会简讯《中部你好》(*Hello Central*）的合编者。

珍妮弗·费特霍夫

贝尔格社会信用联盟培训协调员

449 Eisenhower Boulevard

Harrisburg，PA 17111

（717）720. 6232

邮箱：fetterhoffj@belco.com

网站：www.belco.org

ATD 分会：宾夕法尼亚州中部

绩效涂鸦墙

辛西娅·所罗门

概述

该活动代表了诸如“街头公告员”或“社区留言板”等旧世界的技术与 21 世纪的社交网络的交点。所有学员实时记录自己为达成组织目标而正在从事的工作。

目标

- 实现组织中日常的互相认同以及分享理想的组织行为。
- 通过完成一些组织鼓励的“亮点”行为，展示每周的个人表现良好之处。
- 建立关于改善行为的新组织文化并使之成为标准。

学员

任意数量的学员，前提是他们工作范围相同，在一个部门、在一个小组或其他形式的同一工作团队中。

用时

开篇的说明活动需要 10~15 分钟的时间。因为这是一个实时的工作场景中的活动，所以需要的时间比较零散，分布在一周之中，学员按照说明的指示来完成活动。

材料及设施

- 一块适合学员在一周之内能够写写画画的地方。这片地方可以称为“涂鸦墙”。例如，一些适合书写的表面：挂纸白板和纸、海报板或高度合适的墙等。

场地

这是一个实时的活动，所以并非发生在一个特定的“场地”。“涂鸦墙”最好设置在走廊的中间，这样大多数学员可以每天或经常看到它。总体想法是这样的：团队中成员写一些本周中发生的被定义为“理想行为”的例子。

流程

1. 选择一种被组织的文化价值观所认可的特定行为。一个可能的示例如下：在×分钟/小时/天之内对于信息的需求给出反馈；帮助他人解决问题；识别和降低潜在风险；别人如果帮助你，要真诚地感激他人；发现和汇报一些可以给组织节约开支的方法。这些行为都需要与组织的战略目标以及任务相关。
2. 关于组织每周要展示的文化行为，在组织领导层达成一致。整个组织要关注同样行为在不同部门的不同表现。
3. 在每周的部门例会上，花 10~15 分钟来解释一下“涂鸦墙”活动的意义，强调以下几点：

- 我们聚焦于识别、汇报、分享和庆祝那些与组织文化相符的行为。讨论该如何识别那些可以帮助组织实现其战略目标的行为。
- 下周会要求通过文字、图画或图表的形式来表达你是如何解释那些被列在“涂鸦墙”顶部的“每周倡导的典型行为”的。
- 如果愿意的话，你可以在涂鸦墙上写一些行为，但是每次写的行为必须非常具体。你也可以写一些你感受到或看到的你的同事做的让你有非常积极体验的事情。
- 每周的例会上，我们会交流和共同庆祝一下我们为了实践组织文化和价值观所做出的努力。
- 每周每个人最好都在墙上写一些东西。

4. 将“涂鸦墙”放在每天大家都要经过的地方的突出醒目之处。在旁边准备一些笔，方便大家在上面写一些相关内容。

⚠ 会员提示

- 涂鸦墙可以在季度会或半年会上作为大家是如何向组织文化肯定的方向工作的一个提示。
- 如果涂鸦墙被写满了，就及时增加一些纸。

辛西娅·所罗门　哲学博士，美国田纳西州塔斯库勒姆学院（格林维尔）教育学副教授和人力资源发展研究生课程的协调员。除上述主要学术工作外，辛西娅还拥有自己的所罗门联合咨询公司（CSolomon and Associates），专注于领导力和团队建设技巧、组织绩效管理、组织文化研究与变化、教学系统设计模型的各项功能和培训师训培讲习班。她的作品曾在 ATD《信息线》(*Info-lines*）和《菲弗团队和组织发展年鉴》（*Pfeiffer Team and Organization Development Annual*）上发表过。

辛西娅·所罗门，哲学博士
塔斯库勒姆学院教育学副教授
114 Walosi Way
Loudon，TN 37774
(865) 408.1520
邮箱：kcsolomon@aat.net
ATD 分会：大烟山

大画面中的一角

莎伦·德拉

概述

这个活动通过对于拼图这一暗喻创造性地运用，强调了组织中的个人贡献者之间相互联结的重要性。

目标

- 了解个体的行动对于群体中其他人的作用。
- 了解如何让别人知道你希望他们怎么协助或帮助你。

学员

20~50 人，可以分为 6~8 个组。

时间

20~25 分钟。

材料及设施

- 参照后文中拼图的样例，制作一页 PPT。
- 投影仪和投影幕布。
- 挂纸白板、白纸和马克笔。

场地

不限。

流程

1. 在投影上放出拼图的 PPT 页面。
2. 让所有学员组成小组，讨论这个问题："如果我停止工作，谁会受到影响？"
3. 请每个小组选出一个领导，以保证小组每个成员都有所贡献。让他们对于讨论做一些记录，并与整个小组分享。这个阶段持续 5~7 分钟。

4．设定的时间结束之后，大家重新合并成为一个大组。让原先的每个小组列出问题的一个答案，并将其写在挂纸白板上。

5．提问："我们之中是否有谁的工作会影响到其他人的工作？"当学员开始回答时，引导他们进行更深入的思考，例如，可以提出这类问题："其他的同事是如何被影响的？"向小组的另一部分人提出这样的问题："如果你们其中一人停工了，会发生什么？"

6．如果有一些学员的工作会影响到一同参加活动的其他一些人，就让他们站在一起表示他们的工作关系。例如，如果 A 会影响 B 和 C，那么让三个学员在场地中间站成三角形，作为示范。你可以问："有没有其他人的工作和 A、B 或 C 有关系？"如果有，让这些学员也加入中间的队伍。如果第一次测试中没有其他人与这三个人的工作有关系，则进行第二轮测试，保持 A、B 和 C 三个人的位置。

7．在你们发掘出了小组成员中所有的关联之后，可以提出以下问题：

- 通过这次活动，你对工作有什么新发现？
- "助人即自助"的含义是什么？
- 在今后的工作中，你会做出哪些改变？

会员提示

- 这个活动可以有效地帮助学员了解他们工作的重要性，他们和同事的工作在组织中有怎样的联系，以及他们的工作是如何融为一体、成为一幅"大作"的。

莎伦·德拉　学习和绩效认证专家，在需求评估、人力绩效、流程提升和组织发展领域有超过 17 年的工作经历，她的广泛的经验是通过在

零售业、金融业、医疗保健、政府、制造业、酒店业和旅游行业的运营、商务管理、客户服务、销售、沟通、市场、接班人计划、领导力、教练和培训工作中获得的。莎伦是前进集团股份有限公司（Proficience Group Inc.）的所有者和首席执行官，该公司与其他组织合作，辨识不良绩效的根本原因并且确定最好的解决或干预方案以消除绩效差距，用一双犀利的眼睛来揭示可能的盲点。莎伦目前服务于国家 ATD 分会认证委员会。她拥有达拉斯大学的工商管理学硕士学位。

莎伦·德拉，学习和绩效认证专家

8948 Random Road
Fort Worth，TX 76179

（817）236.7594

邮箱：sdera@charter.net

网站：www.proficiencegroup.com

ATD 分会：沃思堡

拼图范例

处理多个任务的压力

芭芭拉·默里

概述

通过这个活动，可以发现类似于马戏中抛很多球在空中一样的任务处理方式中存在的潜在风险和不足。

目标

- 体会我们在不知该做什么事情的情况下，是如何完成多个任务的。

学员

最少要 10~12 个人。

时间

10~15 分钟。

材料及设施

- 为每个学员准备曲别针、橡皮、笔、搅拌棒、胶带或其他一些小物件。
- 给每个学员一摞白纸和铅笔。
- 一个用于装以上物件的容器。

场地

可以容纳所有学员的空间，或者让他们围成一个圈。

流程

1. 让所有学员站成一个圈，彼此站得接近一些，方便传递一些小物件。
2. 给每个学员一个准备好的小物件，如笔、曲别针或橡皮等。告诉学员们，这个活动会重现一个类似于工作场景中发生的情况。
3. 让学员们把手中的物件向左边的一位朋友传递，并且传递速度越来越快，直到有学员把传递的东西掉在地上为止。让此学员站到圈外并且停止活动，把他掉的东西捡起来放回活动中继续传递。

4. 让剩下的学员们将手中的物件向右边的一位朋友传递，依然是速度越来越快，直到再有人将东西掉落。同样让他停止活动并站到圈外。把他掉的东西捡起来继续游戏。
5. 像这样继续活动，直到剩下一两个学员为止。
6. 活动结束，让大家就座，你可以把传递的小物件都收起来。
7. 为学员分发白纸和笔，让他们列出刚才传递的物件。然后指出哪一个学员写得最为接近。你可以从收起的一堆物品中指出，来证明他写的这个物件是刚才活动中传递过的。
8. 宣布此次活动有两个获胜者，一个是坚持到最后的人，另一个是罗列了最多正确答案的人。并请大家鼓掌为他们庆贺。
9. 用以下问题总结活动：

- 整个活动过程中你都观察到了什么？
- 活动和日常工作有哪些联系？
- 在今后的工作和活动中可以做出什么样的改变？
- 活动中的讨论对你未来的工作有何帮助？
- 我们把东西传递了一遍又一遍，却没法记住我们都传递过什么，这种现象有什么重要的意义？

⚠ 会员提示

- 学员听到他们需要回忆都传递过什么东西时会非常惊讶。
- 这个活动既生动有趣又富有深意。我们会疯狂地传递，却完全没有精力去注意我们在做的是什么。

芭芭拉·默里 目前是 ATD 大平原分会会长。她成为 ATD 的双重会员已有 9 年时间，为大平原 ATD 董事会主动服务也已有 6 年之久。芭

芭拉在培训和发展领域工作已超过 11 年。她负责普雷米耶（PREMIER）银行卡的管理开发，为 300 多名经理和关键人物服务。芭芭拉为自己是公务员首领而感到自豪。她开发和传递了大量管理开发课程以便满足普雷米耶团队的需求并为经理人提供必要的工具和培训，协助他们成为伟大的普雷米耶领导者。

芭芭拉·默里

4902 South Oxbow Avenue

Sioux Falls，SD 57106

（605）357.3401

邮箱：bmurray@premierbankcard.com

ATD 分会：大平原

为面试做好准备

露丝·索斯金

概述

在面试中，一个小细节可能会对其成功产生巨大的影响。这个活动可以帮助学员避免忽视这些葬送工作的细节。

目标

- 让学员了解一些找工作面试过程中需要加以改善的部分。
- 让学员知道该如何为面试做准备。

学员

正在寻找新工作的 15~30 名成员。

用时

30~40 分钟，如果时间允许可以适当延长讨论。

材料及设施

- 挂纸白板、马克笔、遮盖胶带。

场地

一个足够让所有小组成员都围坐或站在挂纸白板周围的场地。

流程

1. 让所有学员作为一个大组，从以下内容开始导入这个活动：无论是现场面试还是电话面试，面试其实始于双方见面（或通电话）之前，这点经常被参加面试者忽视。它的重要性对于一些老到的面试官来说是不言自明的，但对于其他人来说可能在听到这个观点时才会恍然大悟。例如，准备去面试的人需要了解面试官对内在和外在都关注什么。这些都会影响你给他的第一印象。如果你因为近期找工作不顺利而情绪或态度不佳，那么你需要调整一下这些反映内心状况的表现，从而使这些表现对面试有一个积极正面的影响。也可以向学员们提一些问题，例如，“过去都是分几步准备自己的面试的？”

2. 学员回答以上问题之后，可以将他们的回答归为以下几种类型：

- 对于目标公司我需要了解的内容。
- 对于面试官的问题。
- 对于面试者的问题。
- 我的内心感受和我的外在表现。
- 准备电话面试和现场面试的差别。
- 参加面试之后的一些礼节。

3. 在每个挂纸白板的最上方写一个标题。
4. 将所有学员分为至少 3 个小组，每组有 3~5 人。
5. 为每组分配一个主题挂纸白板。如果小组里面还有更小的分组，在那组的挂纸白板上多留几张白纸。
6. 让学员们进行 10 分钟的头脑风暴活动，来想出所有和自己所分配主题相关的答案。
7. 每个组将本组的讨论结果写在挂纸白板的大白纸上，并且选出一个发言人来与大家分享小组讨论的成果。
8. 10 分钟之后，让每个组汇报结果，并且可以添加那些他们在讨论过程中新产生的想法。
9. 用以下的问题总结讨论：

- 你在之前准备面试时，有没有忽略哪些步骤？
- 当你下次准备面试时，会做出什么调整和改变吗？

会员提示

- 这个活动看起来很简单，但它可以让学员开始思考该如何准备面试。

- 我当时是为那些第一次找工作的人设计的这个活动，但是在一些为工作做准备的培训中效果也不错。
- 这个活动让学员们体会到小组活动和合作。
- 这个活动对于行为面试是一个很好的“热身”。
- 面试是一个令人紧张的过程。这个活动可以让学员们有机会进行练习，并且可以使其对于参加面试更有自信。
- 面试过程对于寻求工作的人来说，通常会包括但不限于对来自未来东家的电话和电子邮件焦虑不安的等待。
- 这个活动会展示准备面试和面试过程中的一些积极行为。

露丝·索斯金 供职于培训技能公司（Trainology，Inc.）。她是一个精力充沛并且以目标为导向的员工培训和发展咨询顾问。学习应该是充满乐趣和互助的！她在电信、计算机运用以及一些“软技能”（例如，情商、个性特征、社交礼仪、沟通能力、个人习惯、友好程度，以及处理人际关系的乐观态度等非智力因素。——译者注）的成人学习方面有 15 年的工作经验。露丝拥有咨询辅导的学士学位，咨询辅导方面的专长使她能够在与背景不同、能力差异较大的同事共事中游刃有余。她拥有 MBTI、智睿管理咨询（DDI）、布莱辛·怀特个人成长管理（Blessing White's Managing Personal Growth）和成就他人（Helping others Succeed）的认证。她也拥有全国零售协会颁发的客户服务指导认证。

露丝·索斯金

835 Ridge，Avenue—303

Evanston，IL 60202

（847）866.8604

邮箱：ruthsoskin@trainology.com

ATD 分会：尚未入会

第 2 部分

培训工具及技巧

第 11 章

破冰：认识你的伙伴

破冰的主要目的是介绍团队成员认识，相互熟悉，引出培训课程的主题。精心策划的破冰活动能确保培训课程从一开始就拥有更高的参与度和关注度。设计破冰活动的时候，一定要牢记这些指导原则。

己所不欲，勿施于人。包括破冰在内的所有活动，都要使学员保持自尊、建立信任、提高学习能力。根据受众群体选择合适的破冰活动，给工程人员选用的破冰活动，肯定不能用在销售人员的团队培训中。同时，也要根据培训内容选择破冰活动。

通过破冰活动把培训课程内容引出来，使你充分利用每分每秒。你可以把破冰活动作为另一个培训工具，帮助学员从课程一开始就把注意力集中在重要的方面。利用破冰活动定下培训的基调，建立学习的氛围。破冰活动也能使你提早看出学员的水平。

在破冰活动期间进行观察，不仅可以了解整个受众群体，也能了解每个学员。破冰活动也是一个能分辨出谁是天生的领导者、谁有支配倾向、谁需要被引导提升说话能力的绝好机会。这些信息将有助于后续管理。破冰活动要注意时间。如果破冰活动设计过于活跃，则很容易使课堂失控、超出时间限制，或者浪费活动创造出的正能量。

学员从彼此身上学到的不比从课程中学到的少。所以要尽快开始与破冰活动相关的介绍。在课上了解他人能使他们听讲、介绍破冰活动和参与变得更容易。

本章展示了种类繁多的破冰活动。前四个活动可以解决破冰经典问题：你想让学员坐着进行自我介绍以节约时间，还是想让学员站起来参与一对一的活动呢？克里斯蒂·吉尔克里斯特的“你床下有什么”（光标题就让人想立刻参与）是可以带来笑声的破冰活动。莎伦·德拉分享了两个她最喜欢的破冰活动，为了激发兴趣，她使用了糖果和卫生纸。莉萨·唐斯要求学员在活动中透露自己的绰号。

戴维斯·M. 罗宾逊和莎伦·德拉提供了两个在小的群体活动中使用的破冰活动。每个仅需 20 分钟。这两个活动也同样适用于大的群体活动。在“不谦虚的采访”中，J. T. 科斯特曼引导学员通过新奇的方式相互介绍。这些经测试有效、经实践检验过的活动可以一直在培训活动中运用。阿曼达·吕思特通过“谁的雪球”让活动学员获得满满的能量。肯尼斯·R. 斯坦分享了一个贯穿整个培训活动的破冰活动。最后，艾米丽·克劳奇让学员思考自己的名字，将此主题作为自我介绍的一部分向班级介绍。这些活动可改编适用于几乎所有学员。为你的学员选择一个合适的吧。

你床底下有什么

克里斯蒂·吉尔克里斯特

概述

这个活动简单有效，且具有启发性；幽默有趣，并含有“海量信息”。

目标

- 让学员开始讨论，彼此多了解。
- 通过工作坊情境了解彼此有趣的实际情况。

学员

适合所有规模的团队。

用时

20~30 分钟，取决于团队规模。

材料及设施

- 给学员每人发一份印刷出来的“你床底下有什么”的资料。
- 每人一支笔。
- 彩笔（可选）。

场地

不限。

流程

1. 每人发一份“你床底下有什么”的资料、一支笔。如果想鼓励学员画出来或进行创作，就发五彩笔。
2. 告知学员，要尽量多地回答资料上的问题。告诉他们时间限制为2分钟。如果鼓励他们画出来，则此阶段的时间为5分钟或10分钟。
3. 当时间过得差不多时，从第一个问题开始进行讨论，确保每个人都作答。继续进行下一题，随时评论，直到答完所有问题。

4. 如果你要求学员画画，那么需要把资料收上来，每次举起一张，请学员猜测画的是什么。稍后请画画者解释他要表现的是什么。
5. 如果学员特别多，可以让大家围坐在一起进行讨论。

会员提示

- 此活动能非常简单快捷地展示学员的个性。要给学员时间来填写资料。
- 此活动可以采用其他形式的问题。画画这一可选的作答方式有趣但更耗时。让学员猜测所画内容会增加活动的创造性元素。
- 如果你擅长分类、数字或小组活动，可以给此活动中的学员进行分组。比如，问“你床底下有什么”时，三个人回答书本，四个人回答灰尘，五个人说脏衣服，另两人说不知道。可以根据这些答案分成四个小组。

克里斯蒂·吉尔克里斯特　在得克萨斯州休斯敦市森帕能源任组织发展顾问。她在人力资源管理、教育和培训、课程开发、课堂指导、内部咨询和组织发展等领域有超过 13 年的经历。克里斯蒂热衷于通过大量的公司举措来提高公司员工的保留率，帮助人们发现他们的长处并将其运用于迎接组织的挑战。克里斯蒂毕业于得克萨斯大学奥斯汀分校，获得社会学学士学位。她还获得了伦敦大学外部课程教育领导力和管理应用文学硕士学位。

克里斯蒂·吉尔克里斯特

509 Avondale Lane

Friendswood，TX 77546

(713) 207.6923

邮箱：christi.gilchrist@centerpointenegy.com

ATD 分会：休斯敦

“你床底下有什么？”

你床底下有什么?

你 CD 机里有什么?

你食品柜里有什么?

你汽车行李箱里有什么?

告诉我有趣的事情

莎伦·德拉

概述

根据所选糖果的颜色决定学员必须回答什么问题。此活动的目的是鼓励大家参与到课程的内容当中。

目标

- 鼓励大家分享自己有趣的事。
- 从活动开始就鼓励学员。

学员

10~15 人。

用时

5~20 分钟。

材料及设施

- 彩色糖果（品牌种类不限）。
- 列有问题的幻灯片：幻灯片颜色要与糖果颜色一致。
- LCD 投影仪和屏幕。

场地

不限。

流程

1．分发糖果给每个人。
2．要求学员打开糖果盒选择一颗糖果。
3．用幻灯片展示相关颜色的问题。
4．找一个自愿介绍自己的人进行自我介绍，以此作为活动的开始。

介绍要包含名字、职位、部门（或公司，如果有的话），然后回答与其所选糖果颜色相同的问题。

5. 提问其他愿意做自我介绍的人。要求他们介绍与上述相同的基本信息，并回答相应糖果颜色的问题。
6. 根据这个模式要求其他学员完成活动。

会员提示

- 单独包装的糖果最适合。
- 在展示问题之前，确保学员已经选好糖果颜色。
- 如果你没有糖果，在展示问题之前，可以让学员选择一个最喜欢的糖果颜色。比如，“你最喜欢什么颜色的 Life Saver 糖果？”
- 以下问题是有效的例子：
  - —（红色）如果你可以与三人共进晚餐，会是谁？为什么？
  - —（黄色）你心目中理想的假期是什么样的？
  - —（绿色）如果被困荒岛，你想带哪三种物品？为什么？
  - —（粉色）如果中了一百万美元彩票，你怎么花？
  - —（橘色）如果有辆车，你想要什么型号的？为什么？
  - —（蓝色）你最喜欢的甜点是什么？为什么？
  - —（粉色）你最喜欢的卡通形象是哪个？为什么？

莎伦·德拉　学习和绩效认证专家，在需求评估、人力绩效、流程提升和组织发展领域有超过 17 年的工作经验，她的广泛的经验是通过在零售业、金融业、医疗保健、政府、制造业、酒店业和旅游行业的运营、商务管理、客户服务、销售、沟通、市场、接班人计划、领导力、教练和培训工作中获得的。莎伦是前进集团股份有限公司（Proficience Group Inc.）的所有者和首席执行官，该公司与其他组织合作，致力于辨识不良绩效的根本原因并且确定最好的解决或干预方案以消除绩效差距，用一

双犀利的眼睛来揭示可能的盲点。莎伦目前服务于国家 ATD 分会认证委员会。她拥有达拉斯大学的工商管理学硕士学位。

莎伦·德拉，学习和绩效认证专家

8948 Random Road
Fort Worth，TX 76179

（817）236.7594

邮箱：sdera@charter.net

网站：www.proficiencegroup.com

ATD 分会：沃思堡

全面了解你

莎伦·德拉

概述

卫生纸成为幽默的“发言棒”，学员要为拿走的每块纸巾分享一条信息。

目标

- 鼓励大家畅所欲言，在团队中放松。
- 介绍并更多了解各学员。

学员

15~25 人。

用时

15 分钟。

材料及设施

- 成卷的卫生纸。

场地

不限。

流程

1. 开始时，将这卷卫生纸递给一个外向的人，并说：“你认为需要多少，就拿多少。然后把这卷纸传给下一位。”（注意：很可能有人做出奇怪的行为，让大家捧腹。）
2. 鼓励学员将这卷卫生纸传给下一个人，然后告诉他们：“你认为需要多少，就拿多少。然后把这卷纸传给下一位。”
3. 让大家传这卷纸，让所有人手里都有一些卫生纸。

4．你自己也撕下一些卫生纸（三四块的样子），把纸卷放在一边。

5．向学员解释，要使用手里的卫生纸介绍自己，每块纸要提供一条个人信息。

6．做演示，撕下一块纸的同时提供一条自己的信息。比如：（1）名字；（2）职位；（3）工作年限；（4）宠物是什么以及它的名字。

7．选出一个学员，根据你的引导，让他为每块纸提供一条信息。

8．选出下一个学员，以同样的方式提供信息，以此类推，直到每个人都做了自我介绍。

会员提示

- 要准备好分享信息的建议，帮助撕了很长卫生纸的人，比如分享出生地、婚姻状况、孩子/名字/年龄、宠物/名字/年龄、爱好、最喜欢的食物/歌曲/度假地点，让沟通能够顺利进行下去。
- 此活动很受欢迎，可以帮大家在说说笑笑中彼此了解。

莎伦·德拉　学习和绩效认证专家，在需求评估、人力绩效、流程提升和组织发展领域有超过 17 年的工作经验，她的广泛的经验是通过在零售业、金融业、医疗保健、政府、制造业、酒店业和旅游行业的运营、商务管理、客户服务、销售、沟通、市场、接班人计划、领导力、教练和培训工作中获得的。莎伦是前进集团股份有限公司（Proficience Group Inc.）的所有者和首席执行官，该公司与其他组织合作，致力于辨识不良绩效的根本原因并且确定最好的解决或干预方案以消除绩效差距，用一双犀利的眼睛来揭示可能的盲点。莎伦目前服务于 ATD 分会认证委员会。她拥有达拉斯大学的工商管理学硕士学位。

莎伦·德拉，学习和绩效认证专家

8948 Random Road

Fort Worth，TX 76179

（817）236.7594

邮箱：sdera@charter.net

网站：www.proficiencegroup.com

ATD 分会：沃思堡

名字的含义

莉萨·唐斯

概述

通过猜绰号的游戏，在培训开始阶段增强学员的熟悉感和友情。

目标

- 允许学员在培训开始阶段介绍自己。
- 在培训中了解其他学员，加深友情。

学员

15 人及以上。

用时

10~15 分钟。

材料及设施

- 每个学员一张索引卡。
- 每个学员一支笔。

场地

U 形或环形布置。

流程

1. 让学员在索引卡上写出现在和孩提时代的绰号，写完后将索引卡正面朝下放在面前。告诉学员不能让任何人看自己写了什么。
2. 将卡片收上来，打乱次序，大声读出第一个绰号。让大家猜这是谁的绰号。
3. 一旦猜对了是谁的绰号，让那个人分享绰号的来历。
4. 重复此流程，直到猜对所有人的绰号。

⚠ 会员提示

- 将你自己的绰号也混在其中，增强亲和感。
- 这个活动也可以更换猜测的项目，比如最喜欢的食物、爱好、特殊兴趣、过去的度假经历、最喜欢的音乐类型或艺术家。
- 这是很棒的破冰活动，因为大家很喜欢称呼彼此的绰号（尊敬地），可以帮助学员们在几天的学习中高度互动。对形成新团队的凝聚力很有帮助。

莉萨·唐斯 现在是华盛顿西雅图无畏学习解决方案（Intrepid Learning Solutions）的学习顾问。她曾担任德国电信美国公司的领导力发展经理，负责实施和改进经理、主管和个人效能方面的培训和辅导。进入德国电信前，她一直在会计行业做培训经理和顾问。除此之外，她还是 ATD 普吉特海湾分会 2006 年、2007 年的副会长和 2008 年的会长、ATD 分会认定委员会 2010 年的主席以及 ATD 分会委员会的全国顾问。莉萨是 ATD 培训师讲习班系列其中三本书的作者，包括《聆听技巧培训》《时间管理培训》《谈判技巧培训》。

莉萨 · 唐斯

16207 NE 90th Court

Redmond，WA 98052

（425）216.3015

邮箱：lisa@developmentwise.com

网站：www.lisadowns.net

ATD 分会：普吉特海湾

摇色子

戴维斯·M. 罗宾逊

概述

在这个有趣的介绍活动中，通过摇色子确定学员分享信息的顺序和数量。

目标

- 让学员参与，在自我介绍中玩得开心。
- 促进大家的关系，加强联络。

学员

人数不限。

用时

20 分钟。

材料及设施

- 每组一枚色子。

场地

小组围桌而坐，空间要足够大。

流程

1. 说明此活动将会分组进行，提供了解彼此的机会。让大家分成 5 个或 6 个小组，围坐在一起或坐在桌子周围。每个小组发一枚色子。
2. 让学员选择 1~6 中的一个数字，大声说出来，让组员听到。学员选定数字以后，进行额外说明。
3. 让每组中的一个人摇色子。如果所选数字的人被摇到了（也就是说，是朝上的数字），他就要说出自己的名字以及一些信息，比如爱好、工作经历、教育或家庭背景。要提醒他们不要一次透露太多，因为如果这个数字再次被摇到的话，还得分享更多的信息。分享过信息的这个人摇色子。

4. 如果再次摇中了同一个数字，此人要继续分享，直到摇出别的数字来。在每桌找出一位自愿成为第一个摇色子的人。活动时间为10分钟。
5. 快结束的时候叫次暂停。如果有人的数字从未被摇到过，让他向全组做自我介绍。
6. 如果你想让大家更深入地参与到活动中、参与到整个小组的介绍环节、适应规模很大的团队，可以问这样的问题：

- 你听到过最震惊的信息是什么？
- 谁的背景最有意思？是什么背景？
- 哪几组最相似？相似之处是什么？
- 你听到的最让你兴奋的信息是什么？
- 你听到的有关同事的事情中，最有趣的是什么？
- 你听到的有关同事的事情中，印象最深的是什么？

⚠ 会员提示

- 如果团队成员较多的话，就需要很强的引导技巧。
- 如果由于团队较大，有人的数字没有被摇到因而没有进行自我介绍，要让他们最后单独进行自我介绍。

戴维斯·M. 罗宾逊　哲学博士，专注于培训和组织发展的地平线顾问服务有限责任公司的总裁和首席执行官。他从路易斯维尔大学获得了组织发展和教育领导力的哲学博士学位和人力资源开发教育硕士学位。他从西肯塔基大学获得了心理学学士学位。他在培训和组织发展训导方面有超过14年的工作经历，在不同的行业包括金融、零售、人力服

务和医疗保健的领导岗位上工作过。

戴维斯 · M. 罗宾逊，哲学博士

7312 Brook Meadow Drive

Louisville，KY 40228

（502）541.1755

邮箱：dmr30@yahoo.com

网站：www.horizonconsultingserv.com

ATD 分会：肯塔基

猜猜咱们的共同之处

莎伦·德拉

概述

这个活动非常简单，仅需要用纸、笔、直觉和猜测就能鼓励大家参与并且了解彼此。

目标

- 邀请学员参与，促进团队成员融合。
- 认识学员，找到与团队中其他学员的共同之处。

学员

10~25 人，分成 4 或 5 组。

用时

15~20 分钟。

材料及设施

- 每组的组长或记录员一套纸和笔。

场地

能容纳小组活动的场地。

流程

1. 将学员分为 4 人或 5 人的小组，为每组指定一块活动场地。
2. 让每组人员确定本组成员的共同之处，写在纸上，稍后跟全班分享。不允许使用过于简单或明显的东西，比如“我们都有鼻子”或“我们都穿衣服”。让学员必须相互交流，确定共同拥有的东西是什么。
3. 分发纸笔，让每个小组记录下讨论结果。此环节的时间为 5~7 分钟。

4．时间到了以后，按顺序让每组分享他们有什么共同之处。

会员提示

- 在教室四处走动进行观察，鼓励每个小组的成员都参与。
- 此活动鼓励所有组员参与到提供意见中。
- 此活动一般能收到很好的效果。

莎伦·德拉　学习和绩效认证专家，在需求评估、人力绩效、流程提升和组织发展领域有超过 17 年的工作经验，她的广泛的经验是通过在零售业、金融业、医疗保健、政府、制造业、酒店业和旅游行业的运营、商务管理、客户服务、销售、沟通、市场、接班人计划、领导力、教练和培训工作中获得的。莎伦是前进集团股份有限公司（Proficience Group Inc.）的所有者和首席执行官，该公司与其他组织合作，致力于辨识不良绩效的根本原因并且确定最好的解决或干预方案以消除绩效差距，用一双犀利的眼睛来揭示可能的盲点。莎伦目前服务于 ATD 分会认证委员会。她拥有达拉斯大学的工商管理学硕士学位。

莎伦·德拉，学习和绩效认证专家

8948 Random Road
Fort Worth，TX 76179
（817）236.7594
邮箱：sdera@charter.net
网站：www.proficiencegroup.com
ATD 分会：沃思堡

不谦虚的采访

J. T. 科斯特曼

概述

这是一个很好的破冰模式，让采访者和受访者转换角色，获取学员的信息。

目标

- 了解组内其他学员。
- 加强现有团队中成员的联系。

学员

5~30 人。

用时

25~60 分钟。

材料及设施

- 写有活动说明的 PPT、活动挂图、白板或文字资料。
- 手表、秒表、计时器。
- 给学员用的纸和笔。

场地

最好可以让学员走动。

流程

1. 告诉学员，这项活动的目的是尽可能多地获取个人信息并进行介绍。学员有 5 分钟的时间搜集其他人的信息。每个人都要找一位搭档，最好是不认识的人。
2. 展示问题或分发印有问题的文字资料。喊“开始”之后，学员有

5 分钟时间对搭档进行提问、采访。5 分钟之后，采访者和受访者互换角色。这次的采访者也有 5 分钟时间获取信息。

3．展示以下问题：

- 名字、公司、部门。
- 在公司工作多久了。
- 业绩或个人成绩。
- 有趣或特别的个人特征。

4．回答问题。

5．喊“开始”并计时 5 分钟。

6．喊“暂停”，让搭档互换角色，再计时 5 分钟让大家获取信息。

7．两轮结束以后，随机挑选学员，让他把他的搭档介绍给全组学员。再叫另一组志愿者。想让活动更有趣的话，可以加入有关学员的细节，其间要不时问大家，下一位要谁回答。

会员提示

- 这个活动对团队建设很有帮助，也对第一次会面很有帮助。
- 你以前有没有过这样的经历，大家走来走去彼此介绍？你喜欢这种方式吗？这个活动更有意义，令人印象深刻，非常有趣！我在两百多人的会上使用过，非常有效。
- 大部分人在正式场合对他人的认知比较有限，比如只知道姓名、职位、角色、职责。这个活动可以让团队成员变得有血有肉并且可以看到同事是多么有趣。我们可以看到他们作为“人”的一面，而不仅仅是社会角色。
- 这个活动的关键是，不给采访保留谦虚的时间（这也是游戏的名字）。我经常延长或压缩时间，让大家处在一个抓狂的节奏中（只剩下一分钟啦）！

J. T. 科斯特曼 博士，为从联邦政府到世界500强组织中的高阶主管提供关于有效组织变革开发、领导力开发和绩效提升解决方案的咨询。科斯特曼是顾问、教练和教授。他还拥有工业和组织心理学博士学位，这是他在从事护理人员、警察、深海救援潜水员、美国陆军精英侦察兵/狙击手侦察队队长等不同工作之后获得的。他生活在纽约城和哥伦比亚特区，主要针对防御和情报界做咨询工作。

J. T. 科斯特曼，博士
LSR Alliance，LLC
313 Wills Avenue
Stanhope，NJ 07874
(703) 403. 2555
邮箱：jtkostman@yahoo.com
网站：www.lsralliance.com
ATD 分会：华盛顿特区

谁的雪球

阿曼达·吕思特

概述

学员进行雪球大战，一部分是猜谜语游戏，另一部分是介绍和学习工具。

目标

- 为学员提供了解彼此的机会。
- 鼓励学员参与并进行群组讨论。

学员

12~20 人。

用时

15 分钟。

材料及设施

- 每人一张纸。
- 每人一支笔。

场地

小的开放空间，可容纳所有人站成一圈。

流程

1. 告诉学员想要彼此更了解，就要在活动过程中更积极。
2. 分发纸笔。
3. 让每个人在纸上写出两项与工作无关的事情并团成“雪球”做示范。
4. 大家都完成以后，让学员带着雪球围成一圈。听到喊“雪球大战”之后，立刻将雪球扔向对面。每个人当然都要参与，如果有人不参与，就让他们去拾起你附近的一个雪球并丢出去。这样扔几分钟后，喊“停止”。

5．让学员捡起自己附近的一个雪球并打开。根据站成一圈的顺序，让学员轮流读出纸上写的两件事，并猜猜看这是关于谁的。如果猜得正确，让雪球的主人详细说说这两件事。如果猜得不正确，请下一个学员读他所捡到的雪球。轮完一圈后，允许猜错的学员再试一次，如果还没猜对，让这个“雪球”的主人向大家介绍自己。

6．感谢大家的参与并让各位回到原位。

会员提示

- 活动开始时要充满活力、让人兴奋，这样大家就愿意参与进来。
- 此活动也能作为学习工具。你可以提前编写出培训中某部分的问题，使用雪球大战作为创造性的方法进行提问。
- 也可以让学员就某个刚知道学的问题，写在纸上，进行一场雪球大战。

阿曼达·吕思特 是一个财经协会很活跃的培训经理，她的工作是监管线上学习团队。她拥有阿肯色大学的企业家商学院证书，专攻成人教育方向。她的兴趣是学习关于引导和在线教育方面的新知识，引导从“教育”转向“引导”以及从“在线阅读”转向“在线学习”的过程。她喜欢向新生代们学习，她坚信他们能够为这个行业带来巨大的价值和新鲜元素。

阿曼达·吕思特

P.O. Box 799

Lowell，AR 72745

（479）770.1600

邮箱：aluster@arvest.com

ATD 分会：阿肯色州西北部

看看我能做什么

肯尼斯·R. 斯坦

概述

列出每个学员的“有趣因素”，有助于培训开始前彼此沟通。

目标

- 找出学员共同的兴趣点。
- 为建立持久关系打下基础。

学员

不超过 36 人。

用时

约人均 30 秒。

材料及设施

- 活动挂图或其他工具，记录学员的名字和技能。
- 马克笔。
- 不透光胶带纸。

场地

不限。

流程

1. 要求学员在自我介绍的时候，说说自己做得好的方面，可以是爱好兴趣、技能或其他想分享的能力。可以是和工作相关的（我 PPT 做得不错），也可以是跟工作无关的（木工活、园艺、私人飞行员、潜水员、环球旅行者）。
2. 在活动挂图上记下他们的名字和兴趣技能，在第一次休息的时候把图挂到墙上。

3. 在培训中鼓励大家去看看感兴趣的技能或经历，与这些“专家”多多接触。
4. 对学员强调建立关系的重要性，以及在开始阶段怎样通过分享个人信息建立信任。

会员提示

- 可作为独立破冰游戏使用，也可以加入其他破冰游戏中。
- 也可将游戏进行微调，用于调节气氛，让学员在活动结束后有时间进行互动。
- 大家一般喜欢聊自己的兴趣爱好，因此要留出足够的时间，比如，留出较长的休息时间让学员进行初步沟通。
- 给学员几分钟时间，准备想要分享的内容。

肯尼斯·R. 斯坦 教育学博士，学习和绩效认证专家，就职于波音公司学习和发展组织。他在美国培训和发展协会国际会议展示过项目，也从事过现场电视和无线电访谈节目，还参与过许多学习项目。肯尼斯曾是 ATD 空间海岸分会的主席，并且服务于该分会董事会。他是 One Voice 队的一员，赢得了“2009 年 ATD 志愿者员工合作奖”。他拥有诺瓦东南大学的成人博士学位，是一名学习和绩效认证专家和高级人力资源专员。

肯尼斯·R. 斯坦，教育学博士，学习和绩效认证专家

430 Messha Trail

Merritt Island，FL 32953

（321）704.9384

邮箱：kstein@digital.net

ATD 分会：太空海岸

拼读出来

艾米丽·克劳奇

概述

这个活动可以证明，名字蕴含着超乎你想象的信息。

目标

- 暖场及介绍。
- 激发学员对问题的兴趣，使他们意识到已经进入讨论。

学员

不超过 15 人。

用时

10~15 分钟，具体根据人数多少而定。

材料及设施

- 每人一张彩色的打印纸。
- 活动挂图或白板。
- 马克笔。
- 每人一支笔。

场地

能让学员彼此看见的场地。

流程

1. 告诉学员稍后将发一张纸，要在纸的左边垂直写下自己的名字。
2. 用你自己的名字做示范，在白板或挂图上竖着写，比如：

E

M

I

L

Y

3. 让学员用每个字母列出一条与课堂主题相关的行为，主题可能是销售、领导力、政策法规等。这是有关销售主题的一个例子：

- 超越期待（Exceeds expections）。
- 成交导向（Motivated to sell）。
- 与产品信息相关（Informative about our product）。
- 聆听客户的需求（Listen to their needs）。
- 希望帮助潜在客户（Yearns to assist prospects）。

4. 让大家分享所写的内容。通常这些例子与你准备的内容相关，可以在培训过程中引用学员的例子。

会员提示

- 也可以让学员把写有名字的纸贴到墙上，这样他们可以在休息的时候进行复习回顾。
- 也可以让学员使用桌布展示他们的名字及行动表。
- 这个活动很有趣，可以让学员提早开始交谈，同时也让他们熟悉了别人的名字。

艾米丽·克劳奇 是GID（总情报部）/温莎资产管理公司的区域培训师，她也负责支持中大西洋和西部区域的工作。她负责指定区域内的教室和现场培训，帮助开发、协调和组织大量的致力于促进政策标准化、效率和员工激励的活动。艾米丽在资产管理行业13余年的职业生涯中从租赁转到管理岗位。她来自佛罗里达州的坦帕市，拥有南佛罗里达大学公关专业的学士学位。

艾米丽·克劳奇
3000 S. Randolph Street，Suite 100
Arlington，VA 22206
（703）379.9696
邮箱：ecrouch@windsorcommunities.com
网址：www.windsorcommunities.com
ATD 分会：华盛顿特区

第12章

开场：有冲击力的震撼开场

开场是培训课程中最重要的部分之一。想拥有具有冲击性的开场，本章的作者会提供经过时间验证的活动，保证你能成功。开始本课程的目的是：

- 立即培养兴趣；
- 了解学员的现状和需求；
- 确定基本原则及预期；
- 让学员参与进来。

立即培养兴趣。准时开课，从一开始就抓住学员的注意力。实现不让学员了解基本原则以及应当如何保持（培训场地的）卫生，开场要很特别。

了解学员的现状和需求。有时需要用挂图列个简表，有时则需要分小组让大家讨论以确定想法。

确定基本原则及预期。这是开场的重要组成部分，但我喜欢把它放在开场活动之后。休息原则是我最喜欢的原则，我会告诉学员课程中的休息时间是固定的。但我会强调：大家都是成年人，可以随时去喝东西、上洗手间，要是觉得椅子不太舒服也可以站着。

让学员参与进来。进行学员介绍和有关预期话题讨论是一个很好的方法，能让学员们的互动更加积极。

本章囊括了在开场中所需的知识。保罗・捷尔列梅江提供了两种可在开场阶段就抓住学员注意力的方法。琳达・库尔普用特别的方式了解学员想要学习什么。当课堂上学员水平不一时（如经理和一线工人），帕斯特・R. 特纳用“校准运动场”帮助你确立基本原则，使大家保持均衡参与。如果你想生动地引出基本原则和预期，一定要好好看看贝弗莉・泰勒的“许愿”。戴安娜・霍曼分享了“寄予厚望”这一活动，鼓励学员从课程一开始就相互合作。马克・博希亚的“定义 BINGO”活动建立了知识基础，帮助学员理清预期要学什么。

卢・罗素、桑迪・鲁特和安托瓦内特・S. 韦伯斯特三位贡献出的活动，帮助学员理清带到培训现场的问题，强调聚焦的主题。芭芭拉・默里用“怎样充满正能量”这个活动告诉我们每个人都能把控自己的态度这一重要生活常识，并将它运用在培训课堂的开场，让它将学员带入课堂。

有了这 11 个活动的帮助，可以保证课程的开场有冲击力，利用这个契机创建学习氛围、激发学员兴趣、树立讲师威信。

快速改变

保罗·捷尔列梅江

概述

通过“上课就道歉”的方式，让学员发笑，也鼓励他们参与进来。

目标

- 在一开始就抓住听众的注意力。
- 用幽默的方式使学员参与进来。

学员

人数不限。

用时

不超过 5 分钟，根据现场笑声和反馈进行调整。

材料及设施

- 无。

场地

不限。

流程

1. 跟学员说你要通过道歉的方式开始，或者说实际上要道歉两次。
2. 第一个道歉是因为你听说不应该以道歉作为课程的开场，所以你要因此而道歉。通常大家会笑，开始期待第二件要道歉的事情是什么。
3. 第二件要道歉的事情是这样的：你们近期刚开始做培训，在到达前几分钟刚结束。因此，是在为看起来已经过时进行道歉。
4. 要与时俱进，援引近期发生的事件，带来精彩的培训课程。

5．在课程中，需要要求学员补充更多更新信息。

会员提示

- 要提供资料来源，不要假装聪明。要承认自己不够聪明，不是全知的，愿意每天向他人学习新事物。
- 让学员参与到课程中来，你要成为一个可信的专家、辅助者以及动态学员，最好的课程是你也能学习到新知识。

保罗·捷尔列梅江　退休前在科技和培训行业专攻客户培训和商业开发，有着成功的职业生涯。他于 2003 年 6 月退休并开创了 i5 联盟（iFive Alliance）。除了开发创收的联盟，i5 联盟也提供有关咨询服务、上市战略和未来把学习作为商业的主题演讲。保罗为许多组织的董事会服务，他还创建了 TAG（佐治亚技术协会）工作坊学习协会，专注于职场技术和学习的有效结合。

保罗·捷尔列梅江

125 Laurian Way
Atlanta，GA 30328

（404）252.8330

邮箱：pault@ifivealliances.com

网站：http://ifivealliances.ning.com

ATD 分会：亚特兰大

爱因斯坦方式

保罗·捷尔列梅江

概述

通过科学家的幽默故事引导学员正确地提出问题并解答。

目标

- 通过幽默的方式让学员参与进来。
- 通过让学员列出喜欢的问题而了解他们的期望。
- 确定学员的需求及期望。

学员

20~100 人。

用时

15~25 分钟写出问题列表。

材料及设施

- 每个学员至少一张索引卡。
- 笔。
- 活动挂图。
- 马克笔。

场地

不限。

流程

1. 培训开始阶段，向学员说明你只做了一份无聊的 PPT 介绍，希望大家能提出些独特的意见。警告学员如果觉得 PPT 没有意思，并不是讲师的错。

2．用这个故事点题："你们都听过阿尔伯特·爱因斯坦丢火车票的故事吧？有一次，他乘火车出行，途中遇到服务人员来查票，爱因斯坦正在地板上找火车票。服务人员认得他是爱因斯坦，于是和他说："没关系啦，爱因斯坦先生，您不用找车票啦，我相信您买票了。"爱因斯坦还在喃喃自语地找着。15 分钟过去了，列车员再经过的时候发现爱因斯坦还在找票，就说："您没听明白吗？不用找了，我们相信您付得起票钱。"听到这句话，爱因斯坦不耐烦地回答："这不是钱的问题，我必须得找到车票，不然我记不起要去哪里！"

3．这个故事说明，像爱因斯坦需要车票提醒自己的目的地一样，PPT 让你保持在正轨上，并提醒目的地是哪里。并说明，希望大家提出问题，这些问题要比老师准备的更有趣。

4．让学员使用屋子里的索引卡和笔，给出几分钟时间，让他们想出问题并写在自己的索引卡上。将学员分成 6~10 人的小组，列出问题，不讨论结果，而是让每组选出一个最好的问题，在班上读出来。

5．把小组选出的问题都在活动挂图上列出，告诉大家讲完 PPT 之后，会回答所有问题。根据学员的问题，对 PPT 进行调整。

⚠ 会员提示

- 活动结束后，把索引卡上未回答的问题收上来，然后把 PPT、问题、回复传到个人网站或其他社交网络。通过这种方式可以沟通回答所有的问题。
- 同时可以让学员把问题写在自己名片的背面，这样当你把问题展示在网站上时就可以给予那些提出问题的人学分。

保罗·捷尔列梅江 退休前在科技和培训行业专攻客户培训和商业开发，有着成功的职业生涯。他于 2003 年 6 月退休并开创了 i5 联盟（iFive Alliance）。除了开发创收联盟，i5 联盟也提供有关咨询服务、上市战略和未来把学习作为商业的主题演讲。保罗为许多组织的董事会服务，他还创建了 TAG（佐治亚技术协会）工作坊学习协会，专注于职场技术和学习的有效结合。

保罗·捷尔列梅江

125 Laurian Way

Atlanta，GA 30328

（404）252.8330

邮箱：pault@ifivealliances.com

网站：http://ifivealliances.ning.com

ATD 分会：亚特兰大

学习是值得的

琳达·库尔普

概述

学员在玩具纸币背面写上想学习的内容，然后把这个愿望装到容器里，在课程结束后揭晓。

目标

- 确定和整合学习目标。
- 用结果评估是否达到了学习目标。

学员

少于 25 人。

用时

20~30 分钟。

材料及设施

- 可打开的中空小塑料管或塑料球（可以在两元店买到）。
- 玩具纸币（必须有一面未印刷），可以折叠后放进塑料容器内。
- 每人一支笔。

场地

不限。

流程

1. 课程开始阶段，把塑料球、玩具纸币、笔分发给大家。问学员："你们从这个课程中最想学到的一点是什么？"将答案写在纸币的背面，然后署上自己的名字。并且每个学员都要大声读出所写的学习目标，然后写下来放到塑料管/球中。
2. 把塑料管/球收上来。

3. 课程结束后，把塑料管/球随机分发给大家，让大家轮流念出来。提问写的人，需求满足了吗。这样做不仅有助于让学员注意学到了什么，也是讲师进行课程评估的一个方法。
4. 如果有人感觉没有达到培训目标，询问其原因，以及需要通过什么方式帮助他。可以在课上讨论，也可以课后跟进。做到哪一步，要取决于你有多少可支配时间。

⚠ 会员提示

- 另一种练习方式是在几次课后，把塑料球和纸笔发给大家，问学员："你课上最大的收获是什么？愿意和下期学员分享什么？"然后把塑料球分发给下期学员，让每个人大声读出老学员的留言，这对一些学习目标的讨论总结是有帮助的。
- 这个活动让学员至少关注一个来参加培训的理由，是一个不错的开始和/或回顾复习的活动。

琳达·库尔普　在学习专业领域有十多年的丰富经验。她拥有人力资源和教育领域的工作经验，是人力资源管理硕士，拥有绩效技术证书、色彩师证书及其他多种证书。琳达是 ATD 全国性会员和 ATD 奥兰治县分会会员，2008 年任分会主席并一直在委员会任职。她现在是美国全国公共用人单位劳动关系协会、加利福尼亚州公共用人单位劳动关系协会及国际项目管理协会会员。她创建了一个免费在线大学，为她那些有学习意愿但经费不足的雇员提供继续受教育的机会。

琳达·库尔普

27943 Chiclana

Mission Viejo，CA 92692

（949）716.6339

邮箱：lindaymay@hotmail.com

ATD 分会：奥兰治县

校准运动场

帕斯特 · R. 特纳

概述

学员扔掉辛苦获得的职位头衔和良好的自我感觉，聚焦到学习以及真正地参与到话题中来。

目标

- 使在场所有学员平等。
- 最大限度降低学员等级职称的影响。

学员

15~20 人。

用时

20 分钟。

材料及设施

- 用大垃圾袋装一个大垃圾桶（可方便携带的）。
- 在垃圾袋里的垃圾桶中放上几个吹起来的气球（不要让大家看到气球）。
- 为每个学员想个头衔，放到姓名袋中，如会长、要员等。
- 虚构每个学员的个性，写在索引卡上，如聪明、完美、百事通。
- 另一个垃圾袋，该垃圾袋用于系住装有垃圾桶的垃圾袋。

场地

不限。

流程

1. 讲师欢迎大家，并进行自我介绍。

2. 公布日程安排。
3. 环顾教室，了解学员年龄、性别、工作年限、经验、教育、经济状况、宗教等信息透露的状况，识别组内学员的重要性。
4. 然后说明教室里的每个人都有两点东西是不需要的，因为它们没有附加值。建议大家在课程开始前除掉，它们就是职称和虚构的自我。
5. 把写有学员名字的索引卡分发下去，上面有虚构的职称和虚构的个性。告诉他们，你会带着垃圾袋经过，希望大家能把职称和自我扔进垃圾袋，同时大声说出来。从每个学员跟前快速经过，和自大及职称高的人开玩笑。
6. 绑上袋子让每个人都平等。你拥有他们的自我。将装有自我的垃圾袋放在外面。把垃圾桶拿出来，展示像气球一样的自我。

⚠ 会员提示

- 此活动适用于有不同水平学员的情况，比如经理、总监、职员或老板及随从。
- 由于你是严肃地开场，按计划表进行，所以学员们意想不到。
- 如果想增加趣味性，你可以用剪刀把大的自我剪成小片。
- 要注意控制时间，要很快地让学员轮流做。
- 创建这个活动是基于我和销售人员曾经打过交道，他们都有很强的自我。

帕斯特·R. 特纳　是人力资源绩效公司的执行总监，拥有一家总部位于亚特兰大的人力资源和管理咨询公司。公司创立于1999年，她是公司的创始人。公司专注于提高员工能力和帮助组织机构发展。帕斯特拥有非常专业的行业背景，涉足领导力发展和组织机构发展、战略与人力资本规划、员工关系和过程改进等专业领域。跨专业使她能够为客户和

同事提供有价值的帮助。她在工作中学习，并信仰终身通达学习。

帕斯特 · R. 特纳

6105 Rock Springs Road
Lithonia，GA 30038-1510

（770）482.5946

邮箱：pturner@hrperformanceinc.com

网站：www.hrperformanceinc.com

ATD 分会：亚特兰大

许愿

贝弗莉·泰勒

概述

学员将在这个活动中学到新能力——使他们确信自己的时间是有价值的，并且学到了他们期望学到的知识。

目标

- 让每个学员拥有真实的视野。

学员

最好少于 15 人。

用时

15~30 分钟。

材料及设施

- 一个魔杖，从派对用品店或玩具店买（活动使用之前先藏起来）。
- 活动挂图和马克笔。
- 不透明胶带纸。

场地

可让学员彼此坐着并看见对方的房间。

流程

1. 介绍话题和基本原则。展示魔杖，让大家说出参加培训的愿望。
2. 告诉大家在这个课上一切皆有可能，你想让他们知道没有解决不了的困难，没有爬不过去的高山，没有解决不了的争端，没有扭转不了的负面情绪。
3. 把魔杖交给某个学员，让他许个愿。许好之后，选出下一个要许愿的人。在活动挂图上记下这些愿望并挂出来。这就是学员的期望及课程的基本原则。

4. 所有人都许过一个愿望之后，把魔杖放在教室前面的桌子上。告诉学员，每个人都可以在课上随意使用魔杖。

会员提示

- 魔杖让大家获得说出想法的能力，并把消极想法变为积极想法。
- 魔杖作为一个道具，增添了课程的幽默感，化解了学员的抱怨或可能存在的敌意。
- 选一个纯金色或纯银色的魔杖，不要带有过多的女性装饰品。
- 我以前在不同的场合见过这个创意，直到近几年自己才开始用。这是我用过的室内游戏中，准备最少而效果最好的。

贝弗莉·泰勒　号称如果有个魔杖的话，她希望自己的传记已经写好……稍等一下，是这样的！在领英上面已经写了！她是一名学习战略家，通过和组织机构合作创造出最佳的综合沟通学习方法（邮件、在线学习、仿真、游戏、电话会议、播客、企业内网、在线文档、面对面互动）。通过对需求进行分析，她提供设计、发展、实施及评估等方面的支持，从而提高项目的曝光度和参与性。

贝弗莉·泰勒

4355 Cobb Parkway J603

Atlanta，CA 30339

邮箱：beverley.m.taylor@gmail.com

ATD 分会：亚特兰大

寄予厚望

戴安娜·霍曼

概述

通过学习过程中的引导，让学员自己掌握学习经验和学习预期。这个活动可以让学员和引导者都受益。

目标

- 在课程开始阶段确定对环境、内容和引导者的期望。
- 确定在课上如何进行指导管理。

学员

9~25 人，分成 3 个小组。

用时

10~20 分钟。

材料及设施

- 3 个活动挂图，每组一个。
- 马克笔。

场地

能容下 3 个活动挂图和 3 组人的空间。

流程

1. 把学员分成 3 个小组，分组后坐在相应挂图前，选出记录者和发言人。
2. 给每组一个类别：内容、引导者或环境。让他们在挂图上分类列出对本课程寄予的厚望。用以下信息进行定义并示范。

- 内容："通过这个话题，你想要知道什么？需要什么知识？需要什么技能？越详细越好。”

- 引导者：“为了使你的学习有成果，我该怎么做？或者我怎么才能帮助你培养信心和能力？”
- 环境：“描述一下什么样的环境能帮助大家有效学习？你有什么要推荐的经验？”

3. 每组轮流回答问题，保证他们按时完成活动。
4. 让大家先聚集成大组，再在每个小组内轮流分享信息。提出要澄清的问题，比如“环境”列表上是否有“尊重”，如果有，那么要提问是什么样的尊重，或者他们通过什么样的方式确定是否被尊重了。问问其他组的意见。
5. 在得出结论的时候进行解释，这是课程进行的一个例子，需要学员寻找答案并分享经验。
6. 如果是持续很多天的课程，在每天课程结束前反馈、建议、复习列表。

会员提示

- 这个活动提供了课上如何互动的例子，可以使学员尽早参与进来，也有助于确定是否需要涉及某些话题。如果不在课上提及，可以考虑是否需要在课间休息时进行一对一的沟通。
- 如果学员不足 9 人，分成 2 组，一组传递内容一组充当引导者，让全组的人员都能讨论。
- 讲师作为活动的引导者，可以通过活动看到每个人在小组中的表现：安静沉默、爱讲话、有责任心、不积极参与等。

戴安娜·霍曼 于 1990 年创建 DDH 企业公司，该公司致力于帮助组织实现最有价值的资源配置和员工产出，从而完成目标。戴安娜是非常有经验的服务商，她运用自己和客户的资料，通过真实案例、活动和

幽默保持学员的参与度。她实践了“承诺必达，客户满意”的理念，提高了公司客户的满意度。她也开发了面向成功的新型雇佣和培训项目。戴安娜个人和职业的满足感源于他人的成长与发展，以及听到学员说：“哦！我明白怎么用它了!”

戴安娜·霍曼

48 Kenfield Circle
Bloomington，IL 61704
(309) 838. 1320
邮箱：ddhentinc@aol.com
ATD 分会：伊利诺伊州中部

定义 BINGO

马克·博希亚

概述

定义 BINGO 是经典 BINGO 游戏的变种，可以使学员在早期阶段参与课程，也能让他们在培训正式开始之前就通过游戏进行学习。

目标

- 介绍与课程相关的 24 个关键术语和短语，让大家有一定的基础。
- 让学员有机会进行互动。

学员

最好有 30 人。

用时

7~10 分钟。

材料及设施

- 每个学员一张 BINGO 卡，5 行 5 列，中间是个“自由空格”。其余 24 个空格要填写课上要用的术语及其定义。可以移动表上的术语，做成各种 BINGO 卡。
- 24 张索引卡，每张卡上打印一个术语和它的定义。
- 两份给获胜者的奖品。
- 每人一支笔。

场地

学员可以自由走动的场地。

准备

在课前设计 BINGO 卡和定义卡。

流程

1. 兴奋地宣布 BINGO 游戏开始。强调“这可不是以前玩的那种 BINGO 游戏”!
2. 发给学员每人一张 BINGO 卡和一张定义纸。备注：如果学员人数少于 24 人，有的人要多发。
3. 说明 BINGO 游戏规则。学员要把答案填在空格中，连成一横行、一竖行或一斜行。
4. 跟一个学员一起示范怎么玩，比如：“X 女士，你的定义卡是什么内容？”X 女士说：“ABC。”“好的，ABC 是什么意思？”X 女士读出答案，你要把答案写到 BINGO 表上相应的位置。让学员像你这样，把定义写到 BINGO 表上。X 女士想要你定义卡上的信息，你就读出来，让她记下来。彼此道谢之后，走到教室其他位置，请其他人帮你完成剩下的 BINGO。
5. 强调最先完成的两个人有奖品。要警告提醒学员必须要填对位置，因为最后会让他们到班级前面报告说明。
6. 喊：“各就各位，预备，开始!”
7. 学员都会先把自己的定义记下来，然后马上找周围的人。如果有各种 BINGO 变体也可以。学员需要在教室里走来走去，找寻其他学员的卡片，彼此交换信息。实际上大部分学员都填不全，到结束的时候，只能填好 24 个定义中的 10~12 个。
8. 有两个学员喊出 BINGO 之后，游戏结束。
9. 让两位获胜者读出他们表上的定义。鼓励其他人趁这个时间把自己表上的补全。这时可以解释为何这些定义很重要，告诉大家稍后课上会进行更深入的讨论。
10. 在课上用最重要的定义作为过渡。比如：“玛利亚的 BINGO 表上是 ABC”，或者“没人拿到 XYZ，那么让我们详细学习一下”。

⚠ 会员提示

- 此活动在课程开始一个小时内运用或作为测试准备活动效果很好。
- 通常会有两三个人很快完成。鼓励其他人加快，要充满激情地介绍活动并且鼓励大家要又快又好地完成。
- 确保有多余的定义卡，特别是在大课的时候。小课的话，一个人负责一两张卡。确保把所有的定义卡分发给了学员。有时候，大家急得团团转，但事关胜出的一张关键卡片还躺在桌子里，没有发给大家。

马克·博希亚　在万豪酒店工作了 12 年，现任全球酒店业务的培训总监。他在酒店业的领导力以及酒店管理和销售的学习和发展方面有丰富的经验。马克带领着一个刚刚成立不久的培训和发展团队，该部门负责客房部、餐饮部、工程部的各种培训的开发和推进，以及由万豪品牌衍生出的新项目、产品和服务的培训。马克在万豪旗下 12 个品牌和一些特许联合经营的酒店中有超过 30 万小时的培训和培训管理经验。

马克·博希亚

8864 Blade Green Lane

Columbia，MD 21045

邮箱：mark.boccia@marriott.com

网站：www.marriott.com

ATD 分会：华盛顿特区

我说过我还需要学习

卢·罗素

概述

三步就可以使你与学员建立愉快、舒适、有效的联系，让他们互相信任、创新、爱学习。

目标

- 通过开放形式的讨论，让学员之间建立信任关系，同时也是一种破冰活动。
- 确定阻碍每个学员学习和创新的关键点是什么，并进行讨论。

学员

15~25 人。

用时

20~30 分钟。

材料及设施

- 每人一张白纸。
- 每人一支笔。
- 提示活动时间用的小铃铛或其他发声装置（可选）。
- 活动挂图和马克笔。

场地

每个小组可坐 4~6 人的桌子。

流程

1. 沟通阶段。把纸笔发到每个人手上，让学员回想一件过去的事情（或你挑选的其他话题），让他们侧重回顾感受当时的负面情绪。

让大家写下来，但先不要与他人分享。数字 1 代表几乎没有什么情绪影响，数字 10 代表特别大的情绪影响，让大家用数字写出当时的情绪影响，这部分留给学员的时间要特别短，最重要的是帮助大家想清楚他们的经历，以获得更深入的理解。

2. 让大家考虑是什么触发了当时的负面情绪。换句话说，是什么激怒了他们。给大家一两分钟时间列出三件事情，但可能有的学员只列出了一至两项。
3. 沟通阶段。让学员带着写好的纸找人结成搭档，最好是本桌不认识的人。
4. 找到搭档后，准备开始讨论。让学员与搭档分享当时的负面情绪及原因。每个人有一分钟的表述时间，其间听的人不能提问，只能点头表示认真听（示范给大家看）。一分钟时间到了之后，让大家互换角色。如果人数不是偶数，可以安排有一个组 3 个人。在这个阶段，要特别提醒这个小组注意时间，不然可能说不完。
5. 计时 2 分钟。
6. 每对搭档再找另一对搭档组成 4 人小组。如果搭档组是单数，允许出现 6 人小组。
7. 这轮的任务是向新加入的人讲述自己的故事，每个人的时间不超过 30 秒钟。倒计时，并重点提醒 6 人组注意时间。
8. 计时 2 分钟。
9. 给大家 1 分钟时间找出共同情绪，完成之后请各组发言：

- 你们组共有的情绪是什么？
- 大家提到的触发因素有哪些？（可能会有笑声，因为很多组可能会回答“沮丧”。）
- 怎样在课上避免这样的触发因素？我该怎么办？我们该一起做些什么？

10. 可以把这些观点写在活动挂图上，用到以后的课堂讲授中。
11. 运动。活动结束后，让大家带上随身物品，挪到一张桌子上，开始讲课。

⚠ 会员提示

- 这个练习分为三部分：
  — 个人内心——学员自己分析个人经历。
  — 人际沟通——学员和其他三四个人分享经历。
  — 感知——学员和新朋友坐在一起。
- 这是我最喜欢的开场活动，简单而令人印象深刻。它可以让学员做好学习新技能的准备，还可以通过这种简单的方法让大家在自然状态下与其他人打交道（而不仅仅是和一起来的人），在学员间建立信任关系，这对于学习来说是非常重要的。
- 我常在领导力和管理学课程中使用这个活动作为开场，它也能方便地应用到其他课程中，比如客户服务、沟通、团队合作、其他与人合作的课程。

卢·罗素 是罗素马丁合伙人公司的首席执行官，咨询师、演说家、作家。热心于通过指导员工的成长帮助公司业绩提升。卢在演说、培训、写作方面积累了30多年的经验。她专注于领导力发展、项目管理、个人学习领域。她还是6本畅销书的作者，包括《领导力学习十步法》和《项目管理十步法》。

卢·罗素
罗素马丁合伙人公司
9084 Technology Drive
Fishers，IN 46038
（317）475. 9311
邮箱：lou@russellmartin.com
网站：www.russellmartin.com；www.lourussell.com
推特：@nolecture
领英和脸书：Lou Russell
ATD 分会：总部

让恐惧见鬼去吧

桑迪·鲁特

概述

把恐惧和思想上的障碍通过简单的动作扔掉，是一种有效的暗示。这个活动可以使学员参与到课程中，释放创新或改变课程中的压抑情绪。

目标

- 让学员分辨出情感上的恐惧或障碍。
- 提供释放恐惧或障碍的实体工具。

学员

2~200 人。

用时

4~7 分钟。

材料及设施

- 每人一张纸或一张索引卡。
- 每人一支笔。
- 工业用的大垃圾桶。
- “扔掉恐惧”或“清除障碍”的标牌，贴到垃圾桶上。

场地

不限。

流程

1. 可以这样说，在许多培训中学员要克服恐惧或清除障碍，才能改变或练习新的技能。在课上要跟学员提到，需要把恐惧或障碍“中和掉”，他们才能在培训中拓展思维、富有创造力和想法。

2. 把索引卡或纸笔分发给每个学员。给出几分钟时间让大家把最恐惧的事情或最大的思想障碍写下来。备注：学员可能写了好几个，但让他们选出最大的那个障碍或恐惧。
3. 让大家把纸折叠一下或揉皱。
4. 把大号垃圾桶拉到教室里。当垃圾桶经过大家身边时，学员要把纸扔进去，表示已经不再受其困扰。
5. 也可以让学员认识到，如果他们还是有恐惧或障碍，欢迎他们把垃圾桶里的纸再捡回来。
6. 把大垃圾桶放到教室前边或后边的墙角。如果你还用得着这个大垃圾桶，比如让学员扔其他的恐惧或障碍，把垃圾桶放在可以看得到的地方。

⚠ 会员提示

- 让学员通过放松身体来排解情绪压力是一个有效的方法。
- 不要强迫学员，氛围要轻松些。
- 要准备一模一样的纸或索引卡。
- 这个活动中也可以使用普通的垃圾筐，但是就没有那种戏剧效果了。

桑迪·鲁特 是普洛戈尔德咨询有限责任公司（ProGold Consulting, LLC）的创始人和负责人。普洛戈尔德是一家成功的文案、培训和咨询公司，旨在帮助企业通过人员、流程和制度的调整，来提高员工士气，提高运作效率，改进商业营利模式、业务流程和业务系统。普洛戈尔德有 18 年业务流程优化、内部审计、技术写作以及商业技能培训、学习和咨询方面的经验，致力于帮助客户清除组织发展的障碍，实施低成本、高收益的解决方案。桑迪还是个沟通专家，以“娴熟不等于完美！成功的新定义”为主题的充满活力和说服力的演讲和培训为代表。

桑迪·鲁特

P.O. Box 632156

Highlands Ranch，CO 80163-2156

（303）593.0025

邮箱：sandiruther@comcast.net

网站：www.progoldconsulting.com

ATD 分会：落基山

清理坑洞

安托瓦内特·S. 韦伯斯特

概述

去除和修复“坑洞”是个比喻的说法，本活动是要鼓励大家放开工作、生活、培训中的压力。

目标

- 使学员集中精力，关注培训主题。
- 让大家放松身心。

学员

6~30 人。

用时

10~15 分钟。

材料及设施

- 每人一张“坑洞”纸（最好是复印在橘色纸上的）。
- 每人一支笔。
- 一个无盖的垃圾桶。
- 有相关图片或卡通图案的挂图（可选）。

场地

把垃圾桶放在教室的前边或后边都行，让学员可以把他们的“坑洞”扔进去。

流程

1. 开场后让学员知道你想要他们从课上学到更多的东西。但有许多其他需求会占用他们的时间、能量、注意力，会影响课程学习。

2. 把“坑洞”纸、笔发给大家。告诉他们你要帮助他们去掉唠叨的习惯、头脑中的烦恼和压力。这样做可以让人家专注到课程上来。
3. 用修路或坑洞、黄桶来设定活动背景。问他们过去几个月一直在修一条路，是不是很有压力？告诉学员他们手里纸上的“坑洞”就是路上的坑洞，橘色纸代表在公路建设工地上常见的黄桶。
4. 可以把挂图拿出来，增强形象性。告诉大家通过这种方式放松身心，将有助于学习。
5. 给出 3 分钟时间，让学员记下每个“坑洞”，每个圈圈代表一种压力。用单个词或短语描述一下产生压力的原因，不必写得过于详细。
6. 3 分钟后找人分享一个“坑洞”，提醒发言者不要讲述细节。
7. 然后让大家把纸揉成团。
8. 要求大家把压力扔到垃圾桶里，暂时忘掉。可以逐个轮流扔，也可以大家一起扔。
9. 如果时间允许，向一些人询问一些具体的问题，比如：

- 承认压力源并写下来的感觉如何？
- 把压力扔掉以后的感觉如何？
- 你注意到其他学员听后的反应了吗？
- 这个活动对你有何帮助（开始引入正题或开始学习课程）？

会员提示

- 全程保持轻快积极的基调。
- 也要给自己准备一张“坑洞”纸。
- 站在垃圾桶前帮助学员瞄准，这样更增添活动的乐趣。
- 此活动最初设计是用在培训开始阶段，目前可以用在以下相关的培训中，比如压力、冲突解决、变革、团队、如何成功、项目管理或问题解决，还可以在会议效率低的时候使用。可以根据具体情况进行调整。
- 此活动也可作为工具用于工作和生活，尤其是在人痛苦或迷茫时。

- 如果时间允许，增加 5 分钟小组讨论。讨论如何减少或如何缓解紧张。
- 人不多的话，让每个人都走到前面撕碎“坑洞”纸，直接扔到垃圾桶里。这样做的话，很有感染力。
- 这个活动很有效，因为学员知道这样效率高。大多数人有这样的经历：坑洞、工程延期、黄桶、困难等，这些都带来巨大挑战。此活动简单、实用、有趣。把坑洞揉成团扔到垃圾桶是有效的缓解方法，在这个过程中大家经常会比赛看谁投得准。
- 在分享阶段有人会发现自己并不孤单，或者发现他人的问题更加严重。
- 无论是在培训还是学习中/后，是面对面还是彼此隔离，这个活动都能满足不同的需求。

安托瓦内特 · S. 韦伯斯特 是一个活跃的实战派专业讲演者、引导师、教练和作家。她是有效系统（A System That Works[SM]）的主席。有效系统是一家提供讲演、培训、教练和咨询服务的公司，为转型发展提供集成化的解决方案。有效系统可以根据每个独特的组织文化和个人偏好，提供定制化的优质、实用的方案、产品和服务。安托瓦内特著有《热情！如何创造和保持》《引燃热情的火花》《命中商业成功》《高效会议》《高效培训培训师 10 步法》等著作。她拥有沙维尔大学的工商管理硕士学位。

安托瓦内特 · S. 韦伯斯特

LEAP II，SGM 和（ME！~Master Enthusiast！）认证

有效系统公司

640 Foster Avenue

Hamilton，OH 45015

（513）887. 0600

邮箱：antoinette@asystemthatworks.com

ATD 分会：辛辛那提

“坑洞”纸

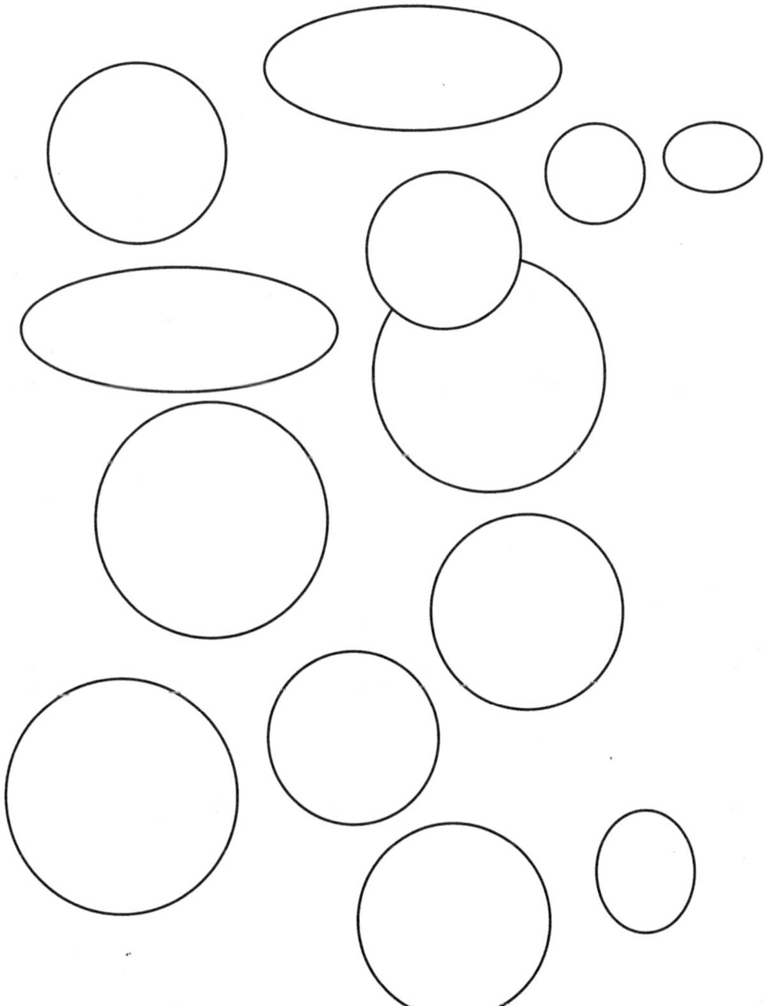

怎样充满正能量

芭芭拉·默里

概述

通过简单的角色扮演，说明开心、参与或喜乐是自己的一种选择。把这节课和培训中的选择联系起来。

目标

- 通过破冰活动，灌输兴奋、能量和期望。
- 证明态度取决于每个人的选择。

学员

2 人以上。

用时

8~10 分钟。

材料及设施

- 无。

场地

不限。但课程中要搭档进行活动，所以需要有互动的空间。

流程

1. 两人一个小组，每个小组都在教室里选一个位置。
2. 让两个人背靠背站着。
3. 请大家转过身，告诉他的搭档今天有多么不情愿出现在教室里。让大家注意说完以后带来的负面气氛。问学员："刚才的氛围怎么样？你的感觉如何？"
4. 让两个人再次背靠背站着。这次让他们转过来，对搭档问候，两人像久别重逢的亲友那样。问学员："刚才的氛围怎么样？你的感觉如何？"

5. 大家发表完意见之后，让两人再次恢复背靠背姿势。
6. 再次让大家转过身，这次的反应要像刚刚中了 1 000 万美元彩票那样（会有人因此而尖叫、手舞足蹈）。
7. 向学员解释，并希望大家在课堂上也能这么兴奋。询问："谁让大家这么兴奋？"
8. 简单回顾一下大家三次问候的不同感受，询问学员现在是不是能量满满了。让小组的两个人高兴地击一下掌，然后回到各自的座位上。

会员提示

- 第一次问候的时候大家会感到疑惑。这是许多人的真实想法，那时气氛会变差、气压会变低（充满负能量）。
- 大家会认为第二次问候会是最后一次，就会去和第一次比较。当第三次问候的时候，学员都惊呆了。
- 要重点关注第三次问候，这次是最兴奋的。让兴奋的能量保持下去。

芭芭拉·默里　目前是 ATD 大平原分会会长。她成为 ATD 的双重会员已有 9 年时间，为大平原 ATD 董事会主动服务也已有 6 年之久。芭芭拉在培训和发展领域工作已超过 11 年。她负责普雷米耶（PREMIER）银行卡的管理开发，为 300 多名经理和关键人物服务。芭芭拉为自己是公务员首领而感到自豪。她开发和传递了大量管理开发课程以便满足普雷米耶团队的需求并为经理人提供必要的工具和培训，协助他们成为伟大的普雷米耶领导者。

芭芭拉·默里

4902 South Oxbow Avenue
Sioux Falls，SD 57106
（605）357.3401
邮箱：bmurray@premierbankcard.com
ATD 分会：大平原

第 13 章

回顾：要有趣

许多培训师都会在培训课程结束之后进行回顾。学员在教室的时候进行回顾是最清楚的，随着时间的推移，他们会逐渐忘记更多。如果能用创造性的方法对所学的知识和技能进行回顾，学员可以清楚地记得课上知识，即使很长时间之后也能有印象。

要用创造性的回顾方法打好基础，就要找出要回顾信息的关联和联系，让学员轻松回顾。而且设计回顾课程时，也要考虑不同学员的学习习惯（声音、图形、运动）。鼓励学员看回顾资料，当有人提到的时候能很快地找到正确信息。要求学员回顾课上做的笔记时需要选择回顾活动。

本章涉及的创造性回顾活动不但有趣、以活动为导向，而且实用。如果考虑课堂的知识迁移的话，可以尝试将下次课安排成回顾活动。

竞争是很有趣的回顾方法。黛博拉·托马斯提供了用 PPT 棋盘游戏回顾的方法，瑞贝卡·贾德展示了怎样用纸牌游戏进行回顾，这两个活动都很生动有趣。萨拉·伯克用学习站的方式保证每个人既是讲师也是学员。罗莉·斯潘格勒分享了一个名叫“回答问题并留存卡片”的活动，它对大课小课都一样有用。休·韦勒创造了简单而有效的回顾方法，你可以在快下课的时候用。年轻人一定会喜欢凯拉·B. 普莱斯用推特回顾的方法。

不管是在大课还是小课上进行回顾，使用纸或电子文件，回顾过程或安静或嘈杂，学员都能从你精心设计执行的回顾活动中受益。

PPT 棋盘游戏回顾

黛博拉·托马斯

概述

竞争有助于学员参与，课上关键知识或记忆力竞赛也让学员收获颇多。

目标

- 用游戏板回顾课程内容。

学员

10~24 人。

用时

课程或模块快结束时的 15~25 分钟。

材料及设施

- PPT 棋盘游戏（见示例）。
- 一套索引卡，一面是问题，另一面是答案。
- 色子（可以用电子色子或真色子）。
- LCD 投影仪。
- 计时器。

场地

不限。

准备

在 PPT 上建一个棋盘游戏（见后面的示例），简单又实惠！建好之后就可以通过 PPT 放映。用 PPT 里的画图工具就可以建立，不用在意是不是画得专业逼真，最重要的是有趣，线条不太好也没关系。编写一套问题，包含判断正误、多选、简答、问答、是非等题目。当然这些题是根据课上主要的学习内容与目标出的。一张索引卡上写一个问题，在背面写上答案，要留意不要让学员看到答案。

流程

1. 进行介绍："我们要开始回顾所学的内容了。"用投影仪打出棋盘游戏。
2. 把学员分成小组（最多 4 组），选出先做游戏的一组。比如说可以让当天过生日的那组先来，然后是生日比较近的组。
3. 让各组选出小组长。说明游戏规则。你会从这对题目卡中抽出一张，读完问题后开始计时。每题有 45 秒时间作答。组内可以讨论，由组长代表小组回答。老师将判定答案是否正确。如果回答正确，将在棋盘空格处画一个"×"表示根据掷色子可以走到哪一步。
4. 问大家是否听清楚了游戏规则，如果不明白再解释一下。第一轮掷色子。
5. 抽一张卡，问问题后开始计时。小组讨论的时候，如果愿意的话可以采取倒计时。然后让小组长作答。
6. 揭晓正确答案，判断本组回答是否正确。如果答案接近但不完全对，让其他组决定是否算作通过。同时要提醒其他组，大家是一样的，怎样对别的组，别的组也会怎样对自己的组。保证游戏公平。
7. 如果回答正确，用 PPT 上的标志笔给每组选种颜色。根据色子点数，在棋盘上用"×"标出这组走到了第几步。
8. 让第二组掷色子回答问题。
9. 如果有的组回答不正确，不能向前移动。出现这种情况的时候，让整组的人回答。虽然在棋盘上没有向前，但他们可是在获取知识方面确确实实地"前进"了呢。
10. 最先到达棋盘游戏出口的组赢得比赛。

⚠ 会员提示

- 这是很好的问答式回顾。由于加入了团队比赛，每个组的学员都参与了。
- 计时器是游戏的关键道具，它能让大家忘记是在做回顾，而以为是在玩游戏。
- 如果竞争太白热化了，要提醒大家这只是个游戏而已，每个人都是赢家。
- 问题要难易结合，这样容易的题目就抵消掉了难题。有的组抽到简单问题，其他组可能不高兴。要让大家明白这是一个有爱而公平的游戏。
- 在实际生活中大家会遇到或简单或复杂的问题。有的组抽到的问题就是很简单。通常课上的小组成员都是同事。这种改变和“幸运一掷”的感觉会抵消掉各组的不愉快。

黛博拉·托马斯 是淘气萌宝宝有限责任公司的所有人，它是一个以游戏为基础的学习精品公司。黛博拉的职业生涯起源于在一个极差的中学任教师。她创造并使用标新立异的方法让学生的学术能力评估测试分数提高了30%。她为《财富》500强公司，如可口可乐，担当设计者，使用同样的激情来帮助人们通过游戏达到学习目标。她为制造、能源、零售、制药、销售和金融公司提供服务。她是佐治亚游戏开发协会亚特兰大分会的主席，是佐治亚职场学习社团技术协会的董事成员，并是北美模拟与游戏协会的前主席。

黛博拉·托马斯

1453 AAshwoodyCourt

Atlanta，GA 30319

(404) 966.2372

邮箱：sillymonkey@mindspring.com

网站：www.sillymonkeyinternational.com

ATD 分会：亚特兰大

棋盘游戏示例

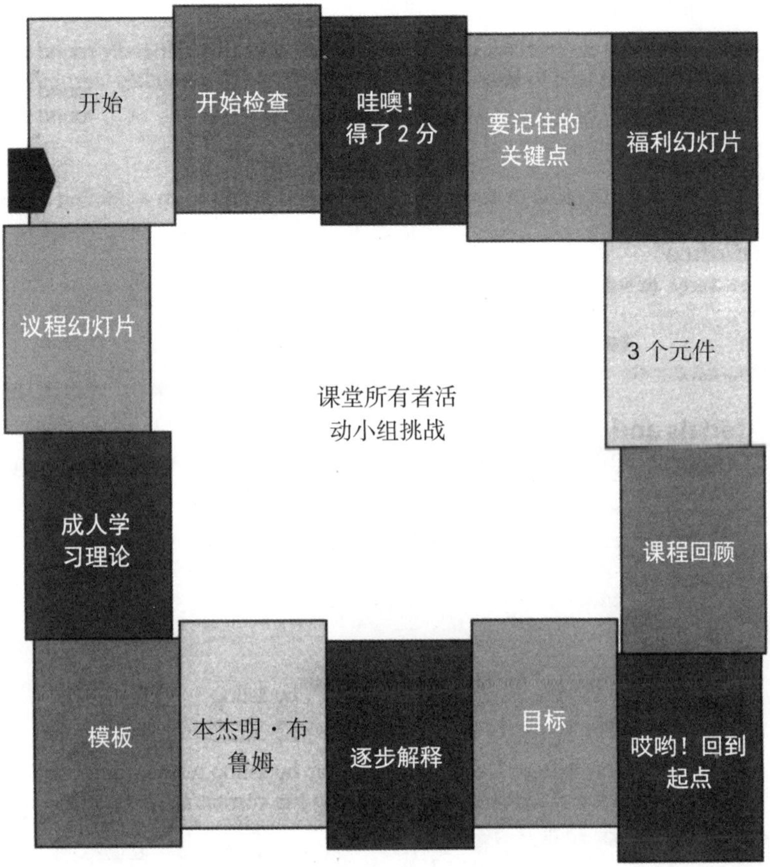
开始
开始检查
哇噢！
得了 2 分
要记住的
关键点
福利幻灯片
议程幻灯片
3 个元件
课堂所有者活
动小组挑战
成人学
习理论
课程回顾
模板
本杰明 · 布
鲁姆
逐步解释
目标
哎哟！回到
起点

扔掉答案

瑞贝卡·贾德

概述

学员通过玩激烈的扑克牌游戏会发现，打一圈友谊牌是记住所学内容的不错方法。

目标

- 强化课上所讲知识的准确性或加强预期行为效果。

学员

6~30 人，每组 5~6 个人。

用时

30 分钟。

材料及设施

- 每组一副完整的丢弃牌（一面是问题，另一面是这个问题的正确答案）。
- 每人一副答题牌，每张牌上有一个完整答案。
- 每副丢弃牌配发一张空白卡。
- 小礼物（可选）。

场地

可以放置 5 张桌子的场地，每张桌子坐五六个人。

准备

列出 20~25 个问题组成一副丢弃牌，牌的一面是问题，另一面是正确答案。给每组做一副丢弃牌。此外，还要给每个学员做一副答题牌，每张上面有一个问题的正确答案。

流程

1. 告诉牌桌上的人，要通过这个游戏回顾课上学到的内容。
2. 在每张桌子中间放上一张丢弃牌，有问题的一面朝上。在每摞丢弃牌的最上边放一张空白卡，避免让学员在游戏开始前看到内容。
3. 给每个学员发一副答题牌。
4. 介绍游戏规则：

   每桌出一个人拿取空白牌，大家一起读出第一个问题。谁知道答案了就马上喊说“丢弃牌”，组里的其他人必须在自己的答题牌里找出正确答案，并正面朝上放在桌上。所有人都选出答案牌之后，将丢弃牌翻过来揭晓正确答案。这些选对的人将在本轮游戏中获得 1 分。游戏结束后，得分最高者得胜。
5. 回答学员的问题，开始游戏。每组都完成所有问题以后，宣布每张牌桌上的获胜者。如果有两三个人平分，宣布他们都是获胜者。

会员提示

- 请一位有经验的人帮忙检查问题的准确性等相关工作。
- 提前测试一下问题数量，保证在游戏时间内够用。
- 如果愿意的话，可以奖励每组的获胜者。
- 如果每组人数相同的话，也可以奖励总得分最高的小组。
- 可以多玩几轮巩固所学知识。
- 此活动是与洛丽·兰迪共同开发的。

瑞贝卡·贾德　是一名资深教育设计者，她设计并提供培训超过 24 年。她拥有人力资源开发硕士学历，并热衷于去掉“学习是令人生厌”的烙印。

瑞贝卡·贾德

1901 Chouteau Avenue

MC 340
St.Louis，MO 63166
（314）206.0938
邮箱：rjudd@ameren.com
ATD 分会：圣路易斯大都会

学习平台

萨拉·伯克

概述

学员配对参加此活动，在过程中进行培训师和学员角色互换，对重要内容进行定位回顾。

目标

- 增强学员对知识难点的印象。
- 通过观察确定在后续课堂上还可以增加哪些内容。

学员

8~20 人。

用时

30~45 分钟，根据学员人数进行调整。

材料及设施

- 提前选出每个话题的材料或培训辅助资料。
- 用即时贴在每个学习平台上贴上学习话题或学习目标。
- 铃铛或口哨。
- 威尔·史密斯的歌曲《转换》（要跟你们法务部门的同事咨询一下这样使用是不是合法，不要侵犯知识产权）（可选）。
- 一台播放器或音乐播放机（可选）。

场地

可放置学习平台的场地，平台间距离合理，能让学员在不同平台间走动。

准备

学习平台的数量是学员人数的一半。比如，有 12 个学员，准备 6 张平台。每个学习平台用即时贴贴上一个学习话题或学习目标。

选择想让学员记住的关键知识。如果你愿意的话，还可以整理些学习辅助资料。确定这些内容在学习资料的哪些位置。

流程

1. 告诉大家要通过一个活动轻松回顾已学的几个重要内容。先让学员配对儿。给每对搭档一个回顾话题，告诉学员可以在学习材料的哪些位置找到这些内容，如果你准备了学习辅助资料的话也告诉大家。让学员用 10 分钟的时间准备一个 2 分钟的回顾纲要，包括关键知识点、主要步骤或其他重要信息。计时 10 分钟。
2. 让两个人决定谁先成为培训师。让培训师根据即时贴的名字找到相应的平台。
3. 让学员站在培训师前边。培训师用 2 分钟的时间回顾主要概念。2 分钟时间到，你要播放音乐（或响铃或吹口哨）提醒学员该按顺时针方向挪到下一个学习平台了。
4. 所有人找到位置以后，喊开始。2 分钟后，提示学员挪向下一个学习平台。
5. 所有学员都在每个平台听过之后，让培训师和学员在他们的平台互换位置。这样培训师成了学员，站在了培训师面前。本轮开始，计时 2 分钟后示意挪动位置，如此持续，直到所有学员轮完了所有平台。

会员提示

- 当成年人可以向其他人讲授某些知识的时候，此时的记忆效果最好。
- 你要作为引导者在教室内走动，保证每个人提供的信息都是准确的。如果有错误信息，要进行纠正。

- 歌曲有助于激发学员的兴趣并吸引他们参与（这也是提醒他们挪到下个平台的信号）。如果有条件，一定要用。

萨拉·伯克　是车美仕汽车金融的培训主管。她在讲师引导、教学设计、网络教学、学习管理系统、内联网和专案管理方面有超过 9 年的经验。除此之外，萨拉还自愿为 ATD 亚特兰大分会提供职业发展方面的培训。

萨拉·伯克

225 Chastain Meadows Court

Kennesaw，GA 30144

（770）792.4750，分机为.8592

邮箱：sarah_c_burke@carmax.com

ATD 分会：亚特兰大

忙的日程”来满足学员的需要。除了已认证SPIN销售、战略销售和IMPAX战略客户销售外，她还拥有成人教育和沟通硕士学位。

罗莉·斯潘格勒

205 Primrose Court
Vadnais Heights，MN 55127
(651) 483.1172
邮箱：lori.spangler@deluxe.com
ATD 分会：双子城

我要自己说

休・韦勒

概述

让学员阐述他们从课上学到的最重要的知识点，并承诺如何使用最新奇的知识点。

目标

- 帮助学员阐述在培训中学到的最重要或最有意思的东西。
- 创造机会让学员分享他们的新奇时刻。

学员

人数不限，是同期培训的学员就行。

用时

15~20 分钟，平均每人用时 30 秒。

材料及设施

- PPT 或活动挂图，写有三个陈述句：
  - — 最让我感到新奇的事情是……
  - — 从明天开始，我将要……
  - — 我计划告诉某人……
- 展示幻灯片的投影仪或屏幕。
- 为每个学员准备纸笔。

场地

不限。

流程

1. 课程快结束的时候，给学员看这三个句型（可以提前打印在挂图或幻灯片上）。

- 最让我感到新奇的事情是……
- 从明天开始，我将要……
- 我计划告诉某人……

2. 学员回想他们所学的内容，从以上三个句型中选择一个，用笔在纸上补充完整。建议他们看一下课堂笔记。反复重申每个学员只能选择一个句型进行回答。
3. 几分钟过后，可以请人自愿回答或点名回答。让每个学员都回答一次，别让他们轻松过关。如果有个人说他还没想出来，先跳过，告诉他稍后会再让他回答（一定要再次叫他回答）。
4. 如果有人说他的回答和其他人一样，让他换成与其他人不一样的答案。如果不这样严格要求的话，就会听到很多人说“同上，我也是这样”，我们需要的是让学员认真回想他们在培训中学到了什么。
5. 如果你备有证书的话，可以将它们发给每个分享过的学员。这将激发学员获得证书的热情，也能帮你更好地分辨还有谁没有做过分享。

会员提示

- 通常在课程最后引导者会总结课上的主要知识点。这个活动是让学员总结并分享哪些知识点比较重要。另外，也让学员能听到同伴的总结，强化了课程的价值。

休·韦勒 是百特医疗培训部门的高级经理。她的教学设计团队专门从事规章制度培训课程的设计和开发。她拥有芝加哥罗耀拉大学的组织沟通学士学位、伊利诺伊州绍姆堡罗斯福大学的培训与发展/教学设计和网络教学的硕士学位。她还是伊利诺伊州德斯普兰斯奥克腾社区学院

的教员，教授各种培训、人力资源以及管理方面的课程。休已经获得人力资源高级职称，是 ATD 2012 年芝加哥分会主席，正在考取学习和绩效认证专家。

休・韦勒

1325 Regency Lane
Lake Villa，IL 60046
（847）270.3970
邮箱：susan_weller@baxter.com
ATD 分会：芝加哥

用推特总结要点

凯拉 · B. 普莱斯

概述

这是一个实时回顾和加强的活动，不仅可以帮助课上的学员巩固知识，也能让未出席培训课的人进行学习。

目标

- 从活动中总结出学习要点。
- 与他人分享所学的知识（学员或非学员）。

学员

不限，只要能上网就行。

用时

10~15 分钟。

材料及设施

- 学员自备智能手机或笔记本电脑。
- 上网端口。
- 为学员准备一份"推特是什么"的介绍性短文。

场地

有 WiFi。

准备

提前通知学员要用推特与他人共享学习要点。确保每个人都有推特账号。为了使学习效果最大化，要在课后对课堂笔记进行整理，并且和其他不在场的人进行分享。通过电子邮件向每个学员发一份"推特是什么"的介绍性短文。

流程

1. 课前要准备指导文件。要将课程有关的标签提醒学员知晓。
2. 让无法上网的人跟其他人配对或结组学习。要让大家明白，如果没有账号将无法登录推特。给现场每人发一份纸质资料（就是课前通过电子邮件发给大家的那份），上面介绍如何创建账号、如何登录及如何确定课程标签。
3. 活动或模块结束之后，通过上传对话到培训室屏幕的方式进行讨论总结。
4. 鼓励学员后续再次查看他们的对话。如果有课程需要学员后续执行的，可以通过推特进行跟踪、提醒、确认难点、帮助学员解决问题。

会员提示

- 可用于课程结束后，也可用于关键知识点的回顾。
- 如果学员已经熟练掌握推特的使用方法就最好了。但是不用担心，即使不会也没有关系，推特的使用非常简单。只要有能联网的电脑或手机就可以，任何年龄段的人都会使用。
- 提前让学员知道你要将推特当作一个工具，并让这个工具发挥重要作用。
- 如果有可能，我觉得提前让学员了解彼此的账号很有益处。这样他们可以在活动之前就加关注进行互动，也能帮助新手熟悉推特的使用方法。如果想最大可能地使用推特的评论功能，甚至可以在培训室的屏幕上打开推特。
- 在开头的时候告诉大家这节课的标签是什么。
- 这是一个用户分享知识的很不错的方法。不仅能增加课程的可见性，还能为未到场的人员提供课上的关键知识点。而且对提高以后的入学率有帮助。

凯拉 · B. 普莱斯 学习和绩效认证专家，有 13 年培训与发展和人才管理职能方面的经验。作为普莱斯咨询集团（Price Consulting Group）的首席执行官，凯拉既是集团的培训师，又是集团的引导者。她负责培训设计、工具开发以及多元化、外派员工、压力管理、工作满意度、员工流动、虚拟培训等内容模块的发布。

凯拉 · B. 普莱斯，学习和绩效认证专家

10579 E. 37th Place

Yuma，AZ 85365

（928）276.3009 或（252）622.8119

邮箱：kpriceconsulting@aol.com

网站：www.thepriceconsultinggroup.com

ATD 分会：圣地亚哥

推特是什么

我会要求你将学习到的关键知识点上传到推特上。

如果对授课内容有疑问，也可以在推特上提问或跟同学进行讨论。

推特是“微博”，每条信息不允许超过 140 字。

使用推特的时候要考虑自己的目标是什么：

- “为什么加入推特？”
- “要在推特做什么？”
- “你为什么要粉其他人？”“是因为友谊还是出于商业目的？”

推特是通过人际传播树立个人品牌非常有力的工具。推特是你个人品牌建设的一部分，所以选择用户名和照片的时候要谨慎。

一旦开设了账号，就要通过主页面或其他途径“关注”其他人。你的目标是建立个人关系并获得其推送内容。你可以添加已经认识的朋友或生意伙伴，也可以添加听说过但还不熟的人。

你发布的推特内容可以是有关个人兴趣（引用或发布某一天发生的趣事）、炫耀（工作中的亮点）、有趣的链接或数据信息。这些将有助于吸引其他人关注你的推文。

怎样关注他人及获得他人关注

- 通过推特：搜索推特用户名。
- 通过其他社交网络：Gmail、雅虎、AOL、Hotmail、MSN。
- 通过邮件邀请：发送邀请邮件给其他人或联系列表里的人。
- 通过 http://twiter.garder.com：输入你的用户名，找到分类中的“推荐联系人”。
- 通过 http://twinfluence.com/index.php：三个领域的热门前 50 推者。

标签是带“#”号的关键词，用于在推特对话中搜索推文。“@”可以对在用的标签进行跟踪和归类。

转发是用于重发或引用某人的推文，也可以让关注你的人收到信息。

它是以 RT（再发推文）加发推文的用户名和内容（如@用户名）构成的。

比如，kellapriceRT@relth New Blog: Leaders: social Media Is Here to Stay: Learn to Maximize Its Benefits. Hppt://tinurl.com/kq6fty。

以下两项可以帮助增进你的推特账号功能：

- Tweetdeck：把推文变成便于管理的小段。
- Twhirl：通过它发送“推特邮件”。

现在你准备好开始使用推特了吗?

在这个课程中，请使用标签“#”。这个标签将会把该课程的所有信息和其他学员的推特账号归集到一起。

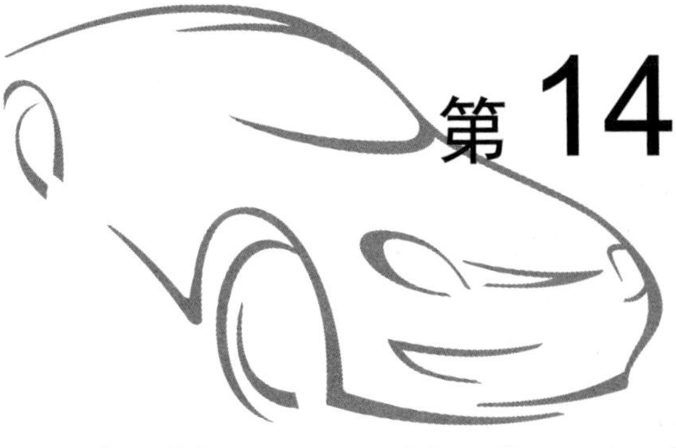

第 14 章

新工具：在技巧上换个思路

主动学习！参与！提高学员参与度。作为一名培训师，你可能听到了上百次这样的指导，也明白为什么这些理念被一再强调。

首先，活动可以增加团队活力；可以将学员从单纯的语言环境中暂时地解放出来；能够延展学员的思维，放松学员的身体。同时，活动需要学员的合作，它提供了建立和谐关系的途径，提高了知识的留存率。另外，活动是通过行动来促进学习的。如果你能够尽可能多地调动学员的感官，他们会把知识记得更牢。除此之外，活动还提供了巩固信息的多种方式。如果你只是一再以同样的方式重复相同的内容，即使接受度不错，你的培训风格仍是枯燥乏味的。除上面所述，活动还有激励作用。从学员的反应，可以看出他们能够积极地参与到活动中。这是一种愉快的学习方式。

最近我将书中的一个活动（作为初步试验）应用到了团队建设的一个环节。这个新想法的尝试让我足足兴奋了两天。所以，如果做培训是你的职业理想，一次又一次重复同样的培训会让你失去起初的活力和热情。行程安排和长时间培训都会变得令人沮丧。在你尝试了很多方法想让自己变得更加积极后，尝试一些你没有使用过的活动或方法，对你和你的学员都会有帮助。

我们分享的所有学习技巧都是经过实践、可以放心试用的新培训思路。劳拉・门德鲁在“话题专家”活动中实践了我们常说的“向学员学习”。莎伦・德拉为本章贡献了两个活动。“还记得吗”是个短小且有效的体验式学习活动，可以帮助培训师和管理人员了解为什么员工会记住部分而不是全部信息。“产品知识竞赛”尽管同样适用于回顾章节，但我们仍然选择安排在这里。留心这个活动还能在哪里使用。罗莉・斯潘格勒的“中心思想”表明了一个话题的知识可以来自很多地方。

保罗・捷尔列梅江使用和别人迥异的开场白迅速引起关注，他鼓励将“把手机还给他们”贯穿整个活动。凯拉・B. 普莱斯提供了一个两用的活动：将学员分成小组，加深彼此了解。蒂娜・普雷斯利采用了情境卡片，而竞争的模式又增加了活动的乐趣。莉萨・哈尼伯格 6 年来一直在博客上发表文章，她阐述了如何将博客作为新的培训工具使用。J. T. 科斯特曼和桑迪・鲁特阐明了两个确保培训内容有效转化的活动。这两个活动都很有创意，也是两种结束培训的好方式。最后托德・惠森南特分享了一个非常有趣的给培训师做培训的活动。

这里有很多了不起的新想法。你的同行也已经分享了这些好主意，下周你也尝试一下吧！让你和你的学员一起享受活动的乐趣。

话题专家

劳拉·门德鲁

概述

每个人都既代表一个话题专家，又是该活动的学员。活动的目标是分享团队的集体知识和建立新的组织联系。

目标

- 快速分享各类话题的信息。
- 展现“学员参与”的意义。

学员

20~60 个学员，具体人数取决于话题数量。

用时

30~40 分钟。

材料及设施

- 马克笔和放在桌子上的展示卡。
- 为所有学员准备纸张。
- 计时器或手表。
- 为所有学员准备索引卡。
- 为所有学员准备钢笔或铅笔。

场地

将桌子摆成马蹄形。

准备

在培训开始前，选取合适的讨论话题。为每 4~5 个人准备一个话题。因为要根据学员的专业领域选取话题，建议提前做功课了解学员情况。

你要是不了解学员，可以提前做些调查，让他们提交自己最擅长的三个专业领域或三门专业知识。将相关话题写在桌子的展示卡上，放在已经布置好的桌子上。

流程

1. 学员进入活动室后，请他们找到放有显示自己专长的展示卡的桌子。
2. 告诉大家，房间里有很多专家（指的就是学员自己），但我们通常没有时间去互相了解。让学员知道这个活动能让他们快速有效地了解对方。
3. 尽量平均分组，理想的情况是每组 6 个人。如果有一组只剩下 2 个人，活动仍可以照常进行。如果各小组的人数不平均，请学员主动调整自己的组别。
4. 分发纸笔，让各组写出话题领域他们最擅长的技能、模式以及能够提供的最好资源。这一环节设定为 5~10 分钟，让学员分组进行。
5. 把索引卡分发给所有学员，让每个人都看下房间内其他展示卡上的话题，并在索引卡上写下 1~2 个想问其他组成员的问题。请他们想想哪些信息可能对自己现在或将来的工作有所帮助。
6. 每个人都找到自己的桌子后，让各组以“1”“2”报数，这样每组又分成了两队——报“1”和报“2”的队伍。
7. 让所有报“1”的学员站到屋子中间（马蹄形里面）。说明活动开始后，报“1”的学员可以在房间里自由走动，问报“2”的学员索引卡上的问题。
8. 报“1”的学员在房间里走动时，报“2”的学员作为主题专家（Subject-Matter Experts，SME）坐在原来的位置上，为报“1”的学员解答问题或提供建议。报“2”的学员参考的是列表上的提示和自己熟练的技能。
9. 开始活动，时间为 7~10 分钟。

10．宣布时间到，两队人互换角色。报“1”的学员作为话题专家解决问题，而报“2”的学员在房间里走动，咨询问题。

11．第二轮结束后，让学员分享他们学到的新知识。

⚠ 会员提示

- 活动开始时，让学员尽量自己找到相应的位置。
- 不要设定“走动”形式；让所有人自由走动，就像走动在研讨会的一个个席位前。形式越自由越好。
- 提前了解活动学员，根据他们擅长的领域选定话题非常重要。
- 对于这个培训，你可能需要预查学员擅长领域的相关知识。

劳拉·门德鲁　拥有组织管理硕士学位、教学系统设计证书和丰富的实验教育技术经验。她于 1994 年开始投身学习行业，2002 年加入博思艾伦咨询公司，现在负责监管该公司的组织发展和学习与发展的训练计划。除了在博思艾伦任职之外，劳拉在 ATD 华盛顿特区分会带领组织发展兴趣小组，并提供“暂休”团队指导课程，辅导家长如何与活蹦乱跳的孩子相处，帮助他们重新建立与子女的关系。

劳拉·门德鲁

16200 Kimberly Grove Road

Gaithersburg，MD 20878

（301）325.5123

邮箱：mendelow_laura@bah.com

ATD 分会：华盛顿特区

还记得吗

莎伦·德拉

概述

这个活动强化了关于记忆力的几个重要原则，例如，“重复”可以有效帮助记忆。

目标

- 讨论提高记忆力的方法。
- 了解学员和员工能够记住信息的原因。

学员

20~50 个学员。

用时

15~20 分钟。

材料及设施

- 为每个学员准备一张白纸。
- 为每个学员准备一支钢笔或铅笔。

场地

布置得便于学员书写。

流程

1. 将纸笔分发给所有学员。请学员写下数字 1~20，然后把笔放下。
2. 告诉学员在你读 20 个词语的时候，要仔细听。
3. 缓慢清晰地读出下列词语，从“薄饼”开始自左向右逐列地读，以“足球”结束。

薄饼	生日	糖果	橄榄球
假期	有天赋的	高速赛车	回报
有天赋的	美食家	奥林匹克	有天赋的
有成就的	电话	铅笔	多云的
性感的	城堡	飞机	足球

4. 让学员将他们能够记住的词语都写下来。
5. 4~5 分钟后，请学员分享他们写出词语的总数。
6. 再读一次这些词语，请学员复核他们写出的词语。
7. 请学员分享他们写出的正确词语的总数。
8. 请写下“薄饼”和“足球”的学员举手。说明：“薄饼”是第一个词语，“足球”是最后一个词语，而通常第一个事物和最后一个事物容易被记住。
9. 请写下“有天赋的”的学员举手。说明：“有天赋的”这个词语重复了三遍，通常被提及超过一次的事物更可能被记住。
10. 请学员举例说明他们是如何记住其他词语的。阐明：通常，其他词语是通过字词联想、情感依附或使词语具体化记住的。
11. 通过讨论的方式，总结活动告诉了我们关于倾听和记忆力的哪些信息。询问学员如何将这些信息应用于实际工作。

会员提示

- 使用有横格的空白纸，方便学员书写。
- 这个活动是基于“字词联想”“信息记忆”“21 天重复实践改变行为习惯”的理论。
- 自己可以重新列出 20 个或 30 个和受训团队相关的词语，记住其中的一个词要重复三次。

莎伦·德拉　学习和绩效认证专家，在需求评估、人力绩效、流程

提升和组织发展领域有超过 17 年的工作经验，她的广泛的经验是通过在零售业、金融业、医疗保健、政府、制造业、酒店业和旅游行业的运营、商务管理、客户服务、销售、沟通、市场、接班人计划、领导力、教练和培训工作中获得的。莎伦是前进集团股份有限公司（Proficience Group Inc.）的所有者和首席执行官，该公司与其他组织合作，致力于辨识不良绩效的根本原因并且确定最好的解决或干预方案以消除绩效差距，用一双犀利的眼睛来揭示可能的盲点。莎伦目前服务于国家 ATD 分会认证委员会。她拥有达拉斯大学的工商管理学硕士学位。

莎伦·德拉，学习和绩效认证专家

8948 Random Road

Fort Worth，TX 76179

（817）236.7594

邮箱：sdera@charter.net

网站：www.proficiencegroup.com

ATD 分会：沃思堡

产品知识竞赛

莎伦·德拉

概述

学员通过回想自己工作中的知识与行为，在比赛中共同努力，快速匹配产品知识及其正确类别。

目标

- 回顾或介绍工作内容。

学员

全部完成了某一课程的 10~25 个学员，分成 4~5 个小组。

用时

15 分钟。

材料及设施

- 为每组准备一张带有标题的表单（参见活动结尾处的“完成表范例”）。
- 为每组准备一套产品知识卡片（印有产品名称或产品描述的索引卡）。
- 为每组准备一个闹铃或按铃。
- 小奖品（可选）。

场地

方便 4~5 个小组分组活动，且互不打扰。

准备

活动前确定你要回顾（或介绍）的产品构件。准备带有类别标题的表单，标题下留有填写信息的空间。确认产品类别和想要学员了解和记住的产品的相关信息。制作产品知识卡片，每张卡片上印有产品名称或一个描述性词语。为每个小组准备一张带类别标题的表单和一套产品知识卡片。

流程

1. 将学员分成 4~5 个小组。请各组到指定位置，并分发按铃。
2. 每组分发一张带有类别标题的表单和一套产品知识卡片。让学员以团队形式，将卡片上的产品知识放在表单中正确的标题下。
3. 告诉各组，当他们将所有产品知识都放到了正确的位置，按响按铃宣布完成。
4. 检查获胜小组表单的完成情况。
5. 可以颁发小奖品给获胜小组成员。

会员提示

- 就金融业而言，产品知识表包括产品名称、代码、合格要件、特征说明和优势说明等。
- 就零售业而言，产品知识表包括产品名称、原产地、商品条形码、价格、配件、特征说明和优势说明等。
- 准备参考答案，便于快速检查小组表单的完成情况。
- 尽管在这里活动是作为回顾技巧呈现给大家的，但它还适用于前后测试、新信息介绍、讲座以及互动性团队活动等。
- 还可以用于讲授以知识为基础的、有很多成分的信息，如定义和使用程序的适宜/不适宜的时间等。

莎伦·德拉 学习和绩效认证专家，在需求评估、人力绩效、流程提升和组织发展领域有超过 17 年的工作经验，她的广泛的经验是通过在零售业、金融业、医疗保健、政府、制造业、酒店业和旅游行业的运营、

商务管理、客户服务、销售、沟通、市场、接班人计划、领导力、教练和培训工作中获得的。莎伦是前进集团股份有限公司（Proficience Group Inc.）的所有者和首席执行官，该公司与其他组织合作，致力于辨识不良绩效的根本原因并且确定最好的解决或干预方案以消除绩效差距，用一双犀利的眼睛来揭示可能的盲点。莎伦目前服务于ATD分会认证委员会。她拥有达拉斯大学的工商管理学硕士学位。

莎伦·德拉，学习和绩效认证专家

8948 Random Road

Fort Worth，TX 76179

（817）236.7594

邮箱：sdera@charter.net

网站：www.proficiencegroup.com

ATD 分会：沃思堡

完成表范例

产品	代码	要求	特征	优势
商业支票	S71	200 美元最低储蓄	平均余额 5 000 美元时无手续费	方便支付账单和管理每月开支
金融市场支票	S4	1 000 美元最低储蓄	每日余额 2 500 美元起有股息	方便支付账单和获取股息

中心思想

罗莉 · 斯潘格勒

概述

阅读和用荧光笔标记概念有利于推进活动进程，对于学员来讲也是一种有效手段。

目标

- 通过多种来源确定中心思想。
- 通过其他来源获取更多的信息。

学员

4~10 个学员。

用时

20~30 分钟。

材料及设施

- 为每个学员准备一支荧光笔。
- 为每个学员准备一份白皮书或一篇文章（可以全部相同，也可以是关于一个主题的不同文章）。
- 挂纸白板和马克笔。

场地

有可供书写的桌面。

流程

1. 将白皮书和荧光笔分发给每个学员。
2. 让学员阅读文章，并标记自己希望记住的，或者与客户或员工交谈时可能用到的关键点。给学员留出适当的时间完成这项任务。
3. 让学员依次读出他们标记的一个重点，循环进行直到分享完所有想法。

4．可以在挂纸白板上列出这些想法，也可以将这些想法适当归组，如主动/被动、计划/行动、之前/之后、一对一/团队，或者根据话题划分其他类别。

会员提示

- 本活动是易于说明和实施的。
- 学员可带走他们标记过的打印件，以便训后回顾或张贴在办公室里。

罗莉·斯潘格勒 是德勒克斯（Deluxe）公司的首席绩效顾问，她进行远程销售力量支持、咨询、评估和实施销售培训战略。不管是面授式培训还是在线学习，罗莉热衷于使培训更便利，通过调整自己“繁忙的日程”来满足学员的需要。除了已认证 SPIN 销售、战略销售和 IMPAX 战略客户销售外，她还拥有成人教育和沟通硕士学位。

罗莉·斯潘格勒

205 Primrose Court

Vadnais Heights，MN 55127

（651）483.1172

邮箱：lori.spangler@Deluxe.com

ATD 分会：双子城

把手机还给他们

保罗·捷尔列梅江

概述

让学员用他们的移动设备和社交软件验证你在活动中陈述的内容。这是个出乎意料的提议，但是绝对可以有趣且有效地巩固学习成果。

目标

- 以幽默的表达方式吸引学员的注意。
- 设定分享相关知识的基调。

学员

10~100 人，或者更多。

用时

5~15 分钟，具体可取决于讨论情况。

材料及设施

- 无。

场地

不限。

流程

1. 活动开始前，询问是否每个人都有笔记本电脑、手机或其他通信设备。给学员充分的时间去取出他们的通信设备。
2. 这时学员很可能会关掉这些设备或检查手机的音量。接下来出其不意地说：“如果有，请在活动期间保持打开状态，并准备随时使用。”
3. 为学员再次留出足够的时间做出反应和确认。

4. 问学员对于让他们打开设备是怎样想的。接下来要做好准备听一些意想不到的回应，甚至风凉话。就不可思议的回答，可以和大家一起笑。
5. 鼓励学员搜索和确认你接下来所说的所有内容，或者找出和你所说内容相反的事实。解释信息准确的重要性，并告诉他们如果在设备上找到相关信息，你衷心地希望和期待他们能分享给大家。

会员提示

- 如果学员是管理人员、行政人员、培训师以及其他对有效沟通有很高要求的人，这是个有效训练。
- 如有可能，用你喜欢的社交软件和微博建立网页标签，供学员使用。活动中让这些应用在你的笔记本电脑或台式机上保持登录状态。一有机会就跟进活动情况，也可以让助手帮你跟进活动。
- 设想学员立即验证了你的内容或在教室外和别人沟通等情况，提前做好应对准备。

保罗·捷尔列梅江 退休前在科技和培训行业专攻客户培训和商业开发，有着成功的职业生涯。他于 2003 年 6 月退休并开创了 i5 联盟（iFive Alliance）。除了开发创收的联盟，i5 联盟也提供有关咨询服务、上市战略和未来把学习作为商业的主题演讲。保罗为许多组织的董事会服务，他还创建了 TAG（佐治亚技术协会）工作坊学习协会，专注于职场技术和学习的有效结合。

保罗·捷尔列梅江

125 Laurian Way

Atlanta，GA 30328

（404）252.8330

邮箱：pault@ifivealliances.com

网址：http://ifivealliances.ning.com

ATD 分会：亚特兰大

说说你自己

凯拉·B. 普莱斯

概述

为方便接下来的小组活动，先根据学员对培训经历或培训需求问题的回答进行分组。

目标

- 将学员分成小组。
- 了解学员的兴趣爱好。

学员

20 人及以下。

用时

5 分钟，人数多的话可适当延长时间。

材料及设施

- 无。

场地

不限。

流程

1. 告诉学员，你会根据他们对所提问题的回答进行分组。
2. 问学员一个关于环节主题的问题，可以是带有选项的问题，也可以是自由回答的问题。范例包括：

- 你希望从这个环节中学到什么？
- 你觉得倾听的最大障碍是什么？
- 在目前的工作中，你面临的最大培训挑战是什么？

- 你所在的工作环境中，员工获得成功的决定性技能是什么？

3．以你的个人角度回答一个问题，作为示范。

4．接下来请学员回答，并根据学员的回答进行分组。请回答相同的人到房间指定位置。

5．每个人都分到各自小组后，布置你选择的任务。

会员提示

- 如果你想以一种愉快的方式让学员彼此熟悉，活动人数较少（少于 20 人）时效果更好。活动也可以帮助学员快速熟悉彼此。
- 如果活动目的是阐释尽管所有学员都是不同的，但他们仍然有很多共性，活动结尾时扼要说明这一点。
- 如果活动目的是说明每个人对于具体内容都有不同的看法，扼要概括团队的“标识符”和各成员对于活动结论的不同观点。

凯拉 · B. 普莱斯　学习和绩效认证专家，有 13 年培训与发展和人才管理职能方面的经验。作为普莱斯咨询集团（Price Consulting Group）的首席执行官，凯拉既是集团的培训师，又是集团的引导者。她负责培训设计、工具开发以及多元化、外派员工、压力管理、工作满意度、员工流动、虚拟培训等内容模块的发布。

凯拉 · B. 普莱斯，学习和绩效认证专家

10579 E. 37th Place

Yuma，AZ 85365

（928）276.3009 或（252）622.8119

邮箱：kpriceconsulting@aol.com

网站：www.thepriceconsultinggroup.com

ATD 分会：圣地亚哥

你如何处理这个问题

蒂娜·普雷斯利

概述

各组选手分别讨论关于情境问题的好的解决方案，并按照类似纸牌游戏积分的方式，通过竞争赢得胜利。

目标

- 讨论实际状况的潜在解决方案。
- 提供操练培训所学技能的机会。

学员

10~18 人时，分为两组；超过 18 人时，每 6~8 个人一组。

用时

30~60 分钟，具体可取决于讨论时间的长短。

材料及设施

- 准备一副纸牌，用来记分。
- 准备一套 10 张或 10 张以上的情境索引卡；卡片的一面为情境描述，另一面则分别标有从 1~10 的数字。
- 胶带。
- 为获胜队准备小奖品（可选）。

场地

方便以小组讨论形式活动。

准备

在活动开始前，制作情境卡片。确定 10 个或 10 个以上与培训主题相关、能够反映学员在工作中所面临的困境和挑战的情境。情境可以是客服类，如如何应对棘手的客户；也可以是管理类，如如何管理有挑战性的员工。

范例可选用客户提出不合理要求的情境。例如："有一个客户买了沙发，想让你帮忙把沙发搬到车里。等你来到车前，你发现沙发太大根本无法放到车里。然而，客户坚持让你把沙发放到车里。"

情境写在索引卡的一面，一张索引卡一个情境。情境下面写上这句话："你如何处理这个问题？"索引卡背面是从 1~10 的数字编号（或根据情境数量进行编号）。

用胶带把卡片粘贴到墙面、白板或挂纸白板上，带数字的一面朝外。

流程

1. 介绍活动时，说明在面对客户（员工或其他人群）时，你永远不知道将面临什么情况。强调活动旨在通过操练学员在培训期学到的知识和技巧，帮助他们随时准备应对各种突发状况。
2. 将学员分成小组，然后分配到房间的一处（坐着或站着）。让其中的一个小组从墙上挑选一张带数字的卡片，开始活动。
3. 读出卡片上的内容给所有人听。告诉挑选卡片的小组他们将有 30 秒时间讨论作答。每个小组都要和整个团队分享他们的答案。然后，其他小组讨论确定答案是否正确。如果整个团队都认为答案正确，该小组可以抽取一张纸牌。注意：讨论时间不宜持续过长。如果有一组明显对答案很难做出决断，不想回应答案是否正确，你需要介入并凭借判断力做出决定。
4. 重复这个过程，直到对所有情境卡片都做出了评定。
5. 让各组检查自己的纸牌，展示他们手中最大的牌。你可以决定按照纸牌总点数记分，也可以借用 21 点纸牌游戏规则，哪组的牌最大哪组获胜。带领大家为活动中所有人的表现鼓掌。

会员提示

- 活动适合所有在探索有关客服、安全、价值观、督导技巧等方面问题的解决方案上有需求的人。
- 如果向学员说明这些问题他们很可能在未来的实际工作中遇到，活动效果会更好。
- 学员都希望能在自己的位置上看到这些数字，所以要把情境卡片粘贴在每个人都能看到的地方。
- 可以调整游戏规则。例如，如果你认为答案太短或不完整，可以让其他组继续作答。奖励给出正确回答的组。

蒂娜·普雷斯利　是 ATD 分会董事会的副董事长，负责市场和公关工作。蒂娜毕业于南卡罗来纳大学，拥有市场营销专业学士学位，兼修计算机科学专业。她在南卡罗来纳州北部和中部的善念机构（Goodwill Industries）担任培训与发展部主管。她在零售、沟通、激励、销售、领导力、管理及团队建设等方面都有丰富的培训经验。蒂娜和她的丈夫是南卡罗来纳州的常住居民，他们和两个孩子基塔和赞恩一起居住在自家的喷泉客栈里。蒂娜喜欢运动、读书、开发新的培训理念以及在善念机构的工作。她还是青少年运动方面的社区队长，并和自己的丈夫一起担当篮球、棒球、足球、排球的义务教练。除此之外，她还是家长教师联谊会会员和儿子所在学校音乐俱乐部的会长。

蒂娜·普雷斯利

115 Haywood Road
Greenville，SC 29607

（864）351.0124

邮箱：tpressley@goodwillsc.org

网站：goodwillsc.org

ATD 分会：南卡罗来纳州

博文和留言

莉萨·哈尼伯格

概述

学员通过回顾一篇和培训主题相关的博文，在激发创新思维的同时，也对工作、同事和自我有一个全新的认识。

目标

- 让学员了解不同的观点。
- 增加同事间新想法、新观念的分享。

学员

多个小组，每组 3~6 人为宜。

用时

35 分钟。

材料及设施

- 为每个小组收集一篇和培训主题相关的、有争议的博文。
- 为每个学员准备一份博文留言表。
- 为学员准备钢笔或铅笔。

场地

将桌子摆成方便每 3~6 人一组填写留言表的形式。如果无法提供合适的桌子，可用带夹写字板代替。

准备

搜索和活动主题相关的博文。如果你有自己的博客，博客中又有合适的博文，一定不要吝啬使用。注意：搜索博文时，要充分利用互联网工具，如 SocialMention.com 或 Technorati.com。打印足够多份数的博文，供所有学员使用。

流程

1. 请学员分成 3~6 人的小组。最好随机分组，便于学员认识更多自己不熟悉的人。
2. 分发博文留言表和纸笔给所有学员，并对表里的使用说明给予解释。
3. 告诉大家他们有 25 分钟时间完成博文留言。时间还剩 10 分钟和 5 分钟时，分别提示剩余时间。
4. 让各组分别展示自己的博文留言，每组展示后，大家用 3~5 分钟讨论该留言。讨论用到的问题可能包括：

- 博文留言有什么不同?
- 为什么说这种不同很重要?
- 你听到了哪些有创意的想法?
- 通过讨论，你了解到了什么?

会员提示

- 告诉学员他们不一定要同意博文的观点。事实上，如果他们的留言能有力地反驳原博文，会让活动变得更有趣!
- 根据学员需要，简单快速地介绍什么是博文。
- 活动旨在引发兴趣和新思维，并和各组一起分享。
- 如果有合适的工具，帮助他们发表和分享博文留言。

莉萨·哈尼伯格　是领导力、管理和组织发展领域的思想领袖、顾问和演讲者。她写了 13 本书，在博客 www.lisahaneberg.com 发表管理类文章已有 6 年之久。

莉萨·哈尼伯格

3063 Portsmouth Avenue

Cincinnati，OH 45208

邮箱：lhaneberg@gmail.com

网址：www.lisahaneberg.com

ATD 分会：辛辛那提

博文留言表

使用说明：你们组会拿到一篇发人深省的博文供阅读和讨论。你们的任务是抓住小组对这篇博文论题的探讨要点写出另一篇博文。请在下面写下你们的“博文留言”。留言不要超过 3 段，可以随意使用图表或着重号。阅读、讨论原博文，以及撰写小组博文留言共计 25 分钟（例如，5 分钟阅读博文，10 分钟小组讨论，10 分钟以小组形式完成博文留言）。

博文留言标题：________________________________

博文留言正文：

成功链

J. T. 科斯特曼

概述

学员通过邮件形成互助小组，用以监督将培训所学付诸实践的承诺履行情况。

目标

- 将课堂所学付诸实践。
- 利用团队的力量认可、奖励和巩固个人进步。

学员

人数不限，5~20 人最佳。

用时

20~30 分钟（20 人）。

材料及设施

- 挂纸白板。
- 马克笔。

场地

不限。

流程

1. 在培训接近尾声时，问学员是否学到了能够提高工作绩效的知识或技巧。如果他们的回答是肯定的（这是必然的），请一个学员自告奋勇分享他在未来几天、几周或截至哪天希望做出哪些改变。将学员的名字和将要做出的改变写在挂纸白板上。
2. 衷心地恭喜这个学员（可以让全体给他一些鼓励的掌声）。问他是否愿意通过邮件向这个房间里哪个学员报告自己的进展和成就。

3. 询问邮件接收者，他希望在多久之内做出哪些改变，同样将这个学员的名字和想要做出的改变写在挂纸白板上。恭喜该学员，并说明：“当你收到你同事的邮件时，把你自己的完成情况加进去，并转发给团队中的另一个人。那么，你希望把邮件发给哪个人报告你的成就呢？”
4. 按照以上流程，直到所有人都已承诺在什么时间做出怎样的改变以及向谁汇报自己的完成情况。告诉学员他们即将创建一个“成功链”。
5. 让最后一个人发邮件给你。如果最后一个人能将组织目标的成功完成发邮件给所有人会更好。

⚠ 会员提示

- 活动的快速提醒有助于学习内容的有效转化。活动还一次性地证明了培训的现实意义。
- 当流程进展到最后一个人的时候，你就成功地创建了现实中的一个“成功链”。这个过程不仅有效地让学员将所学内容应用到实践中去，还向组织证明了培训可以应用到实践中去。通过要求复印最后的邮件内容，你可以收集培训课程带来的所有组织成功、创新和成本节约的记录。
- 邀请高层管理者参与进来。把他安排在链条的最后一环。这样，所有学员都能收到来自他的祝贺。
- 活动的目的类似于减肥观察家、嗜酒者互诫协会及其他的互助小组。那些做出公开声明的人通常比暗下决心达成某个目标的人更容易成功。成为链条中的一个环节后，大家都在期待所有人都能履行承诺。
- 你可以分发一把钥匙或类似的物件给每个做出承诺的学员，提醒他们这一步是他们成功实现承诺的钥匙。你可以在任何家居装修的地方买到这种钥匙，每把 1 美元左右。

- 想要升级这个活动吗？整个过程成功完成后，让组织重新确定一个更有挑战性的目标，看是否每个人都能顺利进入新的阶段。这一次的顺序可以倒过来，或者使用各自汇报中提到的技能。

J. T. 科斯特曼 博士，为从联邦政府到世界 500 强组织中的高阶主管提供关于有效组织变革开发、领导力开发和绩效提升解决方案的咨询。科斯特曼是顾问、教练和教授。他还拥有工业和组织心理学博士学位，这是他在从事护理人员、警察、深海救援潜水员、美国陆军精英侦察兵/狙击手侦察队队长等不同工作之后获得的。他生活在纽约城和哥伦比亚特区，主要针对防御和情报界做咨询工作。

J. T. 科斯特曼，博士

LSR Alliance，LLC

313 Wills Avenue

Stanhope，NJ 07874

（703）403. 2555

邮箱：jtkostman@yahoo.com

网站：www.lsralliance.com

ATD 分会：华盛顿特区

行动起来

桑迪·鲁特

概述

这个简单的活动将做出承诺的人和愿意帮助他们完成承诺的人联系起来。

目标

- 让学员能够为实现目标立即行动。

学员

20~40 人。

用时

15~30 分钟，具体取决于学员人数。

材料及设施

- 为每个学员准备索引卡或裁成 1/4 大小的纸张。
- 为每个学员准备一支铅笔或钢笔。
- 一个篮子。

场地

场地布置不限。人数多的话，中间最好能留出通道。

流程

1. 培训或活动接近尾声时，告诉大家行动才是实现目标的关键。
2. 将索引卡和纸笔分发下去，并让学员花几分钟思考，写下为实现目标将立即采取的一个行动承诺（24 小时或 48 小时内）。
3. 让学员把姓名、电话号码和邮箱地址写在索引卡上。收集索引卡。
4. 说明由于工作或生活有时我们无法履行培训时做出的承诺。告诉学员这个活动会帮助他们提醒自己的行动计划。

5. 说明你会一次读出一张卡片上的行动内容，但不会读上面的人名。如果有人愿意帮助这个人完成行动，请举起手来。告诉这些毛遂自荐的人，他们的任务是打电话或/和发邮件来支持做出承诺的人。
6. 将索引卡交给第一个回应要提供帮助的人。
7. 重复上面的过程，直到把所有索引卡都分发出去。
8. 指示学员联系他们要帮助的人。鼓励学员在培训期结束前互相联系，或者在24小时内以电话或邮件方式联系对方。

⚠ 会员提示

- 建议每个学员只写下一个行动。超过一个会让活动变得复杂。
- 鼓励学员互相帮助。
- 确保所有学员都在索引卡上写下了他们的联系方式。
- 不要强迫学员；创造一个令人感到安全的环境。

桑迪·鲁特 是普洛戈尔德咨询有限责任公司（ProGold Consulting, LLC）的创始人和负责人。普洛戈尔德是一家成功的文案、培训和咨询公司，旨在帮助企业通过人员、流程和制度的调整，来提高员工士气，提高运作效率，改进商业营利模式、业务流程和业务系统。普洛戈尔德有18年业务流程优化、内部审计、技术写作以及商业技能培训、学习和咨询方面的经验，致力于帮助客户清除组织发展的障碍，实施低成本高收益的解决方案。桑迪还是个沟通专家，以“娴熟不等于完美！成功的新定义”为主题的充满活力和说服力的演讲和培训为代表。

桑迪·鲁特

P.O. Box 632156

Highlands Ranch，CO 80163-2156

（303）593.0025

邮箱：sandiruther@comcast.net

网站：www.progoldconsulting.com

ATD 分会：落基山

肮脏培训室

托德·惠森南特

概述

此活动可称为“两个培训室的故事”，因为准备培训教室的经验是采用形象生动的娱乐方式来检验的。

目标

- 恰当地准备培训教室。

学员

培训师培训课程中的 10~25 个学员。

用时

30 分钟，也可根据班级具体规模和后勤情况而定。

材料及设施

- 干净的垃圾（故意制造出来的垃圾，不是从垃圾桶里拿来的），比如空汽水瓶、用过的咖啡杯、纸巾、文具。
- 10 张卡片。
- 音响设备。

场地

两间不相邻的培训室。一间是让学员进入的房间，是间“垃圾房”。另一间是非常干净整洁的培训室。

准备

尽可能提早准备两个房间。让清洁人员和门卫帮忙，不要把“脏乱的教室”给整理了。如果能提前一个晚上准备最好，至少得提前一个半小时布置这两个房间。先准备干净的房间，你也不想在大厅撞见学员吧。

隔开两个房间，最好让两个房间不能同时被看到。如果有必要的话，可以在脏乱的房间门前树立指示标志，在干净的房间门口提前摆上“正在测试，请勿进入”的指示牌。

把脏乱的房间布置得像其他人刚刚用过还没有打扫的样子，桌椅乱七八糟。桌子、地板上有各样的垃圾，比如纸巾、皱皱巴巴的纸、空汽水杯、用过的咖啡杯。白板或挂图上还有用过的痕迹，桌子上还有吃剩的点心、饮料、融掉的冰激凌、用过的盘子等，请自行发挥。

另一间培训室要布置得井井有条。座椅干净、摆放整齐，培训用到的物品摆在合适的位置，比如桌卡、笔和其他用品。白板和活动挂图干干净净，投影仪已经打开正在显示第一页幻灯片。精美的小吃整齐摆放，饮品的温度适当，还供应冰块。讲台桌已经准备好。

流程

1. 培训正式开始十分钟后再走进脏乱的培训室。这个时候要有一点剧场效果。你的仪表要凌乱，看起来很着急的样子，假装各种教具、课堂用品好像要随时掉下来一样。

2. 形象要多不好就多不好，匆匆忙忙走进教室，就迟到这件事简单做一下道歉。让东西掉到讲台上，环顾四周看看这个屋子里的状况有多差劲。开始为房间的样子道歉，然后找借口为自己开脱，说是你要找人交涉房间的情况。离开房间 3~4 分钟。

3. 回来以后再次道歉，然后宣布培训室改到了另一个房间。说一下新培训室的位置，带着大家过去。

4. 当学员们进入干净的培训室时，一一向大家问候。给大家留点时间适应新房间。问：“你们觉得这里发生了什么事？”当大家不笑了之后，用以下这些问题询问两间培训室的不同之处：

- 你在第一个房间的时候是什么感觉？在第二个房间的时候呢？为什么？
- 第二个房间里有什么你可以在自己培训课上进行模仿的细节吗？
- 培训室的第一印象有多重要？

- 虽然设置得有些夸张，但为什么不把培训室弄得最舒服呢？ 你怎样防止这样的事情发生？
- 培训室环境对学员的影响有多大？
- 你从这段经历中收获最大的是什么？
- 你以后要在培训准备清单中增添什么？

5. 就如何更好地布置培训室、各样影响因素及对学员学习的影响跟大家进行分享。

会员提示

- 培训师们可能不相信第一个房间就是培训室，并想要找其他房间。需要有助手或警卫员向大家解释这就是正确的房间。
- 一定要藏起来（可以藏在干净的房间里）。如果你在进入脏乱的房间之前提前曝光的话，会毁掉这个活动。
- 许多学员一进入干净的培训室无疑就知道发生了什么事情。注意他们在这两个房间的时候，身体和面部语言的差异。这样，在介绍的时候，就可以描述他们的状态了。
- 强调不管培训预算是多少，都要让环境和培训室布置基调体现出学习氛围。
- 在这个练习中，最重要的是玩得开心！

托德·惠森南特　美国信息技术集团学员传道会公司总监。20 多年职场学习与绩效经验，就职过多家《财富》500 强企业和非营利组织。个人经历领域有电缆、电信、汽车、金融、零售、摄影营销和非营利行业。做过的职位有客户服务、领导力、绩效发展、团队建设、招聘和在职、组织识别、代际和沟通事宜。托德毕业于阿拉巴马大学，获管理学士学位，拥有人员绩效提升证书和 DDI 证书，是 AchieveGlobal 培训师。托德是 ATD 中佛罗里达州中部分会成员，任职沟通副总裁和总裁。

托德·惠森南特

3521 Diamond Leaf Lane

Oviedo, FL 32766

(407) 977.8994

邮箱：todd.whisenant@ccci.org

ATD 分会：佛罗里达州中部

第15章

在线学习：可以尝试的工具

“远程学习”这一概念并不新奇。事实上，培训行业正在进入电子学习的第二个十年——我们所说的“应用”的十年。行业术语也发生了变化——在线会议、在线课堂、虚拟教室，但是，无论你怎么称呼它，电子革命所驱动的十年已经来了。

然而，很多培训师还不情愿完全接受这一概念和更新他们的设计及培训传播技术。但是，就像威尼斯·罗巴蒂曾经说过的，“熟并不能生巧，只有巧熟才能生巧”。

由于差旅的限制、预算的缩减和懂技术的人员越来越多，大多数组织增加了虚拟培训的使用。组织正在思考如何来继续满足员工的学习需求和让培训师传递更多的线上培训。

遗憾的是，组织和培训从业者并没有将“远程学习”（一个比较老的概念，但是涵盖了我们今天的目的）这一概念理解得很到位。对培训的高期望经常达不到传统配置中所期望的质量标准。大多数失望源于缺乏合适的培训设计和有限的知识达不到多样的技能需求。

很多培训师仍然认为远程学习仅仅是配置在数字框架上的教室培训。当然，这一想法是不对的。

辛迪·休格特的《虚拟培训基础》(*Virtual Training Basics*)一书让我们信服虚拟培训仍然是培训，它需要我们挖掘教室培训的精华。这一章的贡献者采取了这一建议。经过巧妙地融合，他们展示了很好的想法，而你可以把这些想法用在你的下一场电子学习培训活动中。

塔拉·登顿分享了一个开场活动，它的在线效果和在教室的效果一样好。在线培训课程的前几分钟决定了整场培训的基调，这点和教室培训是一样的，而达莲娜·克里斯多夫帮助你开始就设定好正确的基调。琼·麦克格罗里解释了使用视频网络为学员扩展学习的几种方法。是虚拟角色扮演吗？当然是。而达莲娜·克里斯多夫则为我们举了一个这方面的例子。乔尔·拉摩洛克解释了来自幼儿园的激动人心的想法如何可以成为更好的在线培训点子。保罗·温德雷分享了他的在线学习的版本，活动最后大家都成了“纺织工”。

你会享受这些活动，并且在你的下一场虚拟培训中发现使用它们的方法。

推特简介

塔拉·登顿

概述

在这个活动中，学员要适应推特语言简洁的特点。而且为了让学员们相互联系并且参与到培训活动中去，这一活动要求他们列出五个词语描述别的学员。

目标

- 通过简单的介绍，使得个人为积极的培训环境做准备。

学员

人数不限。

用时

5~10 分钟。

材料及设施

- （教室环境）每个学员一张索引卡。
- （在线环境）有格子的白板（使用画线工具）。把每个人的名字打在一个方框里，这样每个人就会有他自己的方框。千万不要忘记给每个学员注释特权。

场地

不限。

流程

1. 在教室里，让每个学员花一分钟时间在索引卡上写出五个词（只能用五个词）来描述他们自己。告诉学员他们可以写他们认为可以描述他们的一句话或一组词。
2. 一分钟之后，让学员走到房间的指定区域并且和一个他们不认识的伙伴合作。让他们交换索引卡，并且准备好介绍他们的学习伙伴。

3. 在房间四处走动，让每个人轮流读他的伙伴的推特介绍。
4. 在网络上，让每个学员在白板上找到写有他们名字的方框，并且在该方框里打出他们的五个词的推特简介。
5. 评论两种环境中人们对自己描述的差异。记下通过推特所反映的学习和性格风格。评论这五个词可以反映人的本质这一事实，也可以提到，当强迫一个人进行简化的时候，才能揭露信息的核心。在做项目时，我们应该铭记这重要的一课。

会员提示

- 这一活动在线上和教室有相同的效果。它很简短，尤其适用于不到一天的培训。
- 要求学员在他们的推特描述中加一个图片来鼓励进一步的创新。

塔拉·登顿 于 2001 年开始设计和提供学习解决方案。她专门从事学习产品开发，以满足商业目标、促进培训计划、传授以学员为中心的经验。塔拉的学习产品在培训产品中很有竞争力，而她欢快的风格也深受大家欢迎。塔拉有很好的适应能力，从事广泛的工作，包括为世界 500 强公司的内部认证计划提供咨询和设计提供直播线上课程等。

塔拉·登顿
Life Cycle Engineering
4360 Corporate Road
Charleston，SC 29405
(843) 744. 7110
邮箱：tdenton@lce.com
网站：www.lce.com/institute
ATD 分会：南卡罗来纳州

虚拟热身

达莲娜·克里斯多夫

概述

在这个活动中，简单的在线白板以一种有意义的方式让学员见面和问候，并且使他们联系起来。

目标

- 向学员介绍虚拟教室的“交互性”这一特点。
- 为虚拟培训活动设定很高的交互性级别。

学员

人数不限。

用时

10 分钟。

材料及设施

- 互联网接入。
- PPT。
- 投票专题。
- Word 文档。

场地

任何有交互性特点的虚拟教室。

准备

在虚拟教室环境中，提前上传有简单指示和屏幕截图的 PPT 来支持交互。提前登录投票系统。提前准备一个 Word 文档或文本文档，这样就可以把 Word 或文本中的问题复制、粘贴到聊天系统里。准备一个画有象限的白板。

流程

1. 介绍：在欢迎并介绍学员之后，展示写有“在虚拟教室中互动”的一页 PPT。下面的步骤可能会不同，这取决于你计划使用的投票专题。确保学员按照你的培训计划进行专题的相关交互，各步骤的顺序则可以相应调整。
2. 进行投票：用和培训内容相关的简单的问题开始一项介绍性的投票。例如，“你在 X 行业有多少年的工作经验。”“你在 X 职位工作多少年了或你担任 Y 职位多少年了。”确保学员知道他们的投票结果是不记名的，当收集了所有的结果之后，把结果向所有人公布，感谢学员的投票并且进入到下一项互动中。
3. 聊天：从 Word 文档中复制粘贴提前准备好的聊天问题。例如，“你今天是从哪里过来参加培训的？写出你的城市和州名。”“你监督多少员工？写出数量。”用文字来评论一些（不是所有的）回答。如果还有一个人来协助你开展培训，这个人也可以通过聊天来给予回应或评论。
4. 图标状态改变：告诉学员他们也可以在培训期间通过改变图标状态和你交流。（这一专题的名字会因你使用的网站会议工具的不同而不同。）展示一页有这个图标标准改变系统的屏幕截图的 PPT，这样就可以描述这个功能在屏幕上的位置和使用方法。然后问一个问题并且通过改变学员的状态来让他们回应。例如，“如果音频清楚，请举手。”“如果你管理远程的员工，那么切换到同意。如果你不管理远程的员工，那么切换到你不同意。”对结果进行评论，感谢学员，把每个人的状态切换到中立，然后继续。
5. 白板：画一个简单的有标注的象限或展示一个象限图片。让学员使用他们的指示工具（如果你的系统有的话）指到与自己最匹配的格子上。如果你的网络会议工具没有指示工具，让他们选一个格子，然后把名字写到屏幕上。例如，你可以问：“在你的工作中你支持美国的哪个区域？”然后向他展示一个标有东、南、西、北的象限。

会员提示

- 在培训刚开始的时候就向学员介绍虚拟课堂的交互性特点是很重要的，指导和交互的前几分钟会为整个培训的剩余部分奠定基调。由于虚拟课堂的时间很宝贵，所以通过和学员的交互来支持培训是很重要的，而不是为了交互而交互。
- 排练这些介绍性的交互来让它们顺畅地进行。网络会议无瑕疵的前几分钟会为一个专业的培训奠定良好的基调。
- 第一印象很重要，所以要想好为了准时开始虚拟培训和快速进行虚拟热身你需要做什么，这样才能进入核心内容。

达莲娜·克里斯多夫 是世界银行集团在华盛顿地区的一名学习发展专员。9 年多来，她一直从事设计和交付虚拟培训项目的工作，她是 ATD 协会和电子学习协会会议的一名定期演讲者，也是《虚拟课堂精华》（即将出版）一书的作者。她有多样化的技术背景，在硅谷 Infoseek 搜索、迪士尼网络集团和 3Com 公司任网站产品管理职位。达莲娜获得了蒙特利国际研究学院国际管理专业的硕士学位。她也是 ATD 华盛顿特区分会虚拟项目的主管。

达莲娜·克里斯多夫

7742 Desiree Street
Alexandria，VA 22315
（202）473. 6651

邮箱：darlene.christopher@gmail.com

网站：www.webconferenceguru.com

ATD 分会：华盛顿特区

播客：人性化的接触

琼·麦克格罗里

概述

为了让学员互相建立联系并参与到活动中来，他们将有机会使用最广泛易得的视频分享工具来与培训师建立联系（甚至可能是相互的联系）。

目标

- 把人性化的元素加入在线课堂内容中，来建立学员和培训师之间的关系。
- 为课堂增加互动、刺激、激励和创造性。

学员

任何在线参与小组。

用时

10 分钟或小于 10 分钟。

材料及设施

- 打印好的讨论话题大纲。
- （如果固定记录）有网络摄像头、网络摄像头软件和麦克风的电脑。
- （更便捷的选择）视频照相机。
- （带有声音的屏幕截取）JingPro 和麦克风（如果使用这一选择，活动要限制在 5 分钟以内）。

场地

不限。

准备

通过摄像头向你的线上学生讲 10 分钟或少于 10 分钟的话。你的讲话可以是关于欢迎培训师，解决困惑，陈述课堂计划、章节、主题、框架，传递细节、刺激、鼓励、激励或其他信息。这一交流必须是积极的和令人振奋的，因为它就是为了加强课堂的默契并为课堂带来生机。

在播客创建一个账户，或者登录一个已有账户。在该网站上传你的视频。它会为你上传的视频生成一个超链接。把这个超链接发给课程的学员。附上讨论的话题。

如果你有在线课堂管理系统或课堂网页，你可以选择把你的视频嵌入在一个超链接网页上。播客会生成一个嵌入码，把该嵌入码复制粘贴在超文本网页里（可选）。

流程

1. 用电子邮件来联系你的学员，把你的视频的链接发送给他们以示欢迎。
2. 提供指导并且邀请学员简单地录制视频来介绍他们，可以建议用“NPR 故事军团”风格的故事。
3. 学员一进入培训教室或虚拟学习课堂就开始讨论结果。确保要顾及那些没有做视频介绍的培训师。
4. 邀请他们讨论视频在培训前、培训中和培训后能使用的方法。

会员提示

- 培训后，邀请学员简要地录制一个视频来重述一个概念、认定一个困惑的话题、和小组中的其他成员保持联系、评估培训，或者甚至向下一组学习人员传递信息或观点。
- 关于讲师的内容，一定要提供书面形式的相同的信息。这些书面信息不一定是逐字逐句的文字记录，只要附有日期、时间、网址、细节或相关信息的谈话要点就够了。把这些信息以一种可打印的形式提供给学员，这样你讲话的时候学员就能跟上你。如果你也打印了该文档，那么你讲话的时候就可以指着文档的这一部分。

- 关于支持证据，参考道格拉斯·赫什的《人性化元素》（*The Human Element*）和科洛维奇的《内部高等教育》（*Inside Higher Ed*）（见 www.insidehighered.com/news/2010/03/29/lms）、纽约大学的米歇尔·米克的《六十秒演讲》（*These Lectures are Gone in 60 Seconds*）和大卫·辛的《编年史》（*The Chronicle*）（2009 年 6 月 3 日）。
- 这一技术有用是因为信息是以多种形式来提供的：有书面的、语音的和视频的，它们短小、专注且有目标，能够使得学员变得亲密，并且刺激和激励学员。

琼·麦克格罗里　哲学博士，她是西南田纳西州社区大学的助理讲师，讲授商业数据和领导力的课程，同时也是美国大学优秀生全国性荣誉组织的顾问。多年来，她以电脑培训讲师的身份服务于大学和社区，并且荣任中央主管的职位。在升为教员职位之前，她为远程教育部门开发了一个在线岗前培训项目。她拥有诺瓦东南大学的信息系统专业的博士学位和克里斯蒂娜兄弟学校电子工程专业的工商管理硕士学位和学士学位。

琼·麦克格罗里，哲学博士

7776 Juniper Cove East

Cordova，TN 38016

邮箱：jmcgrory@southwest.tn.edu

网站：http://faculty.southwest.tn.edu/jmcgrory

ATD 分会：孟菲斯市

虚拟角色扮演

达莲娜·克里斯多夫

概述

学员在虚拟环境下练习工作，并且在没有像肢体语言等传统视觉线索暗示的情况下学习交互课程。

目标

- 练习在虚拟环境下为绩效评估给出意见并且接收反馈。

学员

10~20 个学员。

用时

每个剧本 10~15 分钟。

材料及设施

- 虚拟会议室（如 Adobe Connect、WebEx、LiveMeeting）。
- 网络接入。
- 准备好的 PPT 接入到虚拟会议室里。

场地

视频可接入的虚拟教室。

准备

准备要在虚拟教室里扮演的角色。剧本要简单、要短，这一剧本可以反复地使用 4 轮或少于 4 轮。

流程

1. 要进行角色扮演的时候，展示写着“有台词的角色扮演：怎样（插入情景的名字）”的 PPT，如怎样回应一个不清晰的反馈。告诉学员下一个活动是一个有台词的角色扮演，他们将练习“怎样回应一个不清晰的反馈”。

2. 展示写着“需要两个志愿者。点击举手来当志愿者”的下一页PPT。
3. 叫起前两个举手的人。把监管者的角色分配给一个人，把员工的角色分配给另一个人。如果已经接入了电话或麦克风，为这两个志愿者打开语音。
4. 把角色分配给这两个志愿者，展示写着台词的 PPT，让这两个志愿者读出来，剧本必须标出监管者和员工的台词。交换台词，这样每个人都能读两次。例如：

   监管者：“你需要提高你的人际交往技能。”

   员工：“你能给我一些建议吗？我怎样才能提高？”

   监管者：“你应该尊重别人。”

   员工：“我觉得我做到了尊重别人。我怎样做才能让别人知道我尊重他们呢？你能给我什么建议吗？”

   监管者：“在会议上，别人说话的时候你看起来好像不感兴趣。如果你看着说话的人或给予评论，你就会显示出对别人的尊重。”
5. 感谢志愿者并且听取整个活动的报告。问学员如下问题：

- 你学到了什么关键的点？
- 通过这个对话你还能总结出什么？
- 你所听到的和你自己的经历有符合的地方吗？
- 大体上，如果下次遇到这种情况，你会有什么不同的反应呢？

会员提示

- 没有面对面环境下的视觉线索和肢体语言，在虚拟教室里执行一场传统的角色扮演活动是很困难的。然而，角色扮演的剧本为这个活动提供了一个良好的开端。通常情况下，学员会自己扮演，但是剧本在开始起了很大作用。

- 虚拟课堂的学员需要清晰的指导。用语言描述你想要学员做什么，并且用 PPT 来支持你的指导，例如，“请举手”，“请高声朗读”。

达莲娜·克里斯多夫 是世界银行集团在华盛顿地区的一名学习发展专员。9 年多来，她一直从事设计和交付虚拟培训项目的工作，她是 ATD 协会和电子学习协会会议的一名定期演讲者，也是《虚拟课堂精华》(即将出版)一书的作者。她有多样化的技术背景，在硅谷 Infoseek 搜索、迪士尼网络集团和 3Com 公司任网站产品管理职位。达莲娜获得了蒙特利国际研究学院国际管理专业的硕士学位。她也是 ATD 华盛顿特区分会虚拟项目的主管。

达莲娜·克里斯多夫

7742 Desiree Street

Alexandria，VA 22315

(202) 473. 6651

邮箱：darlene.christopher@gmail.com

网站：www.webconferenceguru.com

ATD 分会：华盛顿特区

虚拟词云

乔尔·拉摩洛克

概述

通过线上交互讲授关于面对改变以及其他重要的组织话题的课程。

目标

- 帮助学员在话题里迅速发现共性和差异。

学员

10~20 人。

用时

10~15 分钟。

材料及设施

- 虚拟教室入口，如 WebEx。
- 可以接入互联网浏览器，可以登录 www.wordle.net。

准备

开始之前，打开桌面上的浏览器，登录 www.wordle.net，然后点击“创建”按钮，你就会看到一个“粘贴一组随意的文本”的对话框。那么一切都运行良好，然后暂时离开，回到虚拟课堂。

流程

1. 让学员想出 10 个关于“改变”的词（或者别的培训课题，如客户服务、领导力、个人发展），这些词可以是积极的，也可以是消极的。
2. 让他们把这些词输入虚拟课堂的对话框。必须是单个的词，而且每个词都要用空格隔开。告诉他们要避免使用逗号、多个词和用连字符连接的词。

3. 你可以自己列 10 个词当作例子给他们看。关于改变，你的 10 个词可以是：恐惧、希望、不确定性、沮丧、承诺、怀疑、稳定性、压力、学习、成长。
4. 在学员开始输入他们的 10 个单词的时候，每 3 个人之后你就可以复制他们的单词，然后把这些单词粘贴到你桌面上的 www.wordle.net 网站。请注意：你需要删除像学员名字这样的额外的单词，以确保对话框里只有每个学员的 10 个单词。
5. 在所有学员的词都被输入之后，点击“运行”按钮来创建“词云”。
6. 返回到虚拟教室，和学员分享你的桌面。返回到 Wordle 网站，这样整个课堂都能够看到他们刚刚创建的“词云”。告诉他们这是他们自己对于“改变”（或你的培训话题）的个人观点。
7. 问一下小组哪些词是最多的，然后告诉他们这些词出现的频率。问他们为什么很多人都用这些词来描述这个话题。
8. 问他们哪些是最少的词，也就是那些最不会被人们重复提到或只有一个人提到的词。问问他们为什么会这样？哪些词又是他们完全没有想到的？总体来说，让他们畅聊他们从图片上所发现的信息，并且让大家意识到我们都会以相同而又有差异的眼光来看待同一个话题。

⚠ 会员提示

- 培训小组规模越大，你就需要越快地点击你的鼠标，因为学员要等你粘贴完所有的单词。
- 这项活动验证了我们人类怎么看待日常生活中的改变（或你所选择的任何别的话题）。如果你想看差异所能导致的有趣现象的话，那么这项活动对于任何话题都适用。
- 还可以玩玩颜色，并且用 Wordle 设计出来，让效果更加明显。
- 你可以把名字留着，这样他们能够知道他们那天从谁身上学到了新的知识。

- 让他们多讨论、多谈话，学员能从图片中收获的东西总是美妙的。
- 你可以发给学员每人一份复印件（彩印的或电子的）作为这次培训的一个提醒。
- 如果有学员有电子日记，把他的作品放在 Wordle 里看看是否有明显的主题出现，这会很有趣。

乔尔·拉摩洛克　现在为德勒克斯（Deluxe）公司在美国和加拿大区域的员工提供领导力虚拟培训。虽然他接受的正规教育是记者和组织影响方面，但是他有着对于成人培训的毕生的热爱和对于促成别人成长和成功的喜悦。当然，他也有一个固定的教室——他是科罗拉多地区 ATD 派克斯峰分会项目的副主席。

乔尔·拉摩洛克
德勒克斯公司人才管理顾问
8245 N.Union Boulevard
Colorado Springs，CO 80920
（719）528.7302
邮箱：joel.lamoreaux@deluxe.com
ATD 分会：派克斯峰

在线概述轮盘

保罗·温德雷

概述

在这个活动中，技能概述借用在线培训工具实现了一场令人愉快而又具有交互性的大转变。

目标

- 以一种迷人的方式展开线上技能概述培训。

学员

在线学员。

用时

20~30 分钟。

材料及设施

- PPT。
- 在线会议软件。
- “创建在线概述轮盘指南”。

场地

有交互特点的虚拟教室。

准备

使用本活动结尾的“创建在线概述轮盘指南”。

确定你们将要讨论的话题的个数。选择每个话题的问题。确保答案是简短的。创建所有话题的饼图。在饼图中央加一个箭头当指针。控制指针来让它指到特定的话题。

把“在线概述轮盘”插入到你 PPT 里合适的地方，或者把它上传到虚拟会议程序里作为一个独立的文件，以便你能够在需要用它的时候打开它。

流程

1. 申明小组将要花一些时间来了解这个项目的内容。让学员可以感受到轮盘有细微的差别，而且被问的问题是随机的。
2. 告诉学员你有一个在线概述轮盘，并且箭头可以决定培训将要从哪个话题开始。
3. 使用在线会议程序来控制指针。问学员主题区域里面的一个问题，从别的学员那儿得到回应。
4. 重复这一流程来进行另一个话题，把这一流程限定在 10 分钟以内，保持学员的兴趣。

⚠ 会员提示

- 在线上培训期间，你可能有好几次都想使用一个特定的技巧。在线概述轮盘使用 PPT 工具锻炼学员的软件应用技能。它制造了一种随意的假象，让学员以为运气在起作用。这项活动正面临同步在线培训的一项挑战。
- 活动开始前就选好志愿者。这能让整个活动加速。
- 玩出轮盘的随机性。即使你知道轮子会停到哪儿，但是学员不知道。让箭头在某一话题上不止停留一次，这会增加学员对于主题选择的随机性的感受。

保罗·温德雷 是 ATD 奥兰治县 2010 年的主席和科林蒂安大学的高级培训专员。他坚信线上培训可以和课堂培训一样迷人。他追求尽可能多地把课堂活动复制到在线培训中。他经常想看看在线培训能有什么神奇的事情可能发生。

保罗·温德雷

2735 E.Viking

Anaheim，CA 92806

邮箱：performancebydesign@live.com

网站：performancebydesign.wordpress.com

ATD 分会：奥兰治县

创建在线概述轮盘指南

按照下面的指南来创建饼图。

1．确定话题的个数，从而创建问题。

2．在 PPT 里，创建一个饼图。

- 在菜单栏里，选择“插入”。
- 选择“图表”，会出现一个“改变图表类型”的对话框。
- 选择“饼图”。

3．Excel 会为图表创建一个数据样本。更新数据表，根据话题的个数把饼图分成相同的区域。

例如，销售额：

第一季度；

第二季度；

第三季度；

第四季度。

注意 PPT 加到该数据表的话题对于最后的图表是不重要的。

4．关闭 Excel 数据表。看 PPT 饼图。

5．在 PPT 里，去掉所有标签、标题和图例。

6．把饼图区域变得尽可能大。这就是你的指针板。把饼图的各个区域改成你想要的格式。

7．把话题标题加到该板上。

- 用艺术字来创建话题标题会更容易。
- 尝试艺术字文本效果“放大置顶”或“加粗置顶”来使题目变成弧形。

8．在板上插入一个箭头。

- 在菜单栏里，选择“插入”。
- 选择“图形”。

- 从所给的图形选项中选择“箭头”。

9．把箭头改成你想要的格式，确保箭头能在饼图上最显眼。

10．为箭头创造自定义动画。

- 选择“箭头”。
- 在 PPT 菜单栏里，选择“动画”。
- 选择“定制动画”。
- 点击“增加效果”。
- 选择“强调”。
- 选择“旋转”。

11．该动画的设置是 360 度顺时针旋转，中速。你可以改变这些设置来让箭头落在饼图的不同区域。

- 首先设置成 720 度顺时针旋转（两圈）、极速，然后再设置成 180 度顺时针旋转（半圈）、快速。

12．继续插入定制动画直到所有的话题都结束了。

下面的定制动画的例子会让每个话题出现一次。

（1）开始：点击。

量：720 度顺时针旋转（两圈）。

速度：极速。

（2）开始：上一个过后。

量：180 度顺时针旋转。

速度：快速。

选择的话题：话题 3。

（3）开始：点击。

量：720 度顺时针旋转（两圈）。

速度：极速。

（4）开始：上一个过后。

量：90 度顺时针旋转。

速度：快速。

选择的话题：话题 4。

（5）开始：点击时。

量：720 度顺时针旋转（两圈）。

速度：极速。

（6）开始：上一个过后。

量：120 度顺时针旋转（这是定制好的设置）。

速度：快速。

选择的话题：话题 1。

（7）开始：点击。

量：720 度顺时针旋转（两圈）。

速度：极速。

（8）开始：上一个过后。

量：300 度顺时针旋转（这是定制好的设置）。

速度：快速。

选择的话题：话题 4。

（9）开始：点击。

量：720 度顺时针旋转（两圈）。

速度：极速。

（10）开始：上一个过后。

量：180 度顺时针旋转。

速度：快速。

选择的话题：话题 2。

第16章

为你的ATD分会做贡献

你回馈你的 ATD 分会吗？你想过为你的 ATD 会议增加朝气吗？下面是你的 ATD 分会同行想出的为分会增加朝气和使命的想法。

如果你还没有为分会做过贡献，那么现在时机来了。在你的职业生涯中，你很有可能接受过别人的支持，现在是回馈的时候了。你可以志愿为你的 ATD 分会服务。例如，在峰会上演讲、辅导一名新的分会成员、志愿协助一场会议，或者其他事情。回馈分会对你的内在成就感、你所处分会的成功都有好处。从现在开始找到一种方式来提供志愿服务吧。

本章贡献的两个活动其实离你的分会很近。来自佛罗里达州的太空海岸分会的肯尼斯·R. 斯坦贡献了“礼物”这一活动，它是一项马上就能产生回馈的会议开场活动。来自阿拉斯加的奥兰治县分会的玛丽提交的“会议中的会议”能让源源不断的会员涌入，它是一个绝好的促进分会会员社交的方式。这两项活动都很了不起，我强烈推荐把它们用在你的下一场培训中。

顺便说一句，如果你在读这本书，看看是否有你分会的成员为这本书做了贡献。协会分会竞赛邀请了所有分会贡献可供出版成册的活动。我们正在寻找经实践验证的案例——那些经培训师反复尝试而且每次都持续产生良好效果的活动。我们收到了比预期中还要多的回应。

感谢每个分会成员和志愿者，是你们造就了本书的不凡，是你们造就了 ATD 和你所在 ATD 分会的成功。

礼物

肯尼斯·R. 斯坦

概述

这一活动虽然结构简单，但用途很多，涉及从专业人士最新应用研究到重要的社交网络和社会联系等方面的分享。

目标

- 为分会成员提供及时、有用的信息。
- 提供一个展示的机会。

学员

ATD 分会的所有学员。

用时

10 分钟或小于 10 分钟。

材料及设施

- 根据每个展示者的要求安排。

场地

会议所需的正常座位。

准备

让某一个伙伴志愿提供下次会议所需的“礼物”。确保其理解会议原则，即展示必须是简短而实用的，并且没有广告。

流程

1. 开始会议，把“礼物”这一概念介绍给分会的新成员，解释清楚该项活动的目的是通过一个有主题的快速的展示开始培训会议。它可以是一个破冰游戏，可以是关于最近读的一本书、一个网站、个人的成功或失败的故事，或者一个对商业课程的见解。这一活动是为了确保成员在每场培训中能学到一种有用的工具。它也是论证信息分享运用的一种方式。因为它让分会成员在没有大量准备时间的条件下进行展示，鼓励了那些乐于为大家所认识的人。

2. 介绍展示者，并且尽可能多地介绍这个活动。
3. 以尽可能多的方式来支持展示者，例如，回答问题、分发材料、帮助介绍。另外，还要密切关注时间，确保学员能全身心地关注以及活动能够快速地推进。
4. 为展示者引导欢呼和喝彩，如果愿意的话也可以给予评价。

⚠ 会员提示

- 要确保话题能够马上使用。好的想法如下：开展破冰游戏，分享从书上或会议中学到的关键知识、有启发性的故事、职场紧急事件的解决或一个有用的网站。
- 这是一个没有固定形式的自由对话。学员可以尽情发挥创造力和想象力，让信息交换刺激且有用。
- 严格控制时间（10 分钟）。展示要集中而且节奏要快。

肯尼斯 · R. 斯坦　教育学博士，学习和绩效认证专家，就职于波音公司学习和发展组织。他在美国培训和发展协会国际会议展示过项目，也从事过现场电视和无线电访谈节目，还参与过许多学习项目。肯尼斯曾是 ATD 空间海岸分会的主席，并且服务于该分会董事会。他是 One Voice 队的一员，赢得了“2009 年 ATD 志愿者员工合作奖”。他拥有诺瓦东南大学的成人博士学位，是一名学习和绩效认证专家和高级人力资源专员。

肯尼斯 · R. 斯坦，教育学博士，学习和绩效认证专家

430 Messha Trail

Merritt Island，FL 32953

（321）704.9384

邮箱：kstein@digital.net

ATD 分会：太空海岸

会议中的会议

玛丽·M. 雷德士奇

概述

这个活动让每个拿到卡片的人受益，并且为会员建立起一种潜在的有价值的联系。

目标

- 扩大会员的私人交往，作为当地 ATD 分会会员的福利。

学员

2 人或 2 人以上。

用时

10 分钟。

材料及设施

- 篮子。
- 空白的索引卡和笔。
- 卡片，正面写着“为会场分会和社交网络增加一张名片”，背面写着“拿一张，传递下去”。卡片应该正好能放到篮子里。

场地

会议所需的正常座位。

流程

1. 在 ATD 分会会议期间选择合适的时间，介绍这一概念，并且开始展示篮子，然后开始传递篮子。
2. 告诉大家当地会员可以通过和别的培训师创建联系来受益。要讲一个你真的从中受益的个人事例。告诉大家在会议结束之前卡片数量会增加，并且篮子会重新开始传递。申明如果有的参会者没带名片的话，会务组提供空白卡片给大家使用。每个向篮子里放卡片的人可以取出（随机）一张，拿到卡片的人要同意在两周之内联系卡片上的那个人。通过电话或邮件，约他喝茶或吃午餐，并且我们期望你们在下一次 ATD 会议之前取得私人联络。

3. 在会议将要结束的时候，最后一次传递篮子。
4. 指定一个会员在这一轮结束的时候接受篮子，并且把卡片换到“拿一张，传递下去”这一面。
5. 再次让篮子转起来，告诉那些向篮子里放了卡片的人取出一张卡片。重申一次规则，拿到卡片的人要联系卡片上的人。

⚠ 会员提示

- 这一低成本的工具会改善会员间的社团关系。也可以邀请客人来参加，以增强他们参加分会的兴趣。
- 把此活动变成每次会议的一个特定环节，这样该分会就能以为会员创建友好的社交环境为使命而知名。
- 这一活动能够马上运用于你的组织，鼓励培训会议之后的继续学习和社交联络。

玛丽·M. 雷德士奇　已入 ATD 分会多年，并且自从 2003 年在得克萨斯州定居，已经位居阿拉斯加州分会领导层多年。她是一名有名的培训者和演讲者，近来在变革管理公司（Transition Management，一个变革咨询管理公司）担任领导。该公司管理阿拉斯加远程学习网站（www.akdisatancelearning.net），为想要该项服务的培训者和公司提供远程培训。玛丽也经营位于安克拉治的雅尔维寄宿床和早餐公司（Jarvi Homestay Bed & Breakfast）。

玛丽·M. 雷德士奇

1432 Jarvi Drive

Anchorage，AK 99515

（907）561. 3349

邮箱：mrydesky@transitionmanagement.us；mrydesky@yahoo.com

网站：www.transitionmanagement.us

ATD 分会：阿拉斯加州

关于编者

伊莱恩·碧柯是 ebb 联合公司的总裁和执行总监。ebb 联合公司是一家帮助组织通过大规模的变革而有效开展工作的组织和领导力开发公司。伊莱恩与私企、政府和非营利组织共事，她在培训和咨询领域有超过 30 年的工作经验。

伊莱恩专门从事帮助人们像团队一样工作从而使他们的效能最大化。她根据每个客户的需求来定制她所有的工作，她开展战略规划课程并辅助施行企业体系，如质量提升、变革管理、业务流程再造及导师计划。她促进引导了以下主题：辅导当今员工、培育创造力、客户服务、创建领导力开发项目、时间管理、语言表达技巧、教练、咨询技巧、培训能力、实施有效会议、管理企业变革、应对问题员工、组织沟通、冲突解决和有效倾听。她尤其擅长将功能失常的团队转变成富有成效的团队。

她开发了媒体演讲和培训材料，并在几十场国家和国际大会中发表演讲。以“培训师的培训师”而著称的伊莱恩，为经理、领导者、培训师和咨询顾问个性化设计培训课程。很多出版物发表了她的文章，这些出版物包括《华尔街日报》《哈佛管理前沿》《华盛顿邮报》《财富》杂志。

作为管理层和经理主管人员的顾问、培训师、设计师，伊莱恩为很多机构和单位提供服务，如澳美客牛排馆、联邦航空局、蓝多湖公司、麦当劳、兰兹安第公司（Lands' End）、一般意外保险、克莱斯勒公司、庄臣公司、普华永道、美国家庭保险、马拉松石油、好时巧克力、联邦储备银行、美国海军、国家航空和宇宙航行局、纽波特纽斯造船公司、科勒、ATD、美国红十字会、独立注册会计师协会、威斯康星大学、威廉玛丽学院、奥多明尼昂大学及其他成百上千家公立的和私人的组织，她提供服务使他们为新千年的挑战做好准备。

她还是 50 多本书的作者和编者，这些书包括《培养卓越领导者的教练指南》《美国培训与发展协会领导力开发手册》《人才发展协会终极培训师培训》《成功培训十部曲》《咨询顾问快速入门指南（第二版）》《ASTD 培训经理指南》《咨询业务（第二版）》《通过变革取胜》《成功团队建设的工具（第二版）》《90 个世界级培训者的 90 个经典活动指南》《ATD 认证学习指南九册系列》。她的书已经翻译为汉语、德语和荷兰语。

伊莱恩获得威斯康星大学卓越商业和教育咨询理学学士和人力资源开发硕士学位。她是 ATD 国家级积极分子、ATD 终身会员，曾服务于 1990 年国家大会设计委员会，从 1991 年至 1994 年是国家级 ATD 董事会成员和协会秘书，发起“顾问日”并担任主席达 7 年之久，2000 年任国际大会设计主席。除了 ATD 的工作，她还服务于独立顾问协会咨询委员会和教学体系协会董事会。

伊莱恩获得了 1992 年“ASTD 国家火炬奖”、2004 年“ASTD 志愿者合作伙伴奖”和 2006 年“ASTD 戈登·M. 幸福纪念奖”。她还被推选获得 1995 年“威斯康星妇女企业家导师奖”。2001 年，伊莱恩获得了教学体系协会的最高奖励——“教学体系协会精神奖”。她为由法伊弗出版社出版的有声望的《培训和咨询年鉴》已经做了 14 年的咨询编辑。

反侵权盗版声明

举报电话：（010）88254396；（010）88258888

传　　真：（010）88254397

E-mail：　dbqq@phei.com.cn

通信地址：北京市万寿路 173 信箱

电子工业出版社总编办公室

邮　　编：100036